D0913669

JUN 1 7 2015

JUN 1 7 2015

SIN UN LUGAR

DONDE ESCONDERSE

Sin un lugar
donde esconderse

Gleen Greenwald

GRUPO ZETA

Barcelona • Madrid • Bogotá • Buenos Aires • Caracas • México D.F. • Miami • Montevideo • Santiago de Chile

Título original: *No place to hide: Edward Snowden, the NSA,*
   and the U.S. Surveillance State
Traducción: Joan Soler Chic
1.ª edición: mayo 2014

© Glenn Greenwald, 2014
   Publicado por acuerdo con Metropolitan Books, un sello de Henry Holt
   and Company, LLC, Nueva York
© Ediciones B, S. A., 2014
   Consell de Cent, 425-427 - 08009 Barcelona (España)
   www.edicionesb.com

Printed in Spain
ISBN: 978-84-666-5459-3
DL B 9678-2014

Impreso por LIBERDÚPLEX, S.L.
Ctra. BV 2249, km 7,4
Polígono Torrentfondo
08791 Sant Llorenç d'Hortons

Todos los derechos reservados. Bajo las sanciones establecidas
en el ordenamiento jurídico, queda rigurosamente prohibida,
sin autorización escrita de los titulares del *copyright*, la reproducción
total o parcial de esta obra por cualquier medio o procedimiento,
comprendidos la reprografía y el tratamiento informático, así como
la distribución de ejemplares mediante alquiler o préstamo públicos.

Este libro está dedicado a todos aquellos que han querido arrojar luz sobre los sistemas de vigilancia secreta del gobierno de Estados Unidos, en especial a los valientes filtradores que para ello han arriesgado su libertad.

El gobierno de Estados Unidos ha perfeccionado una capacidad tecnológica que nos permite controlar los mensajes que van por el aire... Esta capacidad puede en cualquier momento volverse en contra del pueblo norteamericano, y a ningún norteamericano le quedaría privacidad alguna, tal es la capacidad de controlarlo todo... conversaciones telefónicas, telegramas, lo que sea. No habría un lugar donde esconderse.

Senador Frank Church, presidente del Comité del Senado
para Estudiar Operaciones Gubernamentales con Respecto
a Actividades de Inteligencia, 1975

INTRODUCCIÓN

En el otoño de 2005, sin grandes expectativas a la vista, decidí crear un blog político. En su momento apenas calibré el grado en que esta decisión me cambiaría la vida a la larga. Mi principal motivación era la creciente inquietud que me causaban las teorías extremistas y radicales sobre el poder adoptadas por el gobierno de EE.UU. tras el 11 de Septiembre, y esperaba que escribir sobre estos asuntos me permitiera causar un impacto mayor que el de mi labor de entonces como abogado de derechos civiles y constitucionales.

Solo siete semanas después de empezar a bloguear, el *New York Times* dejó caer un bombazo: en 2001, decía, la administración Bush había ordenado a la Agencia de Seguridad Nacional (NSA) escuchar en secreto las comunicaciones electrónicas de los norteamericanos sin las órdenes judiciales requeridas por la ley penal pertinente. En el momento en que salieron a la luz estas escuchas sin orden judicial llevaban realizándose ya desde hacía cuatro años y mediante ellas se había espiado a varios miles de norteamericanos.

El tema constituía una convergencia perfecta entre mis pasiones y mis conocimientos. El gobierno intentaba justificar el programa secreto de la NSA recurriendo exactamente al tipo de teoría extrema del poder ejecutivo que me había impulsado a empezar a escribir: la idea de que la amenaza del terrorismo otorgaba al presidente una autoridad prácticamente ilimitada para hacer lo que fuera preciso a fin de «mantener segura la nación», incluida la autoridad para infringir la ley. El debate subsiguiente conllevó complejas cuestiones de derecho constitucional e interpretaciones legales, que mi formación me permitía abordar con cierto conocimiento de causa.

Pasé los dos años siguientes cubriendo todos los aspectos del escándalo de las escuchas ilegales de la NSA, tanto en mi blog como en mi libro superventas de 2006. Mi postura era muy clara: al ordenar escuchas sin autorización judicial, el presidente había cometido delitos y debía asumir su responsabilidad. En el ambiente político cada vez más opresivo y patriotero de Norteamérica, mi actitud resultó de lo más controvertida.

Fueron estos antecedentes los que, unos años después, movieron a Edward Snowden a escogerme como primer contacto para revelar las fechorías de la NSA a una escala aún mayor. Dijo creer que yo entendería los peligros de la vigilancia masiva y los secretos de estado extremos, y que no me volvería atrás ante las presiones del gobierno y sus numerosos aliados en los medios y otros sectores.

El extraordinario volumen de los documentos secretos que me pasó Snowden, junto con el dramatismo que le ha rodeado a él, han generado un interés mundial sin precedentes en la amenaza de la vigilancia electrónica y el valor de la privacidad en la era digital. Sin embargo, los problemas subyacentes llevan años recrudeciéndose, casi siempre en la oscuridad.

En la actual polémica sobre la NSA hay sin duda muchos aspectos exclusivos. La tecnología permite actualmente un tipo de vigilancia omnipresente que antes era terreno acotado solo de los escritores de ciencia ficción más imaginativos. Además, tras el 11-S, el culto norteamericano a la seguridad ha creado más que nada un ambiente especialmente propicio a los abusos de poder. Y gracias a la valentía de Snowden y a la relativa facilidad para copiar información digital, tenemos un incomparable vistazo de primera mano sobre los detalles de cómo funciona realmente el sistema de vigilancia.

Aun así, las cuestiones planteadas por la historia de la NSA se hacen, en muchos aspectos, eco de numerosos episodios del pasado, pasado que se remonta a varios siglos. De hecho, la oposición a que el gobierno invadiera la privacidad de la gente fue un factor importante en la creación de Estados Unidos, pues los colonos protestaban contra las leyes que permitían a los funcionarios británicos registrar a voluntad cualquier domicilio. Era legítimo, admitían los colonos, que el estado obtuviera órdenes judiciales específicas, seleccionadas, para detener a individuos cuando hubiera indicios de causas probables de actos delictivos. No obstante, las órdenes judiciales de carácter general —el hecho de que todos los ciudadanos fueran objeto potencial de registro domiciliario indiscriminado— eran intrínsecamente ilegítimas.

La Cuarta Enmienda consagró esta idea en las leyes norteamericanas. El lenguaje es claro y conciso: «El derecho de la gente a tener seguridad en sus personas, casas, papeles y efectos, contra cualquier registro y arresto irrazonable, no será violado, y no se emitirá ningún mandamiento, a no ser que exista causa probable, apoyada por un juramento o testimonio, y que describa especialmente el lugar a ser registrado, las personas a ser arrestadas y las cosas a ser confiscadas.» Se pretendía, por encima de todo, suprimir para siempre en Norteamérica el poder del gobierno para someter a sus ciudadanos a vigilancia generalizada si no mediaban sospechas.

En el siglo XVIII, el conflicto con la vigilancia se centraba en los registros domiciliarios, pero, a medida que la tecnología fue evolucionando, la vigilancia evolucionó también. A mediados del siglo XX, cuando la extensión del ferrocarril empezó a permitir el reparto rápido y barato del correo, la furtiva violación del mismo por el gobierno británico provocó un grave escándalo en Reino Unido. En las primeras décadas del siglo XX, la Oficina de Investigación de EE.UU. —precursora del actual FBI— utilizaba escuchas telefónicas, además de informantes y control de la correspondencia, para perseguir a quienes se opusieran a la política gubernamental.

Con independencia de las técnicas específicas utilizadas, desde el punto de vista histórico la vigilancia masiva ha tenido varias características constantes. Al principio, los más afectados por la vigilancia siempre son los disidentes y los marginados, por lo que quienes respaldan al gobierno o se muestran indiferentes sin más acaso lleguen a creer equivocadamente que son inmunes. Pero la historia demuestra que la mera existencia de un aparato de vigilancia a gran escala, al margen de cómo se utilice, es en sí mismo suficiente para reprimir a los discrepantes. Una ciudadanía consciente de estar siempre vigilada enseguida se vuelve dócil y miedosa.

Una investigación de Frank Church de mediados de la década de 1970 sobre espionaje del FBI puso de manifiesto que la agencia había etiquetado a medio millón de ciudadanos norteamericanos como «subversivos» potenciales y había espiado de manera rutinaria a montones de personas basándose únicamente en el criterio de las ideas políticas. (La lista de objetivos del FBI iba de Martin Luther King a John Lennon, pasando por el Movimiento de Liberación de las Mujeres o la Sociedad John Birch.) De todos modos, la plaga de abusos de vigilancia no es ni mucho menos exclusiva de la historia norteamericana. La vigilancia masiva ha sido una tentación universal para cualquier poder sin escrúpulos. Y el motivo es el mismo en todos los casos: neutralizar a la disidencia y exigir conformidad.

Así pues, la vigilancia une a gobiernos de, por lo demás, credos políticos notablemente distintos. A comienzos del siglo XX, los imperios francés y británico crearon departamentos especializados de control para hacer frente a la amenaza de los movimientos anticolonialistas. Tras la Segunda Guerra Mundial, el Ministerio para la Seguridad del Estado de Alemania Oriental, conocido popularmente como Stasi, llegó a ser sinónimo de intrusión gubernamental en la vida privada. Y más recientemente, cuando las protestas populares de la Primavera Árabe pusieron en jaque el poder de los dictadores, los regímenes de Siria, Egipto y Libia empezaron a espiar el uso que los opositores internos hacían de internet.

Las investigaciones de Bloomberg News y el *Wall Street Journal* han demostrado que, cuando estas dictaduras estaban siendo arrolladas por las protestas, fueron literalmente a comprar instrumentos de vigilancia a las empresas tecnológicas occidentales. El régimen sirio de Assad mandó llamar a empleados de la empresa italiana de vigilancia Area SpA, a quienes se dijo que los sirios «necesitaban rastrear personas urgentemente». En Egipto, la policía secreta de Mubarak compró herramientas para penetrar en la encriptación de Skype e interceptar llamadas de activistas. Y en Libia, decía el *Journal*, varios periodistas y rebeldes que en 2011 entraron en un centro de control del gobierno descubrieron «un muro de aparatos negros del tamaño de neveras» de la empresa francesa de vigilancia Amesys. El equipo «inspeccionaba el tráfico en internet» del principal proveedor de servicios de internet en Libia, «abriendo e-mails, descifrando contraseñas, husmeando en chats online y cartografiando conexiones entre varios sospechosos».

La capacidad para escuchar a escondidas las comunicaciones de la gente confiere un poder inmenso a quienes lo hacen. Y a menos que ese poder esté sometido a una supervisión y una rendición de cuentas rigurosas, casi seguro que servirá para cometer abusos. Esperar que el gobierno de EE.UU. haga funcionar una máquina de vigilancia masiva en completo secreto sin caer en sus tentaciones contradice todos los ejemplos históricos y los datos disponibles sobre la naturaleza humana.

De hecho, antes incluso de las revelaciones de Snowden ya estaba claro que considerar a Estados Unidos una excepción en el asunto de la vigilancia era una postura muy ingenua. En 2006, en una sesión del Congreso titulada «Internet en China: ¿herramienta para la libertad o prohibición?», los oradores criticaron al unísono a las empresas tecnológicas norteamericanas que ayudaban al gobierno chino a eliminar la disidencia en internet. Christopher Smith (R-NJ), el congresista que presidía la sesión, comparó la cooperación de Yahoo con la policía secreta china con la entrega de Ana Frank a los nazis. Fue una arenga a pleno pulmón, una actuación típica de los funcionarios norteamericanos cuando hablan de un régimen no alineado con EE.UU.

Sin embargo, a los asistentes a la sesión tampoco se les pasaría por alto que la sesión se celebraba precisamente dos meses después de que el *New York Times* revelase las numerosísimas escuchas telefónicas internas sin orden judicial llevadas a cabo por la administración Bush. En vista de esas revelaciones, denunciar a otros países por realizar su propia vigilancia interna sonaba bastante falso. El representante Brad Sherman (D-CA), que tomó la palabra después de Smith, señaló que las empresas tecnológicas a las que se les dice que opongan resistencia al régimen chino también deberían ser prudentes con su propio gobierno. «De lo contrario», profetizaba, «mientras los chinos verán su privacidad violada de la manera más abyecta, aquí en Estados Unidos quizás un día tengamos un presidente que, amparándose en estas laxas interpretaciones de la Constitución, lea nuestro correo electrónico; y yo preferiría que para eso hiciera falta una orden judicial.»

A lo largo de las décadas pasadas, el miedo al terrorismo —avivado por sistemáticas exageraciones de la amenaza real— ha sido aprovechado por dirigentes norteamericanos para justificar una amplia serie de políticas extremas: ha dado lugar a guerras de agresión, a un régimen que tortura en todo el mundo y a la detención (incluso el asesinato) de ciudadanos tanto extranjeros como norteamericanos sin mediar acusación alguna. Pero el ubicuo y secreto sistema de vigilancia a no sospechosos que se ha generado puede muy bien resultar su legado más duradero. Y ello porque, pese a todos los paralelismos históricos, existe también una dimensión realmente nueva en el actual escándalo de la vigilancia de la NSA: el papel desempeñado actualmente por internet en la vida cotidiana.

Sobre todo para la generación más joven, internet no es un ámbito separado, autónomo, donde se llevan a cabo unas cuantas funciones vitales. No consiste solo en el teléfono y la oficina de correos. Es el epicentro del mundo, el lugar en el que ocurre prácticamente todo. Donde se hacen amigos, donde se escogen libros y películas, donde se organiza el activismo político, donde se crean y almacenan los datos más privados. Es donde se desarrolla y expresa la verdadera personalidad y la identidad de la persona.

Transformar *esta* red en un sistema de vigilancia de masas tiene repercusiones distintas de las de otros programas anteriores de vigilancia estatal. Los sistemas de espionaje precedentes eran necesariamente más limitados, y era más fácil eludirlos. Permitir a la vigilancia arraigar en internet significaría someter prácticamente todas las formas de interacción humana, la planificación e incluso el pensamiento propiamente dicho a un control estatal exhaustivo.

Desde la época en que internet empezó a utilizarse ampliamente, muchos han detectado su extraordinario potencial: la capacidad para liberar a centenares de millones de personas democratizando el discurso político e igualando el campo de juego entre los poderosos y los carentes de poder. La libertad en internet —la capacidad de usar la red sin restricciones institucionales, control social o estatal, ni miedo generalizado— es fundamental para el cumplimiento de esa promesa. Por tanto, convertir internet en un sistema de vigilancia destruye su potencial básico. Peor aún, transforma la red en un instrumento de represión, lo cual amenaza con crear al arma más extrema y opresora de la intrusión estatal que haya visto la historia humana.

Por esto las revelaciones de Snowden son asombrosas y de vital importancia. Al atreverse a exponer las pasmosas capacidades de vigilancia de la NSA y sus ambiciones aún más increíbles, Snowden ha dejado claro que nos hallamos en una encrucijada histórica. ¿Será la era digital el preludio de la liberación individual y de las libertades políticas que solo internet es capaz de promover? ¿O bien esto dará origen a un sistema de control y seguimiento omnipresentes, que superará los sueños de los peores tiranos del pasado? Ahora mismo, cualquier camino es posible. Nuestras acciones determinarán dónde terminaremos.

1

CONTACTO

El 1 de diciembre de 2012 recibí la primera comunicación de Edward Snowden, aunque en ese momento no tenía ni idea de que era suya.

El contacto llegó en forma de e-mail de alguien que se llamaba a sí mismo Cincinnatus, una alusión a Lucius Quinctius Cincinnatus, el agricultor romano que, en el siglo V a.C., fue nombrado dictador de Roma para defender la ciudad contra los ataques que sufría. Se le recuerda sobre todo por lo que hizo tras derrotar a los enemigos: inmediata y voluntariamente dejó el poder político y regresó a la vida campesina. Aclamado como «modelo de virtud cívica», Cincinnatus se ha convertido en un símbolo tanto del uso del poder político al servicio del interés público como del valor de limitar o incluso renunciar al poder individual por el bien de todos.

El e-mail empezaba así: «La seguridad de las comunicaciones de la gente es para mí muy importante», y su objetivo declarado era instarme a utilizar una codificación PGP para que él pudiera comunicarme cosas en las que, según decía, yo estaría sin duda interesado. Inventada en 1991, PGP, que significa *pretty good privacy* (privacidad muy buena), ha acabado convirtiéndose en una herramienta que protege de la vigilancia y los *hackers* el correo electrónico y otras formas de comunicación online.

En esencia, el programa envuelve los e-mails con un escudo

protector, que es una contraseña compuesta por centenares, incluso miles, de números aleatorios y letras sensibles a las mayúsculas. Las agencias de inteligencia más avanzadas del mundo —entre las que sin duda se cuenta la NSA— poseen software de desciframiento de contraseñas capaz de hacer mil millones de conjeturas por segundo. No obstante, las contraseñas de la codificación PGP son tan largas y contingentes que el software más sofisticado necesita años para inutilizarlas. Quienes más temen el seguimiento de sus comunicaciones —como los agentes de inteligencia, los espías, los activistas de los derechos humanos o los *hackers*— confían en esta forma de encriptación para proteger sus mensajes.

En el e-mail, Cincinnatus decía que había buscado por todas partes mi «clave pública» de PGP, que permite intercambiar e-mail encriptado, y no la había encontrado. De ello había deducido que yo no estaba utilizando el programa: «Esto pone en peligro a todo aquel que se comunique contigo. No sugiero que deban estar encriptadas todas tus comunicaciones, pero al menos deberías procurar esta opción a los comunicantes.»

A continuación, Cincinnatus hacía referencia al escándalo sexual del general David Petraeus, cuya aventura extraconyugal —que había puesto fin a su carrera— con la periodista Paula Broadwell salió a la luz después de que los investigadores encontraran en Google correos electrónicos entre los dos. Si Petraeus hubiera encriptado sus mensajes antes de enviarlos, escribía, o los hubiera almacenado en su carpeta de «borradores», los investigadores no habrían podido leerlos. «Encriptar es importante, y no solo para los espías o los mujeriegos.» Codificar el e-mail, decía, «es una medida de seguridad fundamental para todo aquel que quiera comunicarse contigo».

Para impulsarme a seguir su consejo, añadía: «Por ahí hay personas de las que te gustaría saber cosas pero que nunca establecerán contacto contigo si no están seguras de que sus mensajes no van a ser leídos durante la transmisión.»

Luego se ofrecía a ayudarme a instalar el programa: «Si necesitas ayuda para esto, dímelo, por favor; si no, pídela en Twitter. Tienes muchos seguidores de gran competencia técnica dispuestos a brindarte asistencia inmediata.» Por último, se despedía: «Gracias. C.»

Hacía tiempo que yo quería usar software de encriptación. Llevaba años escribiendo sobre WikiLeaks, los delatores de ilegalidades, el colectivo «hacktivista» conocido como Anonymous y temas afines, y también había establecido comunicación de vez en cuando con personas del *establishment* de la seguridad nacional de EE.UU., la mayoría de las cuales tiene mucho interés en la seguridad en sus comunicaciones y en evitar seguimientos no deseados. Por todo ello, el uso de software de codificación era algo que yo ya tenía en mente. Sin embargo, el programa es complicado, sobre todo para alguien como yo, poco ducho en programación y ordenadores. Era una de estas cosas para las que nunca encuentras el momento.

El e-mail de C. no me puso las pilas. Como soy bastante conocido por haber hecho la cobertura de historias que el resto de los medios suele pasar por alto, es mucha la gente que suele ofrecerme una «historia tremenda» que al final queda en nada. Y a menudo me encuentro trabajando en más casos de los que soy capaz de manejar. De modo que, si he de dejar lo que estoy haciendo para seguir una pista nueva, necesito algo concreto. Pese a la vaga alusión a las personas de las que me «gustaría saber cosas», en el e-mail de C. no había nada lo bastante tentador. No contesté.

Tres días después, volví a tener noticias de C., que me pedía la confirmación de que había recibido su correo. Esta vez respondí enseguida: «Lo recibí y voy a trabajar en ello. No tengo clave de PGP y tampoco sé cómo instalarla, pero buscaré a alguien que me ayude.»

Ese mismo día, más tarde, en un nuevo correo C. me proporcionó una guía detallada para la instalación del sistema PGP: básicamente, «encriptación para bobos». Al final de las instrucciones, que me parecieron complejas y confusas sobre todo a causa de mi ignorancia, C. decía que aquello era solo «lo estrictamente esencial. Si no encuentras a nadie que te oriente en el proceso de instalación, generación y uso», añadía, «házmelo saber, por favor. Puedo facilitarte contactos con personas entendidas en encriptación de casi cualquier lugar del mundo».

El e-mail terminaba con una firma irónica: «Criptográficamente tuyo, Cincinnatus.»

A pesar de las buenas intenciones, jamás busqué el momento para resolver lo de la encriptación. Tras siete semanas, mi inoperancia ya me provocaba mala conciencia. Porque pudiera ser que aquella persona tuviera una historia importante que contar, que yo me perdería si no me instalaba determinado programa informático. En cualquier caso, yo sabía que la encriptación sería de gran valor en el futuro aunque al final Cincinnatus no tuviera nada interesante.

El 28 de enero de 2013, le mandé un e-mail para decirle que contaría con alguien que me ayudaría en el asunto de la codificación y que seguramente tendría el problema resuelto en uno o dos días.

C. contestó al día siguiente: «¡Fantástico! Si necesitas más ayuda o luego quieres hacerme alguna pregunta, me pongo encantado a tu disposición. ¡Por favor, acepta mi más sincero agradecimiento por apoyar la privacidad de la comunicación! Cincinnatus.»

Pero esta vez tampoco hice nada, enfrascado como estaba en otras historias y aún poco convencido de que C. tuviera algo interesante que decir. No existía ninguna decisión consciente de no hacer nada. Era solo que en mi lista siempre demasiado larga de cosas que hacer, instalar tecnología de encriptación a instancias de esa persona desconocida nunca era lo bastante apremiante para dejarlo todo y centrarme en ello.

C. y yo nos encontrábamos atrapados en un círculo vicioso. Él no estaba dispuesto a contarme nada específico sobre su historia, ni siquiera a decirme quién era ni dónde trabajaba, si en mi ordenador no estaba instalada la encriptación. Y yo, al no tener el aliciente de algún detalle, le daba largas y no respondía a su petición ni me tomaba el tiempo necesario para instalar el programa.

Viendo mi inacción, C. redobló sus esfuerzos. Grabó un vídeo de 10 minutos titulado «PGP para periodistas». Mediante un software que generaba voz, el vídeo contenía instrucciones detalladas sobre cómo instalar la encriptación y adjuntaba estadísticas y material visual.

Yo seguía sin hacer nada. En ese momento, C., como me dijo más adelante, se sintió frustrado. «Aquí me veo», pensaba él, «dispuesto a arriesgar la libertad, quizás incluso la vida, a entregar a ese tipo miles de documentos secretos de la agencia más hermética del país, una filtración que generará docenas, acaso centenares, de primicias periodísticas. Y no se toma la molestia siquiera de instalar un programa de encriptación.»

Así de cerca estuve de perder las filtraciones más importantes y trascendentales para la seguridad nacional en la historia de Estados Unidos.

Supe de nuevo sobre el asunto diez semanas después. El 18 de abril viajé desde Río de Janeiro, donde vivo, hasta Nueva York, donde tenía previsto dar unas charlas sobre los peligros de los secretos gubernamentales y la vulneración de las libertades civiles en nombre de la guerra contra el terrorismo.

Tras aterrizar en el aeropuerto JFK, vi que tenía un e-mail de Laura Poitras, la realizadora de documentales, que decía así: «¿Por casualidad vas a estar en EE.UU. la semana que viene? Me gustaría contarte algo, aunque sería mejor en persona.»

Me tomo muy en serio cualquier mensaje de Laura Poitras. Laura, una de las personas más centradas, audaces e independientes que he conocido, había hecho una película tras otra en las circunstancias más arriesgadas, sin personal ni apoyo de ninguna agencia de noticias, provista solo de un presupuesto modesto, una cámara y su resolución. En el punto álgido de la violencia en la guerra de Irak, se había aventurado en el Triángulo Suní para rodar *My Country, My Country*, una mirada sin concesiones sobre la vida cotidiana bajo la ocupación norteamericana, que fue nominada para un premio de la Academia.

Para su siguiente película, *The Oath*, Poitras se había desplazado a Yemen, donde se pasó meses siguiendo a dos hombres yemeníes: el guardaespaldas y el chófer de Osama bin Laden. Desde entonces, Poitras ha estado trabajando en un documental sobre la vigilancia de la NSA. Estas tres películas, concebidas como una trilogía sobre la política de EE.UU. durante la guerra contra el terrorismo, la convirtieron en objeto de continuos acosos por parte de las autoridades cada vez que entraba o salía del país.

Gracias a Laura, aprendí una valiosa lección. Cuando nos conocimos, en 2010, ya había sido detenida en aeropuertos un montón de veces por el Departamento de Seguridad Nacional: la habían interrogado, amenazado, y le habían confiscado portátiles, películas y libretas. Con todo, ella insistía una y otra vez en no hacer público el acoso incesante, pues temía que las repercusiones obstaculizaran su trabajo. Pero esto cambió tras un interrogatorio inusitadamente ofensivo en el aeropuerto de Newark. Laura ya estaba harta. «Quedarme callada no mejora las cosas, las empeora.» Estaba decidida a que yo escribiera sobre ello.

El artículo que publiqué en la revista online *Salon*, en que detallaba los continuos interrogatorios a los que había estado sometida Poitras, despertó considerable interés y suscitó declaraciones de apoyo y denuncias por acoso. Tras la publicación, la siguiente ocasión en que Poitras salió en avión del país no hubo interrogatorios ni incautación de material. Por primera vez en años, Laura podía viajar con libertad.

Para mí la lección estaba clara: a los funcionarios de la seguridad nacional no les gusta la luz. Actúan de manera abusiva y con aire matón solo cuando se creen seguros, en la oscuridad. Descubrimos que el secreto es la piedra angular del abuso de poder, su fuerza motriz. El único antídoto de verdad es la transparencia.

En el JFK, tras leer el e-mail de Laura, contesté al instante: «Pues mira, acabo de llegar a EE.UU. esta mañana... ¿Dónde estás?» Quedamos en vernos al día siguiente, en el vestíbulo de mi hotel de Yonkers, un Marriott. Nos sentamos en el restaurante, aunque, a instancias de ella, antes de empezar a hablar cambiamos dos veces de sitio para estar seguros de que no nos oiría nadie. Laura fue al grano. Tenía que hablar de «un asunto muy importante y delicado», dijo, y la seguridad era crucial.

Como llevaba encima el móvil, Laura me pidió que le quitara la batería o lo dejara en la habitación. «Parece paranoia», dijo, pero el gobierno tiene capacidad para activar móviles y portátiles a distancia para convertirlos en dispositivos de escucha. Tener el teléfono o el ordenador apagados no evita nada: solo es útil quitar la batería. Había oído decir esto antes a *hackers* y activistas en pro de la transparencia, pero lo consideraba una precaución excesiva y no solía hacer caso; sin embargo, esta vez me lo tomé en serio porque lo decía ella. Al ver que no podía sacar la batería del móvil, lo llevé a la habitación y regresé al comedor.

Laura empezó a hablar. Había recibido una serie de e-mails anónimos de alguien que parecía serio y honrado y afirmaba tener acceso a ciertos documentos sumamente secretos y comprometedores sobre actividades de espionaje del gobierno de EE.UU., que afectaban a sus propios ciudadanos y al resto del mundo. El hombre estaba resuelto a filtrar los documentos y solicitaba expresamente que Laura trabajase conmigo para hacerlos públicos e informar sobre ellos. En su momento no establecí ninguna relación con los ya olvidados e-mails de Cincinnatus recibidos meses atrás, guardados en algún lugar apartado de mi cabeza, invisibles.

De pronto Laura sacó unas hojas de su mochila: dos de los correos electrónicos enviados por el filtrador anónimo, que leí ahí sentado de principio a fin.

Alucinante.

El segundo de los e-mails, mandado semanas después del primero, empezaba así: «Sigo aquí.» Con respecto a la cuestión que tenía yo tan presente en la cabeza —¿cuándo estaría él listo para pasarnos los documentos?—, decía: «Solo puedo decir que "pronto".»

Tras pedirle insistentemente que quitara siempre las baterías de los móviles antes de hablar sobre temas delicados —o que al menos los guardase en la nevera, donde se anulaba su capacidad de escucha— el filtrador decía a Laura que debía trabajar conmigo sobre esos documentos. A continuación iba al grano de lo que consideraba su misión:

El impacto de este período inicial [tras las primeras revelaciones] procurará el respaldo necesario para crear un internet más igualitario, aunque esto no supondrá ninguna ventaja para las personas corrientes a menos que la ciencia deje la ley atrás. Si conocemos los mecanismos con los cuales se viola nuestra privacidad, podemos lograr nuestro propósito. Podemos garantizar que todas las personas tengan la misma protección contra búsquedas irrazonables mediante leyes universales, pero solo si la comunidad tecnológica está dispuesta a enfrentarse a la amenaza y a comprometerse a poner en práctica soluciones complejas. Al final, debemos hacer respetar un principio en virtud del cual los poderosos disfrutarán de privacidad exactamente igual que las personas normales: un principio basado en las leyes de la naturaleza más que en las de la política humana.

«Es un individuo real», dije al terminar. «No sé decir muy bien por qué, pero intuyo que esto es serio, que él es exactamente quien dice ser.»

«Yo también», dijo Laura. «Tengo pocas dudas.»

Desde el punto de vista de lo razonable y lo racional, Laura y yo sabíamos que nuestra confianza en la veracidad del filtrador quizás era improcedente. No teníamos ni idea de quién le estaba escribiendo. Podía ser cualquiera. El hombre en cuestión podía estar inventándoselo todo. También cabía la posibilidad de que fuera una especie de argucia del gobierno para acusarnos de colaboración con una filtración criminal. O acaso se tratara de alguien que pretendiera dañar nuestra credibilidad pasándonos documentos falsos para que los publicásemos.

Analizamos todas las posibilidades. Sabíamos que un informe secreto del ejército de EE.UU. declaraba a WikiLeaks enemigo del estado y sugería maneras de «dañar y destruir potencialmente» la organización. El informe (irónicamente filtrado a WikiLeaks) hablaba de la posibilidad de pasar documentos falsos. Si WikiLeaks los publicaba como auténticos, su credibilidad sufriría un duro golpe.

Laura y yo éramos conscientes de las dificultades, pero no las tuvimos en cuenta y nos fiamos de la intuición. Algo intangible aunque convincente de los e-mails nos dejaba claro que el autor era sincero. Escribía basándose en una resuelta creencia en los peligros de las actividades secretas del gobierno y del espionaje generalizado; reconocí por instinto su pasión política. Sentí una afinidad con nuestro interlocutor, con su cosmovisión y con esta sensación de apremio que a todas luces estaba consumiéndolo.

Durante los últimos siete años, impulsado por la misma convicción, he escrito casi a diario sobre las peligrosas tendencias en los secretos de estado de EE.UU., el poder ejecutivo radical, los abusos en la vigilancia y las detenciones, el militarismo y la violación de las libertades civiles. Hay un tono y una actitud particulares que unen a los periodistas, los activistas y mis lectores, personas que se sienten igualmente alarmadas por estas tendencias. Para alguien que no sintiera de veras esta preocupación, sería difícil, razonaba yo, reproducirla de forma tan precisa, con tanta autenticidad.

En uno de los últimos pasajes de los e-mails de Laura, el autor decía estar dando los últimos pasos necesarios para procurarnos los documentos. Necesitaba entre cuatro y seis semanas más; pronto tendríamos noticias suyas. Nos lo aseguró.

Tres días después, Laura y yo volvimos a vernos, esta vez en Manhattan y con otro e-mail del filtrador anónimo, en el que explicaba por qué estaba dispuesto a sacar a la luz esos documentos y, con ello, arriesgar su libertad y exponerse muy probablemente a una larga condena carcelaria. En ese momento me convencí aún más: nuestra fuente era auténtica, pero como le dije a mi pareja, David Miranda, en el avión de regreso a Brasil, estaba decidido a quitármelo todo de la cabeza. «Quizá no funcione. El hombre puede cambiar de opinión. Cabe la posibilidad de que lo detengan.» David, persona muy intuitiva, acertó de lleno. «Es auténtico, desde luego. Funcionará», declaró. «Y va a ser algo gordo.»

Una vez en Río, pasé tres semanas sin noticias. Casi no pensé en la fuente porque lo único que podía hacer era esperar. De repente, el 11 de mayo, recibí un e-mail de un experto informático con el que Laura había trabajado en el pasado. Sus palabras eran crípticas, pero el significado estaba claro: «Hola, Glenn. Estoy aprendiendo a utilizar el sistema PGP. ¿Tienes una dirección adonde pueda enviarte por correo algo que te ayude a ponerte en marcha la semana que viene?»

Yo estaba seguro de que el «algo» que quería mandarme era lo que yo necesitaba para ponerme a trabajar con los documentos del filtrador. Esto significaba a su vez que Laura había tenido noticias del anónimo autor de los e-mails y recibido lo que habíamos estado esperando.

El técnico envió mediante Federal Express un paquete que debía llegar al cabo de dos días. Yo no sabía qué imaginarme: ¿Un programa? ¿Los propios documentos? Durante las siguientes cuarenta y ocho horas me resultó imposible centrarme en otra cosa. Pero a las cinco y media de la tarde del día previsto para la entrega no llegó nada. Llamé a FedEx, y me dijeron que el paquete estaba retenido en la aduana por «razones desconocidas». Pasaron dos días. Cinco días. Una semana entera. Cada día FedEx me decía lo mismo: el paquete estaba retenido en la aduana por razones desconocidas.

Por un momento contemplé la posibilidad de que cierta autoridad gubernamental —norteamericana, brasileña o de donde fuera— fuera responsable del retraso porque supiera algo, pero me aferré a la mucho más probable explicación de que se trataba solo de un típico fastidio burocrático fortuito.

A estas alturas, Laura empezó a mostrarse reacia a hablar de nada de eso por teléfono o e-mail, por lo que yo no sabía qué había exactamente en el paquete. Lo que sí dijo fue que quizá deberíamos viajar a Hong Kong enseguida a reunirnos con nuestra fuente.

Por fin, más o menos diez días después de haber sido enviado el paquete, FedEx me lo hizo llegar. Lo abrí a toda prisa y me encontré con dos dispositivos de memoria USB y una nota con instrucciones detalladas para utilizar diversos programas informáticos diseñados para proporcionar máxima seguridad, amén de numerosas frases de contraseñas para cuentas de correo encriptadas y otros programas de los que no había oído hablar en mi vida.

No tenía ni idea de qué significaba todo aquello. No me sonaban aquellos programas específicos, aunque sí las frases de contraseñas, que básicamente son contraseñas largas, dispuestas al azar, que contienen puntuación y letras sensibles a las mayúsculas, todo concebido para impedir su desciframiento. Como Poitras seguía muy reacia a hablar por teléfono y online, yo seguía frustrado: por fin tenía lo que había estado esperando, pero carecía de pistas que me ayudaran.

Iba a conseguirlo gracias a la mejor guía posible.

Al día siguiente de la llegada del paquete, durante la semana del 20 de mayo, Laura me dijo que tenía que hablar urgentemente conmigo pero solo a través del chat OTR *(off-the-record)*, un instrumento encriptado para hablar online sin problemas. Yo había usado antes el OTR y gracias a Google conseguí instalar el programa, abrí una cuenta y añadí el nombre de Laura a mi «lista de amigos». Ella apareció en el acto.

Pregunté si yo tenía acceso a los documentos secretos. Solo procedían de la fuente, me dijo Laura, no de ella. Ahora me sentía desconcertado. ¿Qué estaba haciendo en Hong Kong alguien con acceso a documentos secretos del gobierno norteamericano? ¿Qué tenía que ver Hong Kong en todo eso? Yo había dado por supuesto que la fuente anónima se hallaba en Maryland o en el norte de Virginia. ¿Por qué alguien así estaría precisamente en Hong Kong? Yo estaba dispuesto a viajar a cualquier sitio, por supuesto, pero quería más información sobre el porqué. Sin embargo, la incapacidad de Laura para hablar con libertad nos obligó a aplazar esta discusión.

Me preguntó si en los próximos días estaría dispuesto a viajar con ella a Hong Kong. Yo quería estar seguro de que eso valía la pena, es decir, si ella había obtenido verificación de que la fuente era real. Me respondió de forma críptica: «Pues claro, si no, no te propondría ir a Hong Kong.» Di por sentado que ella había recibido algunos documentos serios de la fuente.

Pero también me dijo que estaba gestándose un problema. La fuente estaba molesta por el modo en que habían ido las cosas hasta el momento, y sobre un nuevo giro: la posible implicación del *Washington Post.* Según Laura, era esencial que yo hablara con él directamente, para tranquilizarlo y apaciguar su creciente preocupación.

En el espacio de una hora, recibí un e-mail de la fuente.

Procedía de Verax@ ███████████. «Verax» significa, en latín, «el que dice la verdad». En «Asunto» ponía «Hemos de hablar».

«He estado trabajando en un proyecto importante con un amigo de ambos», comenzaba el e-mail, lo que me permitía saber que era él, la fuente anónima, haciendo clara referencia a sus contactos con Laura.

«Hace poco declinaste la invitación a un viaje para reunirte conmigo. Has de implicarte en este asunto», escribía. «¿Hay alguna posibilidad de que hablemos pronto? Me consta que no tienes una buena infraestructura de seguridad, pero veré qué puedo hacer.» Propuso que habláramos mediante OTR y me dio su nombre de usuario.

No estaba seguro de qué quería decir él con «declinar la invitación a un viaje»: yo había manifestado confusión sobre por qué estaba él en Hong Kong pero desde luego no me había negado a nada. Lo atribuí a un malentendido y respondí enseguida. «Quiero hacer todo lo posible para implicarme en esto», le dije, y acto seguido le sugerí que habláramos inmediatamente con OTR. Añadí su nombre de usuario a mi lista de amigos y esperé.

Al cabo de quince minutos, en mi ordenador sonó una especie de campanilla como indicación de que él se había apuntado. Algo nervioso, tecleé su nombre y escribí «hola». Él respondió, y de pronto me encontré hablando directamente con alguien que, suponía yo, tenía en su poder cierto número desconocido de documentos secretos sobre programas de vigilancia de EE.UU. y que quería sacar a la luz al menos algunos.

De entrada le dije que estaba totalmente comprometido con el asunto. «Estoy dispuesto a hacer lo que sea para informar acerca de esto», dije. La fuente —cuyo nombre, lugar de trabajo, edad y demás particularidades seguían siendo desconocidos para mí— me preguntó si podía ir a Hong Kong a verle. No pregunté por qué estaba él en Hong Kong; no quería dar la impresión de que iba a la caza de titulares.

Desde el principio decidí que le dejaría llevar la iniciativa. Si él quería que yo supiera por qué estaba en Hong Kong, ya me lo diría. Y si quería que yo supiera qué documentos tenía y tenía pensado pasarme, también me diría eso. De todos modos, me costaba mantener esta postura pasiva. Como antiguo abogado y actual periodista, estoy acostumbrado a interrogar con agresividad cuando quiero respuestas, y en la cabeza me bullían centenares de preguntas.

Pero me hacía cargo de que su situación era delicada. Con independencia de lo que fuera cierto o no, yo sabía que esa persona había decidido llevar a cabo lo que el gobierno de Estados Unidos consideraría un delito gravísimo. Viendo lo preocupado que estaba con las comunicaciones seguras, estaba claro que la discreción era fundamental. Y, razoné yo, como tenía tan poca información sobre la persona con la que estaba hablando, su modo de pensar, sus motivos y sus temores, eran imperativos la cautela y el comedimiento. No quería asustarle. De modo que me obligué a mí mismo a dejar que la información llegara hasta mí en vez de intentar arrebatársela.

«Claro que iré a Hong Kong», dije, sin dejar de pensar por qué estaba él precisamente allí y por qué quería que fuera yo.

Ese día hablamos dos horas online. Su principal preocupación era que, con su consentimiento, Poitras había hablado con un periodista del *Washington Post*, Barton Gellman, sobre algunos de los documentos de la NSA que la fuente le había proporcionado. Dichos documentos concernían a una cuestión concreta sobre un programa denominado PRISM, que permitía a la NSA recoger comunicaciones privadas de las empresas de internet más importantes del mundo, como Facebook, Google, Yahoo o Skype.

En vez de informar de la historia con rapidez y agresividad, el *Washington Post* había creado un numeroso equipo de abogados que se dedicaban a redactar toda clase de demandas y a hacer públicas toda suerte de serias advertencias. Para la fuente, eso indicaba que el *Post*, que contaba con lo que parecía una oportunidad periodística sin precedentes, tenía más miedo que convicción y determinación. También le ponía furioso que el *Post* hubiera implicado a tantas personas, temeroso de que estas discusiones hicieran peligrar su seguridad.

«No me gusta cómo están yendo las cosas», me dijo. «Antes

quería que fuera otro quien se encargara de lo de PRISM para que tú pudieras concentrarte en el conjunto del archivo, sobre todo el espionaje interno generalizado, pero ahora quiero que seas tú quien informe sobre esto. Llevo tiempo leyéndote», añadió, «y sé que lo harás con contundencia y sin temor».

«Estoy listo e impaciente», le dije. «Decidamos ahora qué debo hacer.»

«Lo primero es que vengas a Hong Kong», dijo, que volvía sobre ello una y otra vez: *Ven a Hong Kong de inmediato.*

El otro asunto importante que comentamos en esa primera conversación online giró en torno a los objetivos de la fuente. Por los e-mails que Laura me había enseñado, yo sabía que él se sentía impulsado a revelar al mundo el inmenso aparato de espionaje que el gobierno norteamericano estaba creando en secreto. Pero ¿qué esperaba conseguir?

«Quiero provocar un debate mundial sobre la privacidad, la libertad en internet y los peligros de la vigilancia estatal», explicó. «No tengo miedo de lo que pueda pasarme. Tengo asumido que, tras esto, mi vida probablemente cambiará. Estoy conforme. Sé que hago lo correcto.»

A continuación dijo algo sorprendente: «Quiero ser identificado como la persona que hay detrás de estas revelaciones. Creo tener la obligación de explicar por qué estoy haciendo esto y lo que espero lograr.» Me explicó que había redactado un documento que quería colgar en internet cuando ya se le conociera públicamente como la fuente: un manifiesto a favor de la privacidad y en contra de la vigilancia para que lo firmase gente de todo el mundo y, de este modo, se hiciera patente la existencia de un movimiento global de apoyo a la protección de la privacidad.

Pese a los costes casi seguros de dar a conocer su identidad —una larga pena de cárcel, si no algo peor—, estaba, decía la fuente una y otra vez, «conforme» con esas consecuencias. «De todo esto solo me asusta una cosa», dijo, «que la gente vea estos documentos y se encoja de hombros, como diciendo "ya lo suponíamos y nos da igual". Lo único que me preocupa es hacer todo esto por nada.»

«Dudo mucho que pase esto», le dije sin estar muy convencido. Gracias a los años que escribí sobre los abusos de la NSA, sabía que puede ser difícil conseguir que a la gente le importe de veras la vigilancia estatal secreta: la invasión de la privacidad y el abuso de poder suelen verse como una abstracción, algo difícil de tomar de manera visceral. Es más, el tema de la vigilancia es siempre complejo, por lo que cuesta más implicar a la gente de manera generalizada.

Sin embargo, esto de ahora pintaba de otro modo. Cuando se filtran documentos secretos, los medios prestan atención. Y el hecho de que el aviso lo diera alguien de dentro del aparato de seguridad nacional —y no un abogado de la ACLU o un defensor de las libertades civiles— seguramente suponía un refuerzo añadido.

Aquella noche hablé con David sobre lo de ir a Hong Kong. Yo aún me mostraba reticente a dejar todo mi trabajo para volar al otro extremo del mundo a encontrarme con alguien de quien no sabía nada, ni siquiera el nombre, concretamente no tenía ninguna prueba real de que fuera quien decía ser. Podía ser una absoluta pérdida de tiempo. ¿Y si todo aquello era algún tipo de inducción al delito o un complot extraño?

«Dile que primero quieres ver algunos documentos para confirmar que se trata de una persona seria y que es algo de valor para ti», propuso David.

Seguí su consejo, como de costumbre. A la mañana siguiente entré en OTR y le dije que tenía la intención de ir a Hong Kong en cuestión de días, pero que primero quería ver algunos documentos con el fin de conocer qué clase de revelaciones estaba dispuesto a hacerme.

A tal fin, me dijo que instalara varios programas. Después pasé un par de días online mientras la fuente me explicaba paso a paso la manera de instalar y utilizar cada programa, incluyendo por fin la encriptación PGP. Como C. sabía que yo era un principiante, tuvo una paciencia enorme, hasta el punto de decirme literalmente cosas como «haz clic en el botón azul, ahora pulsa OK y pasa a la pantalla siguiente».

Yo pedía disculpas todo el rato por mi incompetencia, por robarle horas de su tiempo en las que me aclaraba los aspectos más básicos de la seguridad en las comunicaciones. «Tranquilo», decía él, «la mayor parte de esto no tiene mucho sentido. Además, ahora mismo dispongo de mucho tiempo libre.»

En cuanto estuvieron instalados todos los programas, recibí un archivo con unos 25 documentos: «Solo un pequeño anticipo: la punta de la punta del iceberg», explicó con tono tentador.

Descomprimí el archivo, vi la lista de documentos e hice clic al azar en uno de ellos. En la parte superior de la página apareció un código en letras rojas: «TOP SECRET/COMINT/NOFORN/.»

Así pues, el documento había sido legalmente declarado «secreto», pertenecía a la «inteligencia de las comunicaciones» (COMINT, *communications intelligence*) y «no se podía distribuir entre ciudadanos extranjeros» (NOFORN, *no... foreign nationals*), incluyendo organizaciones internacionales y socios de coaliciones. Ahí estaba, con incontrovertible claridad: una comunicación altamente confidencial de la NSA, una de las agencias más secretas del país más poderoso del mundo. De la NSA no se había filtrado nada de tanta importancia en las seis décadas de historia de la agencia. Ahora yo tenía en mi poder unos cuantos informes de ese tipo. Y la persona con la que los dos últimos días me había pasado horas chateando podía proporcionarme muchísimos más.

El primer documento era un manual de entrenamiento para funcionarios de la NSA en el que se enseñaba a los analistas nuevas capacidades de vigilancia. Hablaba en términos generales de la clase de información sobre la que los analistas podían indagar (direcciones electrónicas, datos de localización de IP, números de teléfono) y la clase de datos que recibirían como respuesta (contenido de los e-mails, «metadatos» telefónicos, registros de chats). En esencia, yo estaba escuchando furtivamente a los funcionarios de la NSA mientras instruían a sus analistas sobre cómo escuchar a sus objetivos.

Se me dispararon las pulsaciones. Tuve que dejar de leer y pasear un rato por mi casa para asimilar lo que acababa de ver y tranquilizarme para ser capaz de leer los archivos. Volví al portátil e hice clic en el documento siguiente, una presentación secreta en PowerPoint titulada «PRISM/US-984XN Perspectiva General». En cada página se apreciaban los logotipos de nueve de las empresas de internet más importantes, entre ellas Google, Facebook, Skype y Yahoo.

En las primeras diapositivas aparecía un programa en el que la NSA tenía lo que denominaba «recopilación directamente de los servidores de estos proveedores de servicios de internet en EE.UU.: Microsoft, Yahoo!, Google, Facebook, Paltalk, AOL, Skype, YouTube, Apple». En un gráfico se veían las fechas en las que cada empresa se había incorporado al programa.

Sentí tal agitación que tuve que dejar de leer otra vez.

La fuente también decía que me enviaba un archivo grande al que yo no podría acceder hasta su debido tiempo. Decidí dejar a un lado de momento estas afirmaciones crípticas aunque significativas de acuerdo con mi enfoque de dejarle decidir cuándo recibiría yo información, pero también por lo entusiasmado que me sentía ante lo que tenía delante.

Desde el primer vistazo a esos documentos supe dos cosas: que debía ir enseguida a Hong Kong y que necesitaría un considerable apoyo institucional para realizar mi trabajo. Eso significaba involucrar al *Guardian*, el periódico y la página web de noticias online en la que colaboraba como columnista diario desde hacía solo nueve meses. Ahora iba a implicarles en lo que yo ya sabía que sería una historia explosiva.

Mediante Skype llamé a Janine Gibson, la jefa de redacción británica de la edición norteamericana del *Guardian*. Con el *Guardian* había acordado que yo tenía plena independencia, es decir, nadie podía editar, ni siquiera corregir, mis artículos antes de ser publicados. Los escribía y los colgaba yo mismo en internet. La única excepción a este acuerdo es que les avisaría de si el texto podía tener consecuencias legales para el periódico o planteaba algún dilema periodístico inhabitual. Esto había pasado muy pocas veces en esos nueve meses, solo una o dos, de lo que se desprende que yo había tenido poco contacto con los redactores del *Guardian*.

Pero si había una historia que justificaba ponerlos sobre aviso, desde luego era esta. También sabía que me harían falta los recursos y el respaldo del periódico.

«Janine, tengo una historia tremenda», le lancé. «Dispongo de una fuente con acceso a lo que parece ser una gran cantidad de documentos secretos de la NSA. Ya me ha hecho llegar algunos, y es un escándalo. Pero dice que tiene más, muchos más. Por alguna razón, está en Hong Kong, todavía no sé por qué, y quiere que nos encontremos allí para obtener el resto. Lo que me ha dado, lo que acabo de ver, pone de manifiesto algunas...»

Gibson me interrumpió. «¿Con qué me llamas?»

«Con Skype.»

«No creo que sea aconsejable hablar de esto por teléfono, sobre todo con Skype», dijo con tino, y me propuso que cogiera un avión para Nueva York de inmediato para poder hablar del asunto en persona.

Mi plan, que expliqué a Laura, era volar a Nueva York, enseñar los documentos al *Guardian*, ilusionarles con la historia y hacer que me enviasen a Hong Kong para encontrarme con la fuente. Laura y yo quedamos en vernos en Nueva York y viajar juntos a Hong Kong.

Al día siguiente volé desde Río al JFK, y a las nueve de la mañana, viernes 31 de marzo, tras registrarme en mi hotel de Mahattan acudí a la cita con Laura. Lo primero que hicimos fue ir a una tienda y comprar un portátil que haría las veces de «muro de aire», un ordenador que nunca se habría conectado a internet. Es mucho más difícil someter a vigilancia un ordenador sin internet. Un servicio de inteligencia como la NSA solo puede controlar un muro de aire si logra acceder físicamente al ordenador e instala un dispositivo de vigilancia en el disco duro. Mantener en todo momento cerca un muro de aire impide esa clase de invasión. Usaría ese portátil para trabajar con materiales que no quisiera ver sometidos a seguimiento, como documentos secretos de la NSA, sin miedo a detección alguna.

Guardé el ordenador en la mochila y anduve con Laura las cinco manzanas de Mahattan que me separaban de las oficinas del *Guardian* en el Soho.

Cuando llegamos, Gibson estaba esperándonos. Fuimos directamente a su despacho, adonde acudió también Stuart Millar, segundo de Gibson. Laura se quedó fuera. Gibson no la conocía, y yo quería que pudiéramos hablar con libertad. No tenía ni idea de si los redactores del *Guardian* reaccionarían con miedo o con entusiasmo ante mi primicia. No había trabajado con ellos antes, al menos en nada que se acercara mínimamente a este nivel de gravedad e importancia.

Saqué los archivos de la fuente de mi portátil, y Gibson y Millar se sentaron a una mesa y estuvieron leyendo los documentos y mascullando de vez en cuando «vaya», «mierda» y exclamaciones parecidas. Yo me acomodé en un sofá y les observé mientras leían, detectando las diversas notas de sorpresa en sus rostros a medida que iban captando la realidad de lo que les había llevado. Cada vez que terminaban con un documento, asomaba yo para enseñarles el siguiente. Su asombro aumentaba por momentos.

Aparte de las aproximadamente dos docenas de documentos de la NSA enviados por la fuente, esta había incluido el manifiesto que pretendía colgar en la red, en el que se pedían firmas como muestra de solidaridad con la causa a favor de la privacidad y en contra de la vigilancia. El manifiesto tenía un tono serio y dramático, pero es lo que cabía esperar habida cuenta de las decisiones que había tomado, decisiones que trastocarían su vida para siempre. A mí me parecía lógico que el testigo de la creación turbia de un sistema omnipresente de vigilancia estatal invisible, sin supervisión ni controles, estuviera realmente alarmado por lo que había visto y por los peligros que ello planteaba. Como es natural, el tono era extremo; se había inquietado tanto que había tomado la extraordinaria decisión de hacer algo valiente y trascendental. Entendí el porqué, pero me preocupaba la reacción de Gibson y Millar tras haber leído el manifiesto. No quería que pensaran que teníamos tratos con un loco, alguien inestable, sobre todo porque, tras haber pasado varias horas hablando con él, yo sabía que era una persona excepcionalmente racional y abierto al diálogo.

Mi temor pronto quedó confirmado. «Todo esto parece una locura», dictaminó Gibson. «Algunos, entre ellos defensores de la NSA, dirán que todo esto sigue un poco el estilo de Ted Kaczynski, *Unabomber*», admití. «Pero en última instancia lo que importa son los documentos, no él ni sus motivos para dárnoslos. Además, quien hace algo tan extremo ha de tener ideas extremas. Es inevitable.»

Además del manifiesto, Snowden había escrito una carta a los periodistas a quienes entregaba su archivo de documentos. En ella pretendía explicar sus fines y objetivos y pronosticaba que seguramente sería demonizado:

> Mi único objetivo es informar a la gente de lo que se hace en su nombre y lo que se hace en su contra. El gobierno de EE.UU., en complicidad con estados clientes, principalmente los Cinco Ojos —Reino Unido, Canadá, Australia y Nueva Zelanda—, ha impuesto en el mundo un sistema de vigilancia secreta y omnipresente de la que no es posible escapar. Protegen sus sistemas internos de la supervisión de los ciudadanos mediante clasificaciones y mentiras, y se blindan contra el escándalo de eventuales filtraciones exagerando protecciones limitadas que deciden conceder a los gobernados...
>
> Los documentos adjuntos son reales y originales, y se ofrecen para procurar un conocimiento de cómo funciona el sistema de vigilancia pasiva, global, para que se puedan crear protecciones contra el mismo. El día en que escribo esto, todos los registros nuevos de comunicaciones pueden ser ingeridos y catalogados por dicho sistema y se pretende guardarlos durante años; por otro lado, están creándose y desplegándose en todo el mundo «Almacenes Masivos de Datos» (o, de manera eufemística, Almacenes de Datos de «Misiones»), estando el mayor en Utah. Mientras rezo para que la toma de conciencia pública desemboque en la reforma, tengamos presente que las políticas de los hombres cambian con el tiempo, y que incluso la Constitución es subvertida cuando el apetito de poder así lo exige. Son palabras de la historia: no hablemos más de la fe en el hombre; atémoslo con las cadenas de la criptografía para que no haga travesuras.

Reconocí al instante la última frase como un guiño a una frase de Thomas Jefferson de 1798 que cito a menudo: «Así pues, en cuestiones de poder, no hablemos más de la fe en el hombre; atémoslo con las cadenas de la Constitución para que no haga travesuras.»

Tras revisar todos los documentos, incluida la carta de Snowden, Gibson y Millar quedaron convencidos. «En dos palabras», concluyó Gibson al cabo de dos horas de mi llegada aquella mañana, «tienes que ir a Hong Kong lo antes posible. ¿Qué te parece mañana?»

El *Guardian* se subía al carro. Mi misión en Nueva York había sido cumplida con éxito. Ahora yo sabía que Gibson estaba comprometida a luchar por la noticia con garra, al menos de momento. Aquella tarde, Laura y yo estuvimos con el agente de viajes del *Guardian* para poder ir a Hong Kong cuanto antes. La mejor opción era un vuelo de dieciséis horas seguidas con Cathay Pacific que salía del JFK a la mañana siguiente. Sin embargo, justo cuando comenzábamos a celebrar nuestro inminente encuentro con la fuente, surgió una complicación.

Al final del día, Gibson manifestó su deseo de que participase también un viejo reportero del *Guardian*, Ewen MacAskill, que llevaba veinte años en el periódico. «Es un gran periodista», dijo Janine. Dada la envergadura del asunto en que nos embarcábamos, yo sabía que harían falta otros reporteros y en teoría no tenía ningún inconveniente. Pero no conocía a MacAskill y me resultaba desagradable la manera en que nos era impuesto en el último momento.

«Me gustaría que Ewen te acompañara a Hong Kong», añadió. Yo no conocía a MacAskill, pero lo más importante es que la fuente tampoco. Por lo que C. sabía, íbamos a Hong Kong solo Laura y yo. Tuve la clarísima sensación de que también Laura, una persona que lo organiza todo con gran meticulosidad, iba a ponerse furiosa ante ese repentino cambio de planes.

No me equivoqué. «Ni hablar. De ninguna manera», soltó. «No podemos agregar sin más otra persona a última hora. Y encima no le conozco de nada. ¿Quién lo ha investigado?»

Intenté explicarle los motivos que, a mi juicio, tenía Gibson. La verdad es que yo aún no conocía ni confiaba del todo en el *Guardian*, al menos si se trataba de un asunto tan importante, y supuse que a ellos les pasaba lo mismo conmigo. Teniendo en cuenta lo mucho que había en juego con la historia, razoné que probablemente querían a alguien de la empresa a quien conocieran bien y que les contara todo lo relativo a la fuente. Además, Gibson necesitaría el respaldo y la aprobación de todos los redactores del *Guardian* de Londres, que me conocían todavía menos que ella. Janine seguramente quería incluir a alguien que tranquilizara a Londres, y Ewen respondía bien a ese perfil.

«Me da igual», replicó Laura. «Viajar con una tercera persona, un desconocido, podría suscitar vigilancia o asustar a la fuente.» Como solución de compromiso, propuso que enviaran a Ewen al cabo de unos días, en cuanto nosotros hubiéramos establecido contacto con la fuente en Hong Kong y creado un clima de confianza. «Tú tienes ascendiente sobre ellos. Diles que no pueden enviar a Ewen hasta que estemos preparados.»

Volví a hablar con Gibson y le propuse lo que parecía un buen arreglo, pero ella parecía decidida. «Ewen puede ir contigo, pero no conocerá a la fuente hasta que Laura y tú digáis que estáis listos.»

El hecho de que Ewen viniera con nosotros a Hong Kong era vital, sin duda. Gibson necesitaba garantías sobre lo que estaba pasando ahí y un medio para disipar los temores que pudieran tener sus jefes de Londres. Pero Laura seguía manteniéndose inflexible en que debíamos viajar solos.

«Si la fuente nos vigila en el aeropuerto y ve a esta inesperada tercera persona, a la que no conoce, se asustará y pondrá fin al contacto. Ni hablar.» Al modo de un diplomático del Departamento de Estado que va y viene entre adversarios de Oriente Medio con la vana esperanza de alcanzar un acuerdo, volví a hablar con Gibson, que me dio una vaga respuesta indicativa de que Ewen iría un par de días después. O quizás era solo lo que yo quería oír.

Sea como fuere, a última hora de aquella noche supe por la agencia de viajes que el billete de Ewen había sido comprado... para el mismo vuelo del día siguiente. Lo mandaban en ese avión con independencia de todo lo demás.

Por la mañana, en el coche camino del aeropuerto, Laura y yo tuvimos nuestra primera y única pelea. En cuanto hubimos salido del hotel le di la noticia de que al final Ewen nos acompañaba, y ella montó en cólera. Insistía en que yo estaba haciendo peligrar el conjunto de la operación. Meter a estas alturas a otra persona en el asunto era una insensatez. Laura no confiaba en nadie que no tuviera antecedentes por haber trabajado en algo delicado y me echaba la culpa de que el *Guardian* pudiera hacer fracasar el plan.

No podía decirle a Laura que sus preocupaciones carecían de fundamento, pero sí intenté hacerle ver que el *Guardian* había insistido mucho en ello y no había opción. Además, Ewen solo conocería a la fuente cuando nosotros diéramos el visto bueno.

A Laura le daba igual; para apaciguarla, llegué a proponerle que no fuéramos, sugerencia que ella rechazó al punto. Nos quedamos diez minutos callados, abatidos y enfadados, mientras el coche permanecía atrapado en un atasco de tráfico camino del JFK.

Yo sabía que Laura tenía razón: las cosas no debían haber ido así, y rompí el silencio para decírselo. Acto seguido, le propuse que ignorásemos a Ewen y lo marginásemos, dando a entender que era ajeno a nosotros. «Estamos en el mismo bando», le recordé. «No discutamos. Considerando lo que hay en juego, no será la última vez que algo escape a nuestro control.» Intenté convencer a Laura de que teníamos que concentrarnos en trabajar juntos para superar obstáculos. Al rato volvimos a estar tranquilos.

Al llegar a las inmediaciones del aeropuerto, Laura sacó un pen drive de la mochila.

—¿Sabes qué es esto? —preguntó con expresión grave.

—No. ¿Qué es?

—Los documentos —contestó—. Todos.

Cuando llegamos, Ewen ya estaba en la puerta de embarque. Laura y yo nos mostramos cordiales pero fríos, pues queríamos que se sintiera excluido, hacerle saber que no tendría ningún papel hasta estar nosotros preparados para darle uno. Como única diana de nuestra irritación, lo tratamos como si fuera equipaje adicional que nos hubieran endilgado. Era injusto, pero yo estaba demasiado pendiente de los probables tesoros del pen drive de Laura y de la importancia de lo que íbamos a hacer para pensar demasiado en Ewen.

En el coche, Laura me había dejado un tutorial de cinco minutos en un sistema operativo seguro y dijo que pensaba dormir en el avión. Me dio el pen drive y me aconsejó que echara un vistazo a sus documentos. En cuanto llegáramos a Hong Kong, dijo, la fuente garantizaría que yo tuviera pleno acceso a mi propio juego.

Tras despegar el avión, saqué mi nuevo ordenador con muro de aire, introduje el lápiz de memoria de Laura y seguí sus instrucciones para cargar los archivos.

Pese a mi agotamiento, durante las siguientes dieciséis horas no hice nada más que leer los documentos y tomar febrilmente notas sobre ellos. Muchos de los archivos eran tan impactantes y sorprendentes como la presentación de PRISM en PowerPoint que había visto en Río. Algunos más.

Uno de los primeros era una orden del Tribunal de Vigilancia de Inteligencia Extranjera (FISA), instituido por el Congreso en 1978, después de que el Comité Church sacara a la luz décadas de espionaje gubernamental abusivo. La idea subyacente a su creación era que el gobierno podía seguir realizando vigilancia electrónica, pero, para evitar abusos, antes debía conseguir un permiso del tribunal. Nunca había visto yo antes una orden del tribunal FISA. Ni yo ni nadie. El tribunal es una de las instituciones más herméticas del gobierno. Todas sus resoluciones son calificadas automáticamente de «secretas», y solo un grupo restringido de personas goza de acceso autorizado a sus decisiones.

La resolución que leí en el vuelo a Hong Kong era increíble por varias razones. Ordenaba a Verizon Business que cediera a la NSA todos los «registros de llamadas» relativas a «comunicaciones (I) entre Estados Unidos y el extranjero, y (II) dentro de Estados Unidos, incluidas las llamadas telefónicas locales». Eso significaba que la NSA estaba, de forma secreta e indiscriminada, recopilando registros telefónicos de, como poco, decenas de millones de norteamericanos. Prácticamente nadie tenía ni idea de que la administración Obama estuviera haciendo algo así. Ahora, con esta resolución, yo no solo lo sabía sino que también tenía como prueba la orden secreta del tribunal.

Además, la orden del tribunal especificaba que la mayor parte de las llamadas telefónicas habían sido recopiladas por autorización de la Sección 215 de la Patriot Act (Ley Patriota). Esta interpretación radical de la Patriot Act era especialmente escandalosa, casi más que la resolución en sí misma.

La Patriot Act era tan polémica porque, cuando fue aprobada tras el atentado del 11 de Septiembre, la sección 215 rebajó los estándares que debía cumplir el gobierno para obtener «documentos comerciales/profesionales» desde «causa probable» a «pertinencia». Lo cual significaba que, para obtener documentos muy delicados o invasivos —como historiales médicos, transacciones bancarias o llamadas telefónicas—, el FBI solo tenía que demostrar que esos documentos eran «pertinentes» para una investigación en curso.

Sin embargo, nadie —ni siquiera los halcones republicanos de la Cámara que habían aprobado la Patriot Act en 2001, ni el defensor más ferviente de las libertades civiles que describía la ley bajo la luz más amenazadora—, creía que la ley otorgaba poderes al gobierno para reunir datos de *todo el mundo*, en masa y de manera indiscriminada. Sin embargo, eso era exactamente lo que determinaba la orden secreta del tribunal FISA, abierta en mi portátil camino de Hong Kong, al requerir a Verizon que entregara a la NSA todos los registros de llamadas telefónicas de sus clientes norteamericanos.

Durante dos años, los senadores demócratas Ron Wyden, de Oregón, y Mark Udall, de Nuevo México, habían estado recorriendo el país avisando de que los americanos se quedarían «atónitos si conocieran» la «interpretación secreta de la ley» que la administración Obama estaba utilizando para investirse de inmensos y desconocidos poderes de espionaje. Pero como esas actividades de espionaje e «interpretaciones secretas» eran de carácter confidencial, los dos senadores, que eran miembros del Comité de Inteligencia del Senado, decidieron no hacer público lo que habían encontrado tan preocupante a pesar de la inmunidad de que gozaban como miembros del Senado.

En cuanto vi la orden del tribunal FISA, supe que eso era al menos parte de los programas de vigilancia abusiva y radical acerca de los cuales Wyden y Udall habían intentado avisar al país. Comprendí en el acto la importancia de la orden FISA. Me moría de ganas de publicar aquello, convencido de que su revelación provocaría un terremoto y de que, sin duda, a continuación se producirían llamamientos a favor de la transparencia y la rendición de cuentas. Y se trataba solo de uno de los centenares de documentos secretos que leí camino de Hong Kong.

Aun así, noté mi cambio de perspectiva sobre la importancia de las acciones de la fuente. Esto ya había pasado tres veces antes: la primera vez que vi los e-mails recibidos por Laura, de nuevo cuando empecé a hablar con la fuente, y aún en otra ocasión cuando leí las dos docenas de documentos enviados por e-mail. Ahora sí que tenía yo la impresión de estar empezando a procesar realmente la magnitud de la filtración.

Durante el vuelo, de vez en cuando se acercaba Laura a la fila donde estaba yo sentado, frente al mamparo del avión. En cuanto la veía, saltaba del asiento y nos quedábamos los dos de pie en el espacio abierto, estupefactos, abrumados, atónitos ante lo que obraba en nuestro poder.

Laura llevaba años trabajando en el tema de la vigilancia de la NSA, cuyo proceder abusivo sufría ella una y otra vez. Yo había escrito sobre las amenazas planteadas por la vigilancia nacional sin restricciones ya en 2006, cuando publiqué mi primer libro, en el que advertía de la anarquía y el radicalismo imperantes en la agencia. Con esa labor, los dos habíamos forcejeado con el gran muro de secretismo que blinda el espionaje gubernamental: ¿Cómo documentar las acciones de una agencia tan envuelta en múltiples capas de secreto oficial? Acabábamos de abrir una brecha en ese muro. En el avión, teníamos en nuestro poder miles de documentos que el gobierno había intentado ocultar desesperadamente. Contábamos con datos que demostrarían sin ningún género de dudas lo realizado por el poder establecido para destruir la privacidad de los norteamericanos y de gente de todo el mundo.

Mientras leía, me sorprendieron dos cosas del archivo. La primera era lo magníficamente bien organizado que estaba. La fuente había creado innumerables carpetas, y luego subcarpetas y subsubcarpetas. Cada documento estaba exactamente donde debía estar. No encontré uno solo que estuviera fuera de su sitio o mal archivado.

Llevaba yo años defendiendo los actos —a mi juicio heroicos— de Bradley, ahora Chelsea, Manning, el soldado del ejército y delator de ilegalidades a quien la conducta del gobierno de EE.UU. —sus crímenes de guerra y otros engaños sistemáticos— horrorizó hasta tal punto que arriesgó su libertad al hacer públicos varios documentos secretos a través de WikiLeaks. Sin embargo, Manning fue criticado (de forma injusta e imprecisa, en mi opinión) por filtrar supuestamente documentos que, según sus detractores (sin pruebas), no había revisado, a diferencia de Daniel Ellsberg. Este razonamiento infundado (Ellsberg era uno de los más fervientes defensores de Manning, y al parecer este al menos había inspeccionado los documentos) se esgrimía a menudo para menoscabar la idea de heroicidad en las acciones de Manning.

Desde luego no cabía decir nada así de nuestra fuente de la NSA. Estaba muy claro que había revisado cuidadosamente cada documento que nos había entregado, que había entendido su significado y que finalmente lo había incorporado a una estructura armónica.

La otra faceta sorprendente del archivo era el alcance de las mentiras del gobierno, demostradas con claridad por la fuente. Una de las carpetas llevaba por título «INFORMANTE SIN LÍMITES (la NSA mintió al Congreso)». Dicha carpeta contenía montones de documentos que recogían detallados datos estadísticos de la NSA sobre cuántos e-mails y llamadas interceptaba la agencia. También contenía pruebas de que la NSA había estado reuniendo cada día datos de llamadas y correos electrónicos de millones de norteamericanos.

«INFORMANTE SIN LÍMITES» era el nombre del programa de la NSA concebido para cuantificar las actividades de vigilancia diaria de la agencia con exactitud matemática. Un mapa del archivo ponía de manifiesto que, durante un período que finalizaba en febrero de 2013, una unidad de la NSA había recogido más de *tres mil millones* de datos solo de los sistemas de comunicación de EE.UU.

La fuente presentaba pruebas inequívocas de que los funcionarios de la NSA habían mentido al Congreso, de manera descarada y reiterada, sobre las actividades de la agencia. Durante años, varios senadores estuvieron pidiendo a la NSA una estimación aproximada de cuántos norteamericanos tenían las llamadas o los e-mails interceptados. Los funcionarios insistían en que no podían responder porque no conservaban, ni podían conservar, esos datos: precisamente los datos exhaustivamente reflejados en los documentos «INFORMANTE SIN LÍMITES».

Hay algo aún más significativo: los archivos —como la orden del tribunal a Verizon— demostraban que James Clapper, funcionario de alto rango de la administración Obama, director de Inteligencia Nacional, mintió al Congreso cuando, el 12 de marzo de 2013, el senador Ron Wyden le preguntó lo siguiente: «¿La NSA recoge alguna clase de datos de millones o cientos de millones de norteamericanos?»

La contestación de Clapper fue tan sucinta como falsa: «No, señor.»

En dieciséis horas de lectura casi ininterrumpida, conseguí leer solo una fracción del archivo. En todo caso, cuando aterrizamos en Hong Kong, sabía dos cosas seguras. En primer lugar, la fuente era alguien muy sofisticado y políticamente astuto, lo que se evidenciaba en su reconocimiento de la importancia de casi todos los documentos. También se trataba de alguien muy racional. Lo ponía de manifiesto la manera en que había escogido, analizado y descrito los miles de informes que tenía yo ahora en mi poder. En segundo lugar, sería difícil negarle el estatus de delator clásico de ilegalidades. Si revelar pruebas de que funcionarios de seguridad de ámbito nacional mintieron descaradamente al Congreso con respecto a programas de espionaje interno no es ser indiscutiblemente un delator de ilegalidades, entonces ¿qué es?

Yo sabía que, cuanto más difícil resultara para el gobierno y sus aliados demonizar la fuente, más efectivas serían sus revelaciones. Los dos argumentos preferidos para demonizar a los reveladores de secretos —a saber, que son personas inestables e ingenuas— aquí no iban a surtir efecto.

Poco antes de aterrizar leí un último archivo. Aunque llevaba por título «LÉEME_PRIMERO», reparé en él solo al final del viaje. Este documento era otra explicación de por qué la fuente había decidido hacer lo que había hecho y qué esperaba que sucediera como consecuencia, y tenía un tono y un contenido parecidos al manifiesto que yo había enseñado a los redactores del *Guardian*.

No obstante, este documento contenía hechos vitales que no estaban en los otros. Incluía el nombre de la fuente, la primera vez que lo veía yo, junto con predicciones muy claras de lo que seguramente le harían una vez que se hubiera identificado. Haciendo referencia a episodios ocurridos desde el escándalo de la NSA de 2005, la nota terminaba así.

> Muchos me calumniarán por no participar en el relativismo nacional, por apartar la mirada de los problemas de mi sociedad y dirigirla a males lejanos, externos, sobre los que no tenemos autoridad ni responsabilidad, pero la ciudadanía lleva consigo la obligación de primero supervisar al propio gobierno antes de intentar corregir otros. Aquí y ahora, padecemos un gobierno que permite una supervisión limitada solo a regañadientes, y cuando se cometen crímenes se niega a rendir cuentas. Cuando jóvenes marginados cometen infracciones sin importancia, como sociedad hacemos la vista gorda mientras ellos sufren terribles consecuencias en el mayor sistema carcelario del mundo; sin embargo, cuando los más ricos y poderosos proveedores de telecomunicaciones del país cometen a sabiendas decenas de millones de delitos, el Congreso aprueba la primera ley del país que procura a sus amigos de la élite plena inmunidad retroactiva —civil y criminal— por crímenes que habrían merecido las sentencias más duras de la historia.
>
> Estas empresas... cuentan con los mejores abogados del país. Sin embargo, no sufren la menor de las consecuencias. Cuando en una investigación se descubre que funcionarios de los máximos niveles del poder, incluyendo específicamente al vicepresidente, han dirigido personalmente iniciativas criminales así, ¿qué sucede? Si creemos que esta investigación debe interrumpirse, que sus resultados han de clasificarse como «alto secreto» en un compartimento especial de «Información Excepcionalmente Controlada» denominado STLW (STELLARWIND), que hay que descartar cualquier investigación futura partiendo del principio de que detener a quienes abusan del poder

va contra el interés nacional, que debemos «mirar hacia delante, no hacia atrás», y que en vez de clausurar el programa hemos de expandirlo más, seremos bienvenidos a los salones del poder norteamericano; esto es lo que ha llegado a pasar, y yo estoy haciendo públicos los documentos que lo demuestran.

Sé muy bien que pagaré por mis acciones, y que hacer pública esta información supondrá mi final. Me sentiré satisfecho si quedan al descubierto, siquiera por un instante, la federación de la ley secreta, la indulgencia sin igual y los irresistibles poderes ejecutivos que rigen el mundo que amo. Si quieres ayudar, súmate a la comunidad de código abierto y lucha por mantener vivo el espíritu de la prensa y la libertad en internet. He estado en los rincones más oscuros del gobierno, y lo que ellos temen es la luz.

Edward Joseph Snowden, SSN: ███████████
Alias en la CIA ████████████████
Número de Identificación en la Agencia: ███████

Exconsejero de alto rango/Agencia de Seguridad Nacional de Estados Unidos, bajo tapadera empresarial

Exoficial superior/Agencia Central de Inteligencia de Estados Unidos, bajo tapadera diplomática

Exprofesor/Agencia de Inteligencia de Defensa de Estados Unidos, bajo tapadera empresarial

2

DIEZ DÍAS EN HONG KONG

Llegamos a Hong Kong el domingo 1 de junio por la noche, con el plan de quedar con Snowden inmediatamente después de llegar al hotel. En cuanto estuve en mi habitación del hotel, en el exclusivo barrio de Kowloon, encendí el ordenador y lo busqué en el programa encriptado de chats que utilizábamos. Como casi siempre, allí estaba él, esperando.

Tras intercambiar algunos comentarios sobre el viaje, fuimos al grano y hablamos de la logística de nuestro encuentro. «Podéis venir a mi hotel», dijo.

Fue mi primera sorpresa: que se alojara en un hotel. Aún no sabía yo por qué se hallaba en Hong Kong, pero a estas alturas supuse que se escondía. Me lo había imaginado en un tugurio, en algún piso barato donde pudiera permanecer oculto sin que le llegara una paga regular, no instalado cómodamente en un hotel, expuesto al público, acumulando gastos a diario.

Cambiamos de planes y decidimos que sería mejor vernos a la mañana siguiente. La decisión la tomó Snowden, que estableció la atmósfera supercautelosa, envuelta en intrigas y misterio, que marcaría los días siguientes.

«Es más fácil que llaméis la atención si os movéis de noche», dijo. «Que dos americanos se registren en el hotel y salgan enseguida constituye una conducta extraña. Será algo más natural si venís por la mañana.»

A Snowden le preocupaba tanto la vigilancia de las autoridades chinas y de Hong Kong como la de las americanas. No le gustaba nada que pudieran seguirnos agentes de inteligencia locales. Como di por sentado que él conocía a fondo las agencias de espionaje de EE.UU. y sabía de qué estaba hablando, respeté su opinión, pero me supo mal que no pudiéramos vernos esa noche.

Como Hong Kong iba exactamente doce horas por delante de Nueva York, ahora el día y la noche estaban invertidos, por lo que apenas dormí, lo mismo que durante el viaje. Se podía culpar al jet lag solo en parte; en un estado de excitación apenas controlable, fui capaz de dormitar solo unos noventa minutos, dos horas a lo sumo, lo que acabó siendo mi patrón normal de sueño durante toda la estancia.

A la mañana siguiente, Laura y yo nos encontramos en el vestíbulo y a continuación tomamos un taxi para ir al hotel de Snowden. Laura era quien había organizado los detalles del encuentro. Se mostró muy reacia a hablar en el taxi, pues temía que el conductor fuera un agente encubierto. Yo ya no me apresuraba como antes a rechazar esos temores calificándolos de paranoia. Pese a las pegas, le insistí lo suficiente para conocer el plan.

Iríamos a la tercera planta del hotel, donde se hallaban las salas de reuniones. Snowden había elegido una sala de reuniones concreta buscando lo que para él era el equilibrio perfecto: lo bastante aislada para evitar el «tráfico humano», sustancial como lo llamaba él, pero no tan oscura y oculta que llamara la atención mientras esperáramos.

Laura explicó que, una vez que llegásemos a la tercera planta, debíamos preguntar al primer empleado con que nos tropezásemos cerca de la habitación indicada si había algún restaurante abierto. Para Snowden, que estaría rondando cerca, la pregunta sería una señal de que no nos habían seguido. Dentro de la habitación, esperaríamos sentados en un sofá situado junto a «un caimán gigante», que, como confirmó Laura, era una especie de elemento decorativo, no un animal vivo.

Teníamos dos horas de cita distintas: las diez y las diez y veinte. Si Snowden no aparecía pasados dos minutos de la primera hora, teníamos que marcharnos y regresar para la segunda hora, cuando sí se reuniría con nosotros.

«¿Cómo sabremos que es él?», pregunté a Laura. Prácticamente aún no sabíamos nada de Snowden, ni la edad, ni la raza, ni el aspecto físico; nada.

«Llevará un cubo de Rubik», contestó.

Solté una carcajada. La situación era estrambótica. Improbable y extrema. Un thriller internacional surrealista rodado en Hong Kong, pensé.

El taxi nos dejó en la puerta del Hotel Mira, que, advertí, también estaba en el barrio de Kowloon, una zona muy comercial llena de tiendas elegantes y rascacielos: más notorios imposible. Al entrar en el vestíbulo, volví a sentirme desconcertado: Snowden no se alojaba en cualquier hotel, sino en uno imponente y caro, que costaba varios cientos de dólares la noche. Me pregunté por qué alguien que pretendía tirar de la manta en la NSA, que necesitaba moverse con discreción, había ido a esconderse en un hotel de Hong Kong ubicado en uno de los barrios más llamativos de la ciudad. Pero en ese momento no tenía sentido detenerse demasiado en el misterio, pues en cuestión de minutos conocería a la fuente, y cabía suponer que tendría todas las respuestas.

Como pasa con muchos edificios de Hong Kong, el Hotel Mira era grande como un pueblo. Laura y yo estuvimos al menos quince minutos recorriendo los largos y profundos pasillos camino del punto de encuentro. Tuvimos que tomar varios ascensores, cruzar puentes interiores y pedir indicaciones una y otra vez. Cuando creímos estar cerca de la habitación, vimos a un empleado del hotel. Con cierta torpeza le hice la pregunta codificada, y a continuación escuchamos instrucciones sobre varias opciones de restaurante.

Tras doblar una esquina vimos una puerta abierta y un enorme caimán verde de plástico en el suelo. Tal como habíamos quedado, nos sentamos en el sofá, varado en medio de aquella habitación por lo demás vacía, y aguardamos, nerviosos y en silencio. La pequeña habitación no parecía tener función alguna, ni parecía haber ningún motivo para que alguien entrase en ella, pues solo contenía el sofá y el caimán. Como al cabo de cinco minutos de estar allí callados no había aparecido nadie, nos fuimos a otra habitación próxima, en la que esperamos otros quince minutos.

A las diez y veinte regresamos y ocupamos de nuevo nuestro sitio junto al caimán, en el sofá, que daba a la pared posterior de la estancia y a un gran espejo. Dos minutos después oí que alguien entraba.

En vez de volverme y ver quién había entrado, seguí mirando el espejo de la pared de atrás, en el que de pronto se apreció el reflejo de un hombre acercándose. Me di la vuelta solo cuando el hombre estuvo a unos centímetros del sofá.

Lo primero que vi fue el no resuelto cubo de Rubik girando en la mano izquierda del individuo. Edward Snowden dijo hola, pero no extendió la otra mano para estrecharnos las nuestras, pues el encuentro pretendía ser casual. Tal como habían planeado, Laura le preguntó por la comida del hotel y él contestó que era mala. De todas las vueltas y revueltas de la historia entera, el momento del encuentro resultaría el más sorprendente.

Snowden contaba entonces veintinueve años, pero la camiseta blanca con unos caracteres algo desteñidos, los vaqueros y las gafas de intelectual lo hacían más joven. Se le apreciaba algo de pelo en la barbilla, aunque daba la impresión de que había empezado a afeitarse hacía poco. Iba básicamente muy cuidado y tenía un porte militar, pero estaba bastante delgado y pálido, y —como los tres en ese momento— se mostraba un tanto cauto y comedido. Habría pasado por cualquier tío de entre veintipocos y veintitantos años que trabajara en el laboratorio informático en un campus universitario.

De momento, yo no lograba armar el puzle. Sin haberlo pensado de manera consciente, por diversas razones había dado por sentado que Snowden era mayor, de cincuenta —o incluso sesenta— y tantos años. En primer lugar, teniendo en cuenta el hecho de que él tenía acceso a tantos documentos delicados, yo había supuesto que ostentaría un cargo importante dentro del sistema de seguridad nacional. Además, sus percepciones y estrategias eran siempre sofisticadas y bien fundadas, lo que me hacía pensar que era un veterano del ámbito político. Por último, como sabía que él estaba preparado para tirar su vida a la basura y pasar quizás el resto de la misma en la cárcel si revelaba lo que, en su opinión, el mundo debía saber, imaginé que se trataba de alguien próximo al final de su carrera. Pensé que si alguien llega a tomar una decisión tan extrema y abnegada, es porque ha experimentado muchos años, incluso décadas, de profundo desencanto.

Ver que la fuente del asombroso alijo de material de la NSA era un hombre tan joven ha sido una de las experiencias más chocantes de mi vida. Se me agolpaban las posibilidades en la cabeza: ¿Estábamos ante un engaño? ¿Había sido una pérdida de tiempo volar al otro extremo del mundo? ¿Cómo alguien tan joven podía tener acceso al tipo de información que habíamos visto? ¿Cómo iba a ser esa persona tan espabilada y experta en inteligencia y espionaje como demostraba ser nuestra fuente? Quizá, pensé, era solo el hijo o el ayudante, que ahora nos conduciría hasta la fuente propiamente dicha. Me inundaban la mente todas las posibilidades concebibles, y ninguna tenía verdadero sentido.

«Bien, acompañadme», dijo, a todas luces tenso. Le seguimos. Mientras andábamos, farfullamos varios cumplidos ininteligibles. Yo me sentía demasiado aturdido y confuso para hablar, y notaba que a Laura le pasaba lo mismo. Snowden parecía muy alerta, como si buscara observadores potenciales u otros signos de problema. Así que continuamos tras él prácticamente sin decir palabra.

Sin saber adónde nos llevaba, subimos al ascensor, llegamos a la décima planta y nos dirigimos a su habitación. Snowden sacó de la cartera una llave electrónica y abrió la puerta. «Bienvenidos», dijo. «Disculpad el desorden, pero es que llevo prácticamente dos semanas sin salir de la habitación.»

La habitación se veía en efecto algo desordenada: platos del servicio de habitaciones con restos de comida amontonados en la mesa y ropa sucia desparramada. Snowden despejó una silla y me invitó a sentarme. Acto seguido, él se sentó en la cama. Como la habitación era tan pequeña, estábamos sentados a menos de un metro. La conversación discurría tensa, incómoda y forzada.

Él planteó enseguida cuestiones de seguridad y me preguntó si llevaba encima el móvil. Mi teléfono solo funcionaba en Brasil, pero Snowden insistió en que le quitara la batería o lo guardase en la nevera del minibar, lo cual al menos amortiguaría las conversaciones, que así serían más difíciles de escuchar.

Tal como me había contado Laura en abril, Snowden decía que el gobierno de Estados Unidos tenía capacidad para activar teléfonos móviles a distancia y convertirlos en dispositivos de escucha. Yo ya tenía conocimiento de esa tecnología, pero todavía consideraba que sus preocupaciones bordeaban la paranoia. Al final resultó que el equivocado era yo. El gobierno lleva años utilizando este procedimiento en las investigaciones criminales. En 2006, el juez federal que dirigía el proceso judicial contra presuntos mafiosos de Nueva York había dictaminado que el uso por parte del FBI de los denominados «micrófonos ocultos itinerantes» —que transformaban el móvil de una persona en un mecanismo de escucha mediante activación remota— era legal.

Tan pronto hube precintado el móvil en la nevera, Snowden cogió las almohadas de la cama y las arrimó a la parte inferior de la puerta. «Por si pasa alguien por el pasillo», explicó. «Podría haber cámaras en la habitación, pero lo que vamos a discutir va a salir igualmente en las noticias», dijo solo medio en broma.

Mi capacidad para evaluar todo aquello era muy limitada. Como seguía yo sin saber quién era Snowden, dónde trabajaba, lo que de veras le motivaba o lo que había hecho, no estaba muy seguro de qué amenazas podrían estar al acecho, de vigilancia o del tipo que fuera. Mi sensación permanente era la de incertidumbre.

Sin tomarse la molestia de sentarse ni decir nada, Laura, quizá para mitigar sus propios nervios, desembaló la cámara y la montó en el trípode. Se acercó, y a Snowden y a mí nos colocó sendos micrófonos.

Habíamos hablado de su idea de filmarnos mientras estuviéramos en Hong Kong: al fin y al cabo, ella era una realizadora de documentales que llevaba a cabo un trabajo sobre la NSA. Lo que estábamos haciendo llegaría a ser inevitablemente una parte fundamental de su proyecto. Yo sabía esto, pero no estaba preparado para empezar a grabar tan pronto. Había una disonancia cognitiva entre, por un lado, reunirnos a escondidas con una fuente que para el gobierno de EE.UU. había cometido delitos graves, y, por otro, filmarlo todo.

Laura estuvo lista en cuestión de minutos. «Empiezo a filmar», anunció, como si fuera la cosa más natural del mundo. Al reparar en que íbamos a ser grabados, aumentó notablemente la tensión en la estancia.

La interacción inicial entre Snowden y yo empezaba a ser incómoda, pero en cuanto la cámara empezó a funcionar, adoptamos en el acto una actitud más formal y menos cordial; la postura fue más rígida y nos pusimos a hablar más despacio. A lo largo de los años, he dado muchas charlas sobre cómo la vigilancia altera la conducta humana y he hecho hincapié en diversos estudios según los cuales las personas que se saben observadas se muestran más reprimidas, menos libres, más cautas sobre lo que dicen. Ahora veía y notaba una ilustración gráfica de esa dinámica.

Dada la inutilidad de nuestros intentos por intercambiar cortesías, lo único que podía hacer yo era lanzarme. «Tengo muchas preguntas que hacerte; empiezo, voy una por una, y si te parece bien podemos seguir a partir de ahí», dije.

«Me parece bien», dijo Snowden, a todas luces tan aliviado como yo al ver que íbamos al grano.

En ese momento, yo tenía sobre todo dos objetivos. Como éramos todos conscientes del riesgo de que fuera detenido en cualquier momento, mi máxima prioridad era saberlo todo acerca de Snowden: su vida, sus empleos, lo que le había empujado a tomar esa extraordinaria decisión, lo que había hecho en concreto para conseguir esos documentos y por qué, y qué estaba haciendo en Hong Kong. En segundo lugar, estaba decidido a averiguar si era sincero y cooperativo o si estaba ocultando cosas importantes sobre quién era y lo que había hecho.

Aunque yo había sido ensayista político durante casi ocho años, la experiencia más pertinente a lo que estaba a punto de hacer derivaba de mi profesión de abogado, que incluía tomar declaraciones de testigos. En una declaración, el abogado se sienta al otro lado de la mesa durante horas, a veces días, con los testigos, que tienen la obligación legal de permanecer ahí y responder a todas y cada una de las preguntas con sinceridad. Un objetivo clave es poner en evidencia mentiras, descubrir contradicciones en el relato y desmontar cualquier invención a fin de hacer emerger la verdad oculta. Tomar declaración era una de las pocas cosas que me gustaba realmente de ser abogado; y para desarmar al testigo había llegado a desarrollar toda clase de tácticas, en las que siempre se incluía un aluvión implacable de preguntas, a menudo las mismas formuladas repetidamente pero en contextos distintos, desde diferentes ángulos y enfoques, para verificar la solidez del relato.

Al hablar con Snowden online, mi postura había sido pasiva y deferente; ahora usaría mi táctica agresiva de abogado. Sin apenas un descanso para ir al baño o tomar un bocado, me pasé cinco horas interrogándole. Comencé por su infancia temprana, sus experiencias escolares, su historial laboral con el gobierno. Quise saber todos los detalles que él pudiera recordar. Snowden, hijo de empleados del gobierno federal de clase media-baja (su padre había sido guardacostas durante treinta años), había nacido en Carolina del Norte y crecido en Maryland. Más interesado en internet que en las clases, detestaba el instituto y no llegó a terminar la secundaria.

Casi al instante, alcancé a ver en persona lo que había observado en los chats online: Snowden era muy inteligente y racional, y sus procesos de pensamiento resultaban metódicos. Sus respuestas eran escuetas, claras y contundentes. Casi en todos los casos, respondían directamente a mi pregunta, con seriedad y reflexión. No había rodeos extraños ni relatos inverosímiles de los que constituyen el sello distintivo de las personas emocionalmente inestables o de quienes padecen dolencias psicológicas. Su estabilidad y su concentración transmitían confianza.

Pese a que en las interacciones online enseguida nos formamos impresiones de la gente, necesitamos conocer a alguien en persona para desarrollar un sentido fiable de quién es. Yo enseguida me sentí mejor respecto a la situación y me recuperé de mi desorientación y mis dudas iniciales sobre la persona con la que estaba abordando asuntos tan importantes. Con todo, permanecí muy escéptico porque sabía que la credibilidad de todo lo que íbamos a hacer dependía de la fiabilidad de las afirmaciones de Snowden acerca de quién era.

Dedicamos un buen rato al apartado de su trabajo y su evolución intelectual. Como les pasaba a muchos norteamericanos, las ideas políticas de Snowden habían cambiado considerablemente desde los atentados del 11 de Septiembre: se había vuelto mucho más «patriota». En 2004, a los veinte años, se había alistado en el ejército para luchar en la guerra de Irak, que en su momento consideró un esfuerzo noble para liberar al pueblo iraquí de la opresión. Sin embargo, tras solo unas semanas de instrucción básica, vio que allí se hablaba más de matar árabes que de liberar a nadie. Para cuando se hubo roto las dos piernas en un accidente, tras lo cual se vio obligado a dejar el ejército, ya se había desilusionado respecto a la verdadera finalidad de la guerra.

No obstante, como aún creía en la bondad esencial del gobierno de Estados Unidos, Snowden decidió seguir el ejemplo de muchos familiares suyos y se puso a trabajar para una agencia federal. Sin estudios secundarios, en la edad adulta temprana consiguió crearse oportunidades por su cuenta, entre ellas labores técnicas a treinta dólares la hora antes de cumplir los dieciocho, y desde 2002 fue ingeniero de sistemas en Microsoft. De todos modos, consideraba que una actividad en el gobierno federal era algo noble y prometedor desde el punto de vista profesional, por lo que empezó como guarda jurado del Centro de Estudios Avanzados del Lenguaje de la Universidad de Maryland, un edificio gestionado y utilizado en secreto por la NSA. La intención, decía él, era conseguir una autorización para asuntos secretos y así tener luego la oportunidad de dedicarse a labores técnicas.

Aunque Snowden había abandonado la secundaria, tenía un talento natural para la tecnología que ya se hizo evidente en su adolescencia. Combinadas con su obvia inteligencia, estas cualidades, pese a su corta edad y su falta de estudios formales, le permitieron avanzar deprisa en sus empleos, y pasó rápidamente de guardia de seguridad a experto técnico de la CIA en 2005.

Me explicó que toda la comunidad de inteligencia buscaba urgentemente trabajadores con destrezas tecnológicas. Se había transformado en un sistema tan grande y diseminado que le resultaba difícil encontrar suficientes personas capaces de hacerlo funcionar. Así pues, las agencias de seguridad nacional debieron recurrir a reservas de talento no tradicionales. Las personas con destrezas informáticas lo bastante avanzadas solían ser jóvenes, a veces alienados, que generalmente no habían brillado en la educación convencional. A menudo consideraban la cultura de internet mucho más estimulante que las instituciones educativas formales y las interacciones personales. Snowden llegó a ser un miembro muy valorado en su equipo IT (Tecnologías de Información) en la agencia, alguien sin duda más entendido y destacado que la mayoría de sus colegas de más edad y con formación superior. Tenía la impresión de haber encontrado el entorno adecuado en el que se verían recompensadas sus habilidades y sería pasada por alto su falta de referencias académicas.

En 2006, pasó de trabajar para una empresa contratista de la CIA a ser miembro de la plantilla a tiempo completo, lo que incrementaba sus posibilidades. En 2007, vio un anuncio de la CIA que suponía trabajar con sistemas informáticos mientras estuviera en el extranjero. Contando con elogiosas recomendaciones de sus jefes, consiguió el empleo, y al final acabó trabajando para la CIA en Suiza. Estuvo destinado en Ginebra tres años, hasta 2010, bajo la tapadera de ciertas credenciales diplomáticas.

Según la descripción que hacia Snowden de su trabajo en Ginebra, él era mucho más que un mero «administrador de sistemas». Se le consideraba el máximo experto técnico y en ciberseguridad en Suiza. Tenía el encargo de viajar por todas las regiones para resolver problemas insolubles para los demás. Fue escogido por la CIA como refuerzo del presidente en la Cumbre de 2008 de la OTAN celebrada en Rumanía. A pesar de este éxito, fue durante su período con la CIA cuando Snowden comenzó a inquietarse seriamente ante las acciones de su gobierno.

«Debido al acceso de los expertos técnicos a los sistemas informáticos, vi un montón de cosas secretas», me explicó Snowden, «algunas muy fuertes. Empecé a entender que lo que hace mi gobierno en el mundo es muy diferente de lo que siempre me habían contado. A su vez, este reconocimiento te empuja a reevaluar el modo de mirar las cosas, a cuestionártelas más».

Uno de los ejemplos que refirió fue el intento de varios agentes de la CIA de reclutar a un banquero suizo para que les proporcionara información confidencial. Querían saber acerca de las transacciones financieras realizadas por ciertas personas de interés para EE.UU. Snowden describió la manera en que uno de los agentes encubiertos se hizo amigo del banquero y una noche lo emborrachó y lo animó a conducir hasta su casa. Cuando la policía lo hizo parar y lo detuvo por DUI (*Driving Under Influence*, Conducir bajo la influencia [de alcohol o drogas]), el agente de la CIA se ofreció a ayudarle personalmente de diversas formas siempre y cuando el otro colaborase con la agencia. Al final, el esfuerzo de reclutamiento falló. «Destruyeron la vida del objetivo por algo que ni siquiera funcionó, y se fueron sin más», explicó. Más allá del engaño, Snowden se había sentido trastornado por el modo en que el agente alardeaba de los métodos utilizados para cazar a su presa.

Los esfuerzos baldíos de Snowden para que sus superiores fueran conscientes de los problemas en la seguridad y los sistemas informáticos, donde a su juicio se rozaban los límites de la ética, supusieron un factor añadido de frustración.

«Decían que no era asunto mío, o que no tenía suficiente información para hacer esas valoraciones. En esencia, me ordenaban que lo dejara correr», señaló. Entre sus compañeros, Snowden se ganó fama de plantear demasiados problemas, rasgo que no le granjeó el aprecio de sus superiores. «Fue entonces cuando comencé a ver realmente lo fácil que es separar el poder de la rendición de cuentas, y que cuanto más altos son los niveles de poder, menor es la supervisión y la obligación de asumir responsabilidades.»

A finales de 2009, Snowden, decepcionado, estaba dispuesto a dejar la CIA. Fue entonces, al término de su estancia en Ginebra, cuando empezó a contemplar la posibilidad de delatar ilegalidades y filtrar secretos que, a su entender, revelaban delitos graves.

«¿Por qué no lo hiciste entonces?», pregunté.

En la época en cuestión, Snowden pensaba, o al menos esperaba, que la elección de Barack Obama como presidente permitiría acabar con algunas de las peores prácticas que había visto.

Obama accedió al cargo jurando acabar con los abusos de la seguridad nacional que habían estado justificados por la guerra contra el terrorismo. Snowden esperaba que al menos se pulirían los bordes más ásperos del mundo militar y de la inteligencia.

«Pero enseguida estuvo claro que Obama no solo seguiría con los abusos, sino que en muchos casos los incrementaría», explicó. «Entonces comprendí que no cabía confiar en que un líder político arreglara estas cosas. El liderazgo ha de consistir sobre todo en actuar y servir de ejemplo para los demás, no en esperar que los demás actúen.»

A Snowden también le preocupaba el daño que causaría al sacar a la luz lo que había descubierto en la CIA. «Si filtras secretos de la CIA, puedes perjudicar a ciertas personas», dijo refiriéndose a agentes encubiertos e informantes. «No estaba dispuesto a hacer eso. Pero si filtras secretos de la NSA, el perjuicio es solo para sistemas abusivos. La idea me gustaba mucho más.»

Así pues, Snowden regresó a la NSA, esta vez trabajando para la Dell Corporation, que tenía un contrato con la agencia. En 2010 fue destinado a Japón y se le concedió un nivel de acceso a secretos de vigilancia mucho mayor que el que había tenido antes.

«Las cosas que vi empezaron a perturbarme de veras», explicó Snowden. «Podía observar drones en tiempo real mientras vigilaban a gente a la que quizá matarían. Veía pueblos enteros y lo que hacía todo el mundo. Veía a la NSA haciendo el seguimiento de actividades de ciertas personas en internet mientras tecleaban. Llegué a ser consciente de lo invasivas que eran las capacidades de vigilancia de EE.UU. Reparé en la auténtica dimensión de ese sistema. Y casi nadie sabía que estaba pasando.»

La necesidad percibida, la *obligación*, de filtrar lo que estaba viendo se le hizo cada vez más apremiante. «Cuanto más tiempo pasaba en la NSA de Japón, más claro tenía que no podía guardármelo todo para mí. Me daba la impresión de que estaría mal contribuir a ocultarle todo aquello a la gente.»

Más adelante, en cuanto se supo la identidad de Snowden,

varios reporteros intentaron describirlo como alguien corto de luces, un tipo de TI de bajo nivel que se encontró casualmente con información confidencial. Sin embargo, la realidad era muy distinta.

Durante toda su labor tanto para la CIA como para la NSA, explicó Snowden, recibió cada vez más formación para llegar a ser agente cibernético cualificado, alguien capaz de hackear sistemas civiles y militares de otros países para robar información o perpetrar ataques sin dejar huellas. En Japón, este entrenamiento se intensificó. Snowden llegó a ser experto en los métodos más sofisticados para proteger datos electrónicos de la acción de otras agencias de inteligencia, y fue formalmente calificado como ciberagente de alto nivel. Al final fue elegido por la Academia de Formación de Contraespionaje de la DIA [Agencia de Inteligencia de la Defensa] para dar clases de contraespionaje cibernético en el curso de contraespionaje chino.

Los métodos de seguridad operativa en los que insistía él tanto eran los que había aprendido e incluso ayudado a diseñar en la CIA y, sobre todo, en la NSA.

En julio de 2013, el *New York Times* confirmó lo que Snowden me había contado: informaba de que «en 2010, mientras trabajaba para una empresa contratista de la Agencia de Seguridad Nacional, Edward J. Snowden aprendió el oficio de *hacker*» y de que «se convirtió en el tipo de experto en ciberseguridad que la NSA recluta con urgencia». La formación que recibió allí, decía el *New York Times*, fue «fundamental en su cambio hacia más ciberseguridad sofisticada». El artículo añadía que los archivos a los que había accedido Snowden ponían de manifiesto que «había pasado al lado ofensivo del espionaje electrónico o de la guerra cibernética, en la que la NSA analiza sistemas informáticos de otros países para robar información u organizar ataques».

Aunque en mi interrogatorio intenté ajustarme a la cronología, a veces no podía resistir la tentación de dar saltos adelante, movido sobre todo por la impaciencia. Quería llegar especialmente al núcleo de lo que para mí había sido el mayor misterio desde que había empezado a hablar con él: qué había impulsado realmente a Snowden a tirar su carrera a la basura, convertirse en un potencial delincuente y violar las exigencias de confidencialidad y lealtad que habían resonado durante años en su cabeza.

Le formulé la misma pregunta de varias maneras, y Snowden me dio respuestas distintas, aunque las explicaciones daban la impresión de ser o bien demasiado superficiales, abstractas, o bien carentes de pasión o convicción. Se mostraba muy cómodo al hablar de tecnología y sistemas de la NSA, pero bastante menos cuando el tema era él mismo, sobre todo en respuesta a las sugerencias de que había hecho algo valiente y extraordinario que justificaba una explicación psicológica. Como sus respuestas parecían más abstractas que viscerales, las encontré poco convincentes. Decía que el mundo tenía derecho a saber lo que se hacía con su privacidad; que sentía la obligación moral de adoptar una postura frente a las fechorías y vilezas; que su conciencia no le permitía quedarse callado ante las amenazas ocultas a sus valores más preciados.

A mi entender, esos valores políticos eran para él reales, pero yo quería saber qué le había empujado a sacrificar su vida y su libertad en defensa de esos valores, y tenía la sensación de no estar obteniendo una respuesta sincera. Quizás él no sabía la respuesta o, como les pasa a muchos hombres norteamericanos, en especial a los inmersos en una cultura de seguridad nacional, quizás era reacio a escarbar tan hondo; pero yo debía averiguarlo.

En cualquier caso, quería estar seguro de que él había tomado su decisión conociendo verdadera y racionalmente las consecuencias: no iba ayudarle a asumir tantos riesgos si no estaba convencido de que él actuaba con autonomía y capacidad plenas, con una verdadera comprensión de su objetivo.

Por último, Snowden me dio una respuesta que percibí vehemente y real. «La verdadera medida del valor de una persona no es aquello en que dice que cree, sino lo que hace para defender esas creencias», dijo. «Si no actúas con arreglo a tus creencias, seguramente no son reales.»

¿Cómo había creado esta medida para calcular su valor? ¿De dónde había sacado su creencia de que solo actuaría moralmente si estaba dispuesto a sacrificar sus propios intereses para alcanzar un bien superior?

«Partiendo de muchos sitios diferentes, de muchas experiencias», dijo Snowden. Había crecido leyendo grandes cantidades de mitología griega y había recibido la influencia de *El héroe de las mil caras: psicoanálisis del mito*, de Joseph Campbell, que, señalaba, «encuentra hilos comunes entre las historias compartidas por todos». La principal lección que aprendió en ese libro fue que «somos nosotros quienes infundimos significado a la vida mediante nuestras acciones y los relatos que creamos con ellas». Una persona es solo lo definido por sus acciones. «No quiero ser una persona que tiene miedo de actuar en defensa de sus principios.»

Este tema, este constructo moral para aquilatar la identidad y el valor de uno, aparecía una y otra vez en su recorrido intelectual, aparte, añadió con cierta vergüenza, de los videojuegos. La lección aprendida por Snowden de su inmersión en los videojuegos, decía, era que una persona sola, incluso la menos poderosa, puede enfrentarse a una gran injusticia. «El protagonista suele ser una persona corriente que se ve frente a graves injusticias causadas por fuerzas poderosas y tiene la opción de huir asustado o luchar por sus creencias. Y la historia también pone de manifiesto que personas aparentemente normales con la suficiente firmeza pueden triunfar ante los adversarios más temibles.»

No era él la primera persona en afirmar que los videojuegos habían sido decisivos a la hora de determinar su visión del mundo. Años atrás quizá me habría burlado, pero ahora ya tenía asumido que, para la generación de Snowden, los videojuegos desempeñaban, en el moldeado de la conciencia política, el razonamiento moral y la comprensión del lugar de uno en el mundo, un papel tan importante como la literatura, el cine o la televisión. También plantean a menudo dilemas morales complejos y provocan reflexión, sobre todo entre las personas que empiezan a cuestionarse lo que les han enseñado.

El primer razonamiento moral de Snowden —extraído de un esfuerzo que creaba, como decía él, «un modelo de quién queremos ser y por qué»— evolucionó hasta convertirse en una seria introspección adulta sobre obligaciones éticas y límites psicológicos. «Lo que mantiene a una persona pasiva y dócil», explicaba, «es el miedo a las repercusiones, pero en cuanto te libras de las ataduras a las cosas que en última instancia no importan —el dinero, la carrera, la seguridad física—, puedes superar ese miedo».

Igualmente fundamental para su cosmovisión era el valor sin precedentes de internet. Como para muchos de su generación, para él «internet» no era una herramienta aislada para tareas concretas, sino el mundo en el que se desarrollaba su mente y su personalidad, un lugar en sí mismo que ofrecía libertad, exploración y el potencial para el conocimiento y el crecimiento intelectual.

Para Snowden, las excepcionales cualidades de internet tenían un valor sin parangón, había que preservarlas a toda costa. Siendo adolescente, había usado internet para explorar ideas y hablar con personas de lugares lejanos y ambientes radicalmente distintos con las que, de lo contrario, jamás habría tenido contacto. «Más que nada, internet me permitió experimentar libertad e investigar mi capacidad plena como ser humano.» A todas luces animado, incluso vehemente, al hablar de la importancia de internet, Snowden añadió: «Para muchos niños, internet es un medio de autorrealización. Les permite explorar quiénes son y qué quieren ser, pero esto solo funciona si somos capaces de conservar la privacidad y el anonimato, de cometer errores sin que nos vigilen. Me preocupa que mi generación sea la última en disfrutar de esta libertad.»

El papel de esto en su decisión me quedó clarísimo. «No quiero vivir en un mundo sin privacidad ni libertad, donde se suprima el extraordinario valor de internet», dijo Snowden, que sentía el impulso de hacer todo lo posible para impedir que sucediera eso o, siendo más exactos, para permitir que otros tomaran la decisión de actuar o no en defensa de esos valores.

En ese orden de cosas, Snowden hacía una y otra vez hincapié en que su objetivo no era destruir la capacidad de la NSA para eliminar la privacidad. «Esta decisión no me corresponde a mí», dijo. Lo que sí quería era que los ciudadanos de EE.UU. y del mundo entero supieran qué se estaba haciendo con su privacidad, darles esa información. «Mi intención no es destruir estos sistemas», insistía, «sino ayudar a la gente a decidir si deben seguir actuando igual o no».

Con frecuencia, los reveladores de secretos como Snowden son calificados de solitarios o perdedores, gente que no actúa a partir de la conciencia sino de la alienación y la frustración ante una vida fracasada. Pero Snowden era todo lo contrario: tenía una vida llena de cosas que la gente considera valiosísimas. Su decisión de filtrar los documentos significó renunciar a una novia de hacía años a la que quería, una vida en la paradisíaca Hawái, una familia que le apoyaba, una actividad profesional estable, un buen sueldo, una existencia llena de posibilidades de toda índole.

Cuando en 2011 terminó su temporada en Japón para la NSA, Snowden volvió a trabajar para la Dell Corporation, esta vez en una oficina de la CIA de Maryland. Con los pluses, iba camino de ganar más de doscientos mil dólares anuales colaborando con Microsoft y otras empresas tecnológicas en la creación de sistemas seguros para la CIA y otras agencias dedicadas a almacenar documentos y datos. «El mundo estaba cada vez peor», decía Snowden de esa época. «En este puesto, veía de primera mano que el estado, sobre todo la NSA, trabajaba conjuntamente con la industria privada de alta tecnología para conseguir acceso total a las comunicaciones de la gente.»

A lo largo de las cinco horas de interrogatorio de ese día —de hecho, todo el rato que hablé con él en Hong Kong—, el tono de Snowden fue casi siempre sereno, sosegado, prosaico. Sin embargo, cuando explicó lo que por fin lo había impulsado a actuar se mostró más apasionado, incluso ligeramente nervioso. «Me di cuenta», dijo, «de que estaban creando un sistema cuya finalidad era eliminar la privacidad a escala mundial, de tal manera que toda comunicación electrónica pudiera ser recogida, almacenada y analizada por la NSA.»

Tras darse cuenta de esto, Snowden reforzó su decisión de convertirse en filtrador. En 2012 fue trasladado por la Dell de Maryland a Hawái. Pasó períodos de 2012 preparándose descargando los documentos que, a su juicio, el mundo debía conocer. Escogió algunos no para ser publicados sino para que los periodistas entendieran el contexto de los sistemas sobre los que estaban informando.

A principios de 2013, comprendió que había un conjunto de documentos que necesitaba para completar el cuadro que quería mostrar al mundo, pero no podría acceder a ellos mientras estuviera en la Dell. Serían accesibles solo si ocupaba un puesto distinto, uno en el que estuviera asignado formalmente como analista de infraestructuras, lo que le permitiría llegar a los almacenes de datos de vigilancia en bruto de la NSA.

Con este propósito en mente, Snowden solicitó un empleo ofrecido en Hawái por Booz Allen Hamilton, una de las empresas contratistas de defensa más grandes y poderosas del país, llena de antiguos funcionarios gubernamentales. A tal fin aceptó una reducción de salario. El nuevo puesto le permitió descargar la serie final de archivos que creía necesitar para completar el cuadro del espionaje de la NSA. Lo más importante fue que, gracias a ese acceso, pudo recoger información del seguimiento secreto de la NSA sobre toda la infraestructura de telecomunicaciones en el interior de Estados Unidos.

A mediados de mayo de 2013, Snowden solicitó un par de semanas libres para recibir tratamiento contra la epilepsia; sabía que padecía la enfermedad desde el año anterior. Empaquetó sus cosas, entre las que incluyó cuatro portátiles vacíos que usaría con distintas finalidades. No le dijo a su novia adónde iba; de hecho, para él era algo habitual viajar sin poder revelarle a ella su destino. Snowden quería mantenerla al margen para no exponerla al acoso del gobierno una vez que se hiciera pública la identidad del revelador de secretos.

El 20 de mayo salió de Hawái y llegó a Hong Kong, donde se registró en el Hotel Mira con su propio nombre, y allí permanecía desde entonces.

Snowden se alojaba en el hotel sin esconderse mucho, pagando con la tarjeta de crédito, porque, explicaba, sabía que, a la larga, sus movimientos estarían controlados por el gobierno, los medios y prácticamente todo el mundo. Quería evitar cualquier afirmación de que fuera un agente extranjero, algo más fácil si se hubiera pasado el tiempo oculto. Se había propuesto demostrar, decía, que sus movimientos se podían justificar, que no había conspiración alguna, que estaba actuando solo. Para las autoridades chinas y de Hong Kong, parecía un hombre de negocios, no alguien que tratara de pasar desapercibido. «No tengo intención de ocultar lo que soy ni quién soy», dijo, «por lo que no tengo motivos para esconderme y alimentar teorías de la conspiración ni campañas demonizadoras».

Entonces le pregunté lo que me rondaba desde la primera vez que hablamos online: ¿Por qué había escogido Hong Kong como destino una vez que estuvo listo para revelar los documentos? Como era de prever, Snowden contestó que la decisión se había basado en un análisis cuidadoso.

Su prioridad, explicó, era garantizar su seguridad física y evitar la intromisión de EE.UU. mientras trabajaba conmigo y con Laura sobre los documentos. Si las autoridades norteamericanas descubrían su plan de filtrar los documentos, intentarían impedirlo, detenerle o algo peor. Aun siendo semiindependiente, Hong Kong formaba parte del territorio chino, razonaba, y para los agentes norteamericanos sería más difícil actuar contra él allí que en otros lugares que había contemplado como candidatos para buscar refugio definitivo, por ejemplo, algún país latinoamericano pequeño como Ecuador o Bolivia. Hong Kong también estaría más dispuesto a resistir la presión de EE.UU. a entregarlo —y sería más capaz de hacerlo— que los países europeos pequeños del tipo de Islandia.

Aunque hacer públicos los documentos había sido la principal consideración a la hora de elegir destino, no era la única. También quería estar en un sitio donde la gente tuviera cierto compromiso con valores políticos importantes para él. Tal como explicaba, los habitantes de Hong Kong, aunque han acabado sometidos al régimen represivo chino, habían luchado por preservar ciertas libertades políticas básicas y creado un efervescente clima de disidencia. Snowden señaló que Hong Kong tenía dirigentes políticos elegidos democráticamente y era también sede de importantes protestas callejeras, entre ellas una manifestación anual contra la represión en la plaza de Tiananmen.

Hubiera podido ir a otros lugares, donde habría disfrutado incluso de más protección contra potenciales acciones de EE.UU., incluida la China continental. Y desde luego había países donde imperaba más libertad política. Sin embargo, tuvo la impresión de que Hong Kong procuraba la mejor combinación de seguridad física y solidez política.

La decisión presentaba inconvenientes, por supuesto, de los que Snowden era consciente, entre ellos las relaciones de la ciudad con la China continental, lo que procuraría a sus críticos una vía fácil para demonizarle. Pero no había decisiones perfectas; «todas mis opciones son malas», solía decir, y Hong Kong a él le proporcionó un grado de seguridad y a nosotros, una libertad de movimientos que habría sido difícil encontrar en otra parte.

Una vez que tuve en mi poder todos los hechos, tenía otro objetivo: asegurarme de que Snowden sabía lo que probablemente le pasaría en cuanto se supiera que era la fuente originaria de las revelaciones.

La administración Obama había librado lo que para personas de todo el espectro político era una guerra sin precedentes contra los delatores de ilegalidades. Pese a que en su campaña electoral había asegurado que tendríamos la «administración más transparente de la historia», comprometiéndose concretamente a proteger a los delatores de ilegalidades, a quienes elogió llamándoles «nobles» y «valientes», el presidente había hecho justo lo contrario.

Con arreglo a la Ley de Espionaje de 1917, la administración Obama ha iniciado contra los filtradores gubernamentales más acciones judiciales —un total de siete— que todas las administraciones anteriores *juntas*: de hecho, más del doble. La Ley de Espionaje, aprobada durante la Primera Guerra Mundial para permitir a Woodrow Wilson criminalizar a los contrarios a la guerra, tenía sanciones muy duras: incluían la cadena perpetua e incluso la pena de muerte.

Sobre Snowden caería todo el peso de la ley, sin ninguna duda; cabía esperar que se le calificara de traidor, por lo que el Departamento de Justicia de Obama lo acusaría de delitos que le mandarían a prisión de por vida.

«¿Qué crees que pasará cuando se sepa que eres la fuente?», le pregunté.

Snowden contestó al punto, lo que dejaba claro que se había planteado la cuestión muchas veces: «Dirán que he violado la Ley de Espionaje. Que he cometido crímenes graves. Que he ayudado a enemigos de Norteamérica. Que he puesto en peligro la seguridad nacional. Seguro que utilizarán cualquier incidente de mi pasado, y probablemente exagerarán o incluso inventarán algunos para demonizarme tanto como sea posible.»

Él no quería ir a la cárcel. «Intentaré evitarla», dijo. «Pero si es el resultado final de todo esto, y sé que hay una elevada probabilidad de que así sea, decidí hace tiempo que puedo aguantar lo que sea. Lo único que no puedo aguantar es saber que no hice nada.»

Ese primer día y todos los días subsiguientes, la resolución y la tranquila previsión de lo que pudiera pasarle fueron sorprendentes y conmovedoras de verdad. No le detecté en ningún momento una sola nota de arrepentimiento, miedo ni angustia. Explicó impasible que había tomado su decisión y conocía las posibles consecuencias, para las que estaba preparado.

Del hecho de haber tomado la decisión, Snowden parecía extraer cierta fuerza. Cuando hablaba de lo que el gobierno de EE.UU. podía hacerle, irradiaba una extraordinaria serenidad. La imagen de ese hombre de veintinueve años respondiendo así a la amenaza de pasarse décadas, o la vida entera, en una cárcel de máxima seguridad —perspectiva que, por definición, paralizaría de miedo a cualquiera— era sumamente inspiradora. Y su coraje resultaba contagioso: Laura y yo nos juramos uno a otro, y juramos a Snowden, que todas las decisiones que tomásemos y las acciones que emprendiésemos en lo sucesivo honrarían su camino elegido. Yo me sentía en la obligación de informar sobre la cuestión con el espíritu que había animado la acción original de Snowden: valentía fundada en la convicción de hacer lo que uno cree correcto, y un rechazo a ser intimidado o disuadido mediante amenazas infundadas de funcionarios malévolos ansiosos por ocultar sus propias acciones.

Tras cinco horas de interrogatorio, estaba convencido, más allá de toda duda, de que Snowden era sincero y había reflexionado seriamente sobre sus motivos. Antes de irnos, volvió sobre la cuestión que ya había mencionado otras veces: insistía en identificarse como la fuente de los documentos, y en que esto se hiciera en el primer artículo que publicáramos. «Quienquiera que haga algo tan importante tiene la obligación de explicar a la gente por qué lo ha hecho y qué espera conseguir», dijo. Tampoco quería, con su encierro, agudizar el ambiente de miedo que el gobierno de EE.UU. había fomentado.

Además, Snowden estaba seguro de que la NSA y el FBI localizarían la fuente de las filtraciones en cuanto empezaran a publicarse nuestros reportajes. No había tomado todas las medidas posibles para tapar sus huellas, pues no quería que sus colegas fueran objeto de investigación o falsas acusaciones. Insistía en que, mediante las destrezas adquiridas y teniendo en cuenta lo muy laxos que eran los sistemas de la NSA, habría podido eliminar sus huellas si hubiera querido, incluso tras descargar tantos documentos secretos. Pero había decidido dejar al menos algunas huellas electrónicas para ser descubierto, lo cual significaba que permanecer escondido ya no era una alternativa válida.

Aunque yo no quería ayudar al gobierno a averiguar la identidad de mi fuente dándola a conocer, Snowden me convenció de que el descubrimiento de su identidad era inevitable. Y de algo más importante: estaba decidido a definirse ante la gente antes de que el gobierno lo definiera a él.

El único miedo de Snowden respecto a dar a conocer su identidad era el de distraerse de lo esencial de sus revelaciones. «Sé que los medios lo personalizan todo, y el gobierno querrá convertirme en el eje de la historia, matar al mensajero», dijo. Su intención era identificarse pronto, y a continuación desaparecer de escena para que el centro de atención fuera la NSA y sus actividades de espionaje. «En cuanto me haya identificado y explicado a mí mismo», añadió, «no haré nada con los medios. No quiero ser yo la historia».

Yo creía que, en vez de revelar su identidad en el primer artículo, sería mejor esperar una semana para así poder publicar la serie inicial de informes sin esa distracción. Nuestra idea era simple: sacar una historia tras otra, cada día, una versión periodística del dominio rápido, empezando lo antes posible, y como culminación dar a conocer la fuente. Al final de la reunión de ese primer día, estábamos todos de acuerdo. Teníamos un plan.

Durante el resto del tiempo que pasé en Hong Kong, me reuní y hablé cada día con Snowden largo y tendido. No dormí ninguna noche más de dos horas, y en todo caso solo gracias a los somníferos. Me pasaba el resto del tiempo escribiendo artículos basados en los documentos de Snowden y, en cuanto empezaron a publicarse, a conceder entrevistas para hablar de ellos.

Snowden dejó que Laura y yo decidiésemos qué informaciones debían hacerse públicas, en qué orden, y cómo se presentarían. Sin embargo, el primer día —como había hecho en muchas ocasiones antes y haría después— recalcó la urgencia de que examinásemos todo el material con cuidado. «Seleccioné estos documentos basándome en el interés general», nos dijo, «pero confío en vuestro criterio periodístico para publicar solo los que la gente deba conocer y se puedan sacar a la luz sin hacer daño a personas inocentes». Snowden sabía al menos una cosa: que la capacidad de generación de un verdadero debate público dependía de que el gobierno de EE.UU. no tuviera ninguna excusa para acusarnos de poner vidas en peligro debido a la publicación de los documentos.

También hacía hincapié en lo importante que era publicar los documentos de manera periodística, es decir, trabajando con los medios y escribiendo artículos que brindaran el contexto de los materiales, no solo publicarlos a granel. Este planteamiento, creía él, proporcionaría más protección legal y, más importante aún, permitiría a los lectores procesar las revelaciones de forma más ordenada y racional. «Si quisiera tan solo publicar masivamente los documentos en internet, habría podido hacerlo yo mismo», dijo. «Quiero que garanticéis que estas historias se publican una a una, para que el público entienda lo que debería saber.» Estuvimos todos de acuerdo en que este sería nuestro marco de referencia.

Snowden explicó en diversas ocasiones que había querido involucrarnos a mí y a Laura en las historias desde el principio porque sabía que nosotros las expondríamos con garra y no cederíamos a las amenazas del gobierno. Solía hacer referencia al *New York Times* y otros medios de comunicación importantes que habían entorpecido la publicación de buenos artículos por presiones gubernamentales. No obstante, aunque deseaba una cobertura agresiva, quería también periodistas meticulosos que se tomaran el tiempo necesario para garantizar que los hechos serían irrebatibles y que todos los artículos se analizarían a fondo. «Algunos de los documentos que os doy no son para ser publicados, sino para que vosotros entendáis cómo funciona este sistema y así podáis informar correctamente», dijo.

Después de mi primer día entero en Hong Kong, dejé a Snowden en su habitación, volví a la mía y me quedé levantado para escribir cuatro artículos con la esperanza de que el *Guardian* los publicase de inmediato. Había un poco de prisa: necesitábamos que Snowden revisara con nosotros tantos documentos como fuera posible antes de que, por una razón u otra, ya no pudiera hablar más.

La urgencia tenía otra causa. En el taxi que nos había llevado al aeropuerto JFK, Laura me había confesado que había hablado de los documentos de Snowden con varios reporteros importantes, entre ellos Barton Gellman, el doble ganador del premio Pulitzer, que había estado en la redacción del *Washington Post* y ahora trabajaba para el periódico por cuenta propia. A Laura le costaba convencer a ciertas personas de que viajasen con ella a Hong Kong. Pero Gellman, que llevaba tiempo implicado en asuntos de vigilancia, había mostrado mucho interés en la historia.

Por recomendación de Laura, Snowden había accedido a entregar «algunos documentos» a Gellman con la idea de que él, el *Post* y ella informarían sobre revelaciones concretas.

Yo respetaba a Gellman, pero no al *Washington Post*, que, a mi juicio, como vientre de la bestia de Beltway, encarna los peores atributos de los medios políticos de EE.UU.: excesiva cercanía al gobierno, veneración por las instituciones de seguridad nacional, exclusión rutinaria de las voces disidentes. Incluso un crítico del periódico, Howard Kurtz, documentó en 2004 que el *Post* había amplificado sistemáticamente las voces favorables a la guerra en el período previo a la invasión de Irak al tiempo que restaba importancia o directamente excluía a las voces contrarias. La cobertura periodística del *Post*, concluía Kurtz, había sido «llamativamente tendenciosa» a favor de la invasión. El editorial del *Post* se comportaba, en general, como una de las cheerleaders más vociferantes y atolondradas a favor del militarismo norteamericano, así como del secretismo y de la vigilancia.

El *Post* contaba ahora con una importante primicia que había obtenido sin ningún esfuerzo y que la fuente —Snowden— no había seleccionado como primera opción (pero había aceptado la recomendación de Laura). De hecho, mi primera conversación encriptada con Snowden surgió a raíz de su enfado por el enfoque pusilánime del *Post*.

A lo largo de los años, una de mis pocas críticas a WikiLeaks ha sido que ellos también, en ocasiones similares, procuraron valiosas primicias a los propios medios de comunicación del *establishment* para proteger al gobierno en lo posible, con lo que aumentaba su prestigio e importancia. Las primicias exclusivas sobre documentos secretos elevan el estatus de la publicación de forma excepcional y acreditan al periodista que da la noticia. Pero tiene mucho más sentido dar estas primicias a periodistas independientes y organizaciones mediáticas, pues así se potencia su voz, se eleva su perfil y se maximiza su impacto.

Peor aún, me enteré de que el *Post* acataba diligentemente las normas no escritas sobre cómo los medios del poder establecido deben informar sobre los secretos de estado. Según estas normas, que permiten al gobierno controlar revelaciones y minimizar, e incluso neutralizar, su impacto, lo primero que deben hacer los redactores es acudir a los funcionarios y notificarles lo que pretenden publicar. A continuación, los funcionarios de la seguridad nacional explican a los redactores los diversos aspectos en que la seguridad nacional podría verse perjudicada por las revelaciones. Tiene lugar una prolongada negociación sobre lo que se publicará y lo que no. En el mejor de los casos, se producen considerables demoras; a menudo se suprime información de clarísimo interés periodístico. Esto es lo que llevó al *Post*, una vez que se hubo conocido en 2005 la existencia de centros de detención clandestinos de la CIA, a ocultar la identidad de los países en los que se ubicaban esas cárceles, lo cual permitió a la CIA proseguir su actividad en sus centros ilegales de tortura.

Este mismo proceso hizo que el *New York Times* ocultara *durante más de un año* la existencia del programa de escuchas sin mandamiento judicial de la NSA después de que, a mediados de 2004, los reporteros James Risen y Eric Lichtblau estuvieran listos para informar acerca del mismo. El presidente Bush había mandado llamar al dueño del periódico, Arthur Sulzberger, y al jefe de redacción, Bill Keller, al Despacho Oval para hacer absurdamente hincapié en que, si revelaban que la NSA espiaba a americanos sin autorización legal, estarían ayudando a los terroristas. El *New York Times* se plegó a estos dictados y bloqueó la publicación del artículo *durante quince meses*, hasta finales de 2005, después de que Bush hubiera sido elegido de nuevo (colaborando así en su reelección mientras ocultaba a la gente que había estado escuchando ilegalmente a los norteamericanos sin orden judicial). El *Times* acabó publicando la historia de la NSA solo cuando un frustrado Risen estaba a punto de sacar a la luz las revelaciones en su libro y el periódico no quería que su propio reportero se le adelantase.

Luego está el tono que los medios del *establishment* utilizan para hablar de las fechorías del gobierno. La cultura periodística norteamericana establece que los reporteros han de evitar afirmaciones claras o enunciativas, e incorporar a su cobertura declaraciones gubernamentales con independencia de lo intrascendentes que sean. A tal fin, usan lo que el propio columnista del *Post*, Erik Wemple, denomina con sorna «zigzag en medio de la calzada»: se trata de no decir nunca nada definitivo sino de otorgar el mismo crédito a las explicaciones del gobierno y a los hechos reales, lo cual tiene el efecto de diluir las revelaciones en un revoltijo confuso, incoherente y a menudo irrelevante. Por encima de todo, dan siempre gran importancia a las declaraciones oficiales, incluso cuando son a todas luces falsas o engañosas.

Fue este periodismo servil y miedoso lo que llevó al *Times*, el *Post* y otros medios a negarse a usar la palabra «tortura» en sus reportajes sobre los interrogatorios de la era Bush, pese a que la utilizaban sin reparos para describir la misma táctica cuando se hablaba de otros gobiernos. También fue eso lo que provocó la debacle de los medios que blanqueaban afirmaciones gubernamentales infundadas sobre Saddam e Irak para vender al público norteamericano una guerra emprendida basándose en pretextos falsos que los medios de comunicación de EE.UU. amplificaban en vez de investigar.

Otra regla tácita concebida para proteger al gobierno es que los medios publican solo unos cuantos documentos secretos y luego lo dejan. Informan sobre un archivo como el de Snowden de forma que el impacto sea limitado: publicar un puñado de crónicas, deleitarse en elogios de «gran primicia», recibir premios y luego marcharse, garantizando que nada cambia realmente. Snowden, Laura y yo coincidíamos en que la verdadera cobertura sobre los documentos de la NSA pasaba por publicar de manera agresiva una crónica tras otra, y no parar hasta haber abarcado todos los temas de interés público, al margen del enfado o las amenazas que ello suscitara.

Desde la primera conversación, Snowden había sido claro con respecto a sus razones para desconfiar de los medios del poder establecido, refiriéndose una y otra vez a la ocultación de las escuchas de la NSA por el *New York Times*. Había llegado a creer que la ocultación de la información por parte del periódico podía muy bien haber cambiado el resultado de las elecciones de 2004. «Ocultar esa historia cambió la historia», dijo.

Estaba decidido a poner al descubierto el espionaje extremo de la NSA reflejado en los documentos para posibilitar un debate público permanente con consecuencias reales, no solo lanzar una primicia excepcional sin más consecuencias que algunos elogios para los reporteros. Eso requeriría informes audaces, desdén hacia las excusas endebles del gobierno, firme y contundente defensa de la pertinencia de las acciones de Snowden y una condena inequívoca de la NSA... exactamente lo que el *Post* prohibiría hacer a sus reporteros. Yo sabía que lo único que haría el

Post sería atenuar el impacto de las revelaciones. El hecho de que hubieran recibido un montón de documentos de Snowden parecía desmentir totalmente lo que, a mi entender, estábamos intentando conseguir.

Como de costumbre, Laura tenía razones convincentes para desear implicar al *Post*. Para empezar, sería beneficioso involucrar al Washington oficial en las revelaciones, para que luego fuera más difícil atacarlas o criminalizarlas. Si el periódico favorito de Washington informaba sobre las filtraciones, al gobierno le costaría más demonizar a los implicados.

Además, como señalaba atinadamente Laura, ni ella ni Snowden habían podido comunicarse conmigo durante un tiempo debido a mi falta de encriptación, por lo que había sido ella quien había asumido la carga inicial de los miles de documentos secretos de la NSA suministrados por la fuente. Laura había sentido la necesidad de encontrar a alguien a quien pudiera confiar el secreto y de trabajar con una institución que la protegiera de algún modo. Tampoco quería viajar a Hong Kong sola. Como al principio ella no podía hablar conmigo, y la fuente creía que alguien más debía ayudar a informar sobre lo de PRISM, llegó a la conclusión de que tenía sentido acudir a Gellman.

Comprendí las razones de Laura para dar participación al *Post*, pero no las acepté. La idea de que necesitábamos involucrar en la historia a los funcionarios de Washington me parecía exactamente el clásico enfoque de excesivo acatamiento de reglas no escritas, de aversión al riesgo, que yo quería evitar. Nosotros éramos tan periodistas como cualquiera del *Post*, y entregarles documentos para estar protegidos era, a mi juicio, reforzar precisamente las premisas que intentábamos subvertir. Aunque Gellman terminó haciendo unos reportajes espléndidos con el material, durante nuestras primeras conversaciones Snowden comenzó a lamentar la implicación del *Post*, aunque él había sido quien en última instancia había decidido aceptar la recomendación de Laura de contar con el periódico.

A Snowden le molestaba lo que percibía como reticencias del *Post*, la imprudencia de haber implicado a tantas personas que hablaban de manera tan poco segura sobre lo que habían hecho, y en especial el miedo reflejado en sus interminables reuniones con abogados que lanzaban toda clase de avisos alarmistas y hacían exigencias de lo más onerosas. Snowden estaba especialmente enojado por el hecho de que Gellman, a instancias de los abogados y editores del *Post*, se hubiera negado finalmente a viajar a Hong Kong para reunirse con él y examinar los documentos.

Al menos tal como lo transmitieron Snowden y Laura, los abogados del *Post* habían dicho a Gellman que no debía ir a Hong Kong; también aconsejaron a Laura que no fuera y retiraron el ofrecimiento de pagarle los gastos de viaje. Para ello se basaban en una teoría absurda, ligada al miedo, a saber, que cualquier conversación sobre información secreta llevada a cabo en China, un país con vigilancia generalizada, podría ser escuchada furtivamente por el gobierno chino. A su vez, el gobierno de EE.UU. podría considerar que el *Post* estaba pasando imprudentemente secretos a los chinos, lo que acaso comportara, con arreglo a las leyes de espionaje, responsabilidad penal para el periódico y para Gellman.

A su manera estoica y sobria, Snowden se puso furioso. Había puesto su vida patas arriba y afrontado todos los peligros para sacar todo aquello a la luz, casi sin protección; y por otro lado, ahí estaba ese importantísimo medio, con toda clase de respaldo legal e institucional, que no corría siquiera el insignificante riesgo de mandar un reportero a Hong Kong para verse con él. «Estoy dispuesto a entregarles esta tremenda historia asumiendo un gran riesgo personal», dijo, «y ellos ni se suben a un avión». Era exactamente la típica reverencia al gobierno, tímida y pusilánime, de nuestra «prensa acreditada de confrontación» que yo me había pasado años condenando.

En cualquier caso, la entrega de algunos de los documentos al *Post* ya se había producido, y yo no podía hacer nada para dar marcha atrás. Sin embargo, esa segunda noche en Hong Kong, tras reunirme con Snowden, decidí que no sería el *Washington Post*, con su voz confusa y progubernamental, sus miedos y su zigzagueo en mitad de la calzada, el que determinaría el modo en que la NSA y Snowden serían conocidos eternamente. Quienquiera que fuese el primero en dar la noticia desempeñaría un papel preponderante en cómo se analizara y se entendiera, y me había propuesto que fuésemos el *Guardian* y yo. Para que la información tuviera el efecto que debía tener, había que infringir las reglas no escritas del estamento periodístico —las ideadas para suavizar el impacto de las revelaciones y proteger al gobierno—, tenían que ser infringidas, no obedecidas. El *Post* ya sacaría las siguientes, no yo.

Así pues, en cuanto estuve en mi habitación del hotel terminé el trabajo sobre las cuatro historias. La primera versaba sobre la orden secreta del tribunal FISA que exigía a Verizon, una de las principales empresas de telefonía de Norteamérica, la entrega a la NSA de los registros de llamadas telefónicas de todos los ciudadanos; la segunda abordaba lo relativo al programa de escuchas sin autorización judicial de Bush, basándose en un informe interno secreto de 2009 del inspector general de la NSA; otra detallaba el programa «INFORMANTE SIN LÍMITES» que había leído en el avión; y la última explicaba el programa PRISM, del que había tenido noticia en Brasil. Me urgía sobre todo esta última, pues era el documento que el *Post* estaba a punto de sacar a la luz.

Para no perder tiempo, necesitábamos que el *Guardian* se implicara y se comprometiera a publicar enseguida. Anochecía en Hong Kong; clareaba en Nueva York. Aguardé impaciente a que los redactores del periódico se despertasen en Nueva York, comprobando cada cinco minutos si Janine Gibson se había incorporado al chat de Google, nuestro habitual sistema de comunicación. En cuanto vi que allí estaba, le envié un mensaje al punto: «Hemos de hablar.»

A estas alturas, ya sabíamos que daba lo mismo hablar por teléfono o mediante el chat de Google: las dos maneras eran inseguras. Como por algún motivo no logramos conectar a través de OTR, el programa encriptado de chat que habíamos estado utilizando, Janine sugirió que probáramos con Cryptocat, un programa de reciente comercialización diseñado para impedir la vigilancia estatal que acabaría siendo nuestra principal vía de comunicación durante toda mi estancia en Hong Kong.

Le hablé de mi reunión con Snowden ese día y de mi convencimiento de que tanto él como los documentos eran genuinos. Le expliqué que ya había escrito varios artículos. A Janine le entusiasmó en especial la historia de Verizon.

«Fantástico», dije. «El artículo está listo. Si hay que hacer correcciones de poca importancia, adelante.» Recalqué a Janine la necesidad de publicarlo ya. «Hay que sacarlo enseguida.»

Pero había un problema. Los redactores del *Guardian* habían mantenido reuniones con los abogados del periódico y oído avisos preocupantes. Janine transmitía lo que le habían dicho los abogados: publicar información confidencial puede ser considerado (bien que con reservas) delito por el gobierno de EE.UU., una violación de la Ley de Espionaje, con consecuencias incluso para los periódicos. El peligro era especialmente grave con respecto a documentos relacionados con inteligencia de señales. En el pasado, el gobierno se había abstenido de demandar judicialmente a medios de comunicación, pero solo en la medida en que estos cumplieran las normas no escritas y proporcionaran a los funcionarios información previa y la oportunidad de alegar, en su caso, que la publicación atentaba contra la seguridad nacional. Este proceso consultivo con el gobierno, explicaban los abogados, es lo que permitía al periódico demostrar que, al sacar a la luz documentos secretos, no tenía intención de poner en peligro la seguridad nacional, por lo que no existía la acción criminal necesaria para el procesamiento.

No se había producido nunca ninguna filtración de documentos de la NSA, no digamos ya tan delicados y de esta magnitud. Según los abogados, había un claro riesgo de incriminación penal, no solo para Snowden, sino, dado el historial de la administración Obama, también para el periódico. Solo unas semanas antes de ir yo a Hong Kong, se supo que el Departamento de Justicia de Obama había conseguido una orden judicial para leer los e-mails de reporteros y redactores de Associated Press a fin de descubrir las fuentes de sus artículos.

Casi inmediatamente después, un nuevo informe reveló un ataque aún más radical contra el proceso de recogida de noticias: el Departamento de Justicia había presentado ante los tribunales una declaración jurada en la que acusaba a James Rosen, jefe de la oficina de Washington de Fox News, de «co-conspirador» en varios presuntos crímenes de su fuente, alegando que el periodista había «ayudado y amparado» la revelación de información confidencial al trabajar estrechamente con dicha fuente para recibir material.

Los periodistas llevaban años notando que la administración Obama estaba lanzando ataques sin precedentes contra el proceso de recogida de noticias. En todo caso, el episodio de Rosen supuso una considerable vuelta de tuerca. Criminalizar la colaboración con una fuente calificándola de «ayuda y amparo» es criminalizar el propio periodismo de investigación: ningún reportero consigue jamás información secreta sin trabajar con el proveedor. Esta atmósfera había vuelto a todos los abogados de los medios, entre ellos los del *Guardian*, sumamente cautos e incluso miedosos.

«Dicen que el FBI podría cerrarnos las oficinas y llevarse nuestros archivos», me explicó Gibson.

Me pareció ridículo: la mera idea de que el gobierno de EE.UU. cerrara un periódico importante como el *Guardian US* y asaltara sus oficinas era uno de esos desatinos que, a lo largo de mi carrera jurídica, me había hecho detestar las advertencias inútilmente exageradas de los abogados. De todos modos, sabía que Gibson no rechazaría —no podía rechazar— sin más estas preocupaciones.

«¿En qué afecta esto a lo que estamos haciendo?», pregunté. «¿Cuándo podemos publicar?»

«No estoy muy segura, Glenn», contestó Gibson. «Primero hemos de tenerlo todo en orden. Mañana volveremos a reunirnos con los abogados y sabremos algo más.»

Me inquieté de veras. No tenía ni idea de cómo reaccionarían los redactores del *Guardian*. Habida cuenta de mi independencia en el periódico y del hecho de que yo había escrito más artículos de opinión que crónicas, y desde luego nada tan delicado como esto, me enfrentaba a factores desconocidos. De hecho, el conjunto de la historia era muy *sui generis*: resultaba imposible saber cómo reaccionaría nadie porque nunca antes había pasado nada igual. ¿Los redactores se sentirían atemorizados, intimidados, por las amenazas de EE.UU.? ¿Optarían por pasarse semanas negociando con el gobierno? ¿O, para sentirse más seguros, preferirían dejar que fuera el *Post* el que diera la primicia?

Yo estaba impaciente por publicar de inmediato el asunto de Verizon: teníamos el documento de FISA, a todas luces auténtico. No había motivo alguno para negar a los norteamericanos ni un minuto más el derecho a saber lo que estaba haciendo el gobierno con su privacidad. Igual de apremiante era la obligación que sentía hacia Snowden, que había tomado su decisión con un espíritu impregnado de audacia, fuerza y pasión. Yo estaba resuelto a que mi cobertura estuviera impulsada por el mismo espíritu, hacer justicia al sacrificio hecho por nuestra fuente. Solo un periodismo audaz podía dar a la historia la fuerza necesaria para superar el ambiente de temor impuesto por el gobierno a los periodistas y sus fuentes. Las paranoicas advertencias legales y los titubeos del *Guardian* eran la antítesis de esa audacia.

Esa noche llamé a David y le confesé mi creciente preocupación con respecto al *Guardian*. También hablé de ello con Laura. Acordamos concederle otro día de tiempo para publicar el primer artículo; si no lo hacía, buscaríamos otras opciones.

Al cabo de unas horas, Ewen MacAskill vino a mi habitación para ponerse al corriente sobre Snowden. Le confesé mi preocupación por los retrasos. «No te apures», dijo sobre el *Guardian*, «son muy agresivos». Alan Rusbridger, viejo jefe de redacción del periódico, estaba, según me aseguró Ewen, «muy interesado» en la historia y «comprometido con la publicación».

Yo todavía veía a Ewen como un hombre de empresa, pero empezaba a caerme mejor. Cuando se hubo marchado, le hablé a Snowden sobre el viaje de Ewen con nosotros, refiriéndome a él como el «canguro» del *Guardian* y le dije que quería concertar una cita entre los dos para el día siguiente. Le expliqué que subir a Ewen al carro era un paso importante para que los redactores del periódico se sintieran cómodos y accedieran a la publicación. «No hay problema», dijo Snowden. «Pero lo que tienes es un guardaespaldas; por eso lo enviaron.»

La reunión era importante. A la mañana siguiente, Ewen nos acompañó al hotel de Snowden y se pasó unas dos horas interrogándolo, tocando gran parte de los temas que había tocado yo el día anterior. «¿Cómo sé que eres quien dices ser?», preguntó Ewen al final. «¿Tienes pruebas?» Snowden sacó un montón de documentos de su maleta: su ahora caducado pasaporte diplomático, una vieja tarjeta de identificación de la CIA, un carné de conducir y otra cédula de identidad oficial.

Salimos juntos del hotel. «Estoy totalmente convencido de que es auténtico», dijo Ewen. «No me cabe ninguna duda.» A su entender, ya no había razón alguna para esperar. «En cuanto lleguemos al hotel, llamaré a Alan y le diré que hemos de comenzar ya.»

A partir de ese momento, Ewen se integró del todo en nuestro equipo. Laura y Snowden se sintieron inmediatamente a gusto con él, y admito que yo también. Nos dimos cuenta de que nuestras sospechas habían sido totalmente infundadas: acechando bajo la superficie de la apariencia afable y paternal había un reportero intrépido impaciente por continuar con esa historia exactamente del modo que yo consideraba necesario. Ewen, al menos tal como se veía a sí mismo, no estaba allí para imponer restricciones institucionales sino para informar y a veces ayudar a superar esas restricciones. De hecho, durante nuestra estancia en Hong Kong, fue con frecuencia la voz más radical y argumentó a favor de revelaciones que ni Laura ni yo —y, si vamos a eso, ni Snowden— estábamos seguros de que fuera el momento de hacerlas. Enseguida comprendí que su defensa de la cobertura agresiva dentro del *Guardian* era fundamental para que Londres respaldara de lleno lo que estábamos haciendo.

Ya entrada la mañana en Londres, Ewen y yo llamamos juntos a Alan. Mi intención era dejar lo más claro posible que esperaba —exigía, incluso— que el *Guardian* comenzase la publicación ese día, así como llegar a tener clara la postura del periódico. A estas alturas —era solo el segundo día en Hong Kong—, si percibía dudas institucionales sustanciales estaba dispuesto a llevar el asunto a cualquier parte.

Fui categórico. «Estoy decidido a publicar este artículo de Verizon y no entiendo por qué no estamos haciéndolo ya», dije a Alan. «¿A qué se debe la tardanza?»

Me aseguró que no había tardanza ninguna. «Yo estoy de acuerdo. Estamos listos para publicarlo. Esta tarde, Janine tiene una última reunión con los abogados. Estoy seguro de que después lo haremos.»

Saqué a relucir la implicación del *Post* en la cuestión de PRISM, lo cual solo avivaba mi sensación de apremio. Entonces Alan me sorprendió: quería ser el primero en publicar no solo las historias de la NSA en general, sino también la de PRISM en particular, a todas luces ansioso por adelantar al *Post* con la noticia. «No hay ninguna razón para dejársela a ellos», dijo.

«Me parece de fábula.»

Como Londres iba cuatro horas por delante de Nueva York, faltaba bastante rato para que Janine llegara a la oficina y aún más para que se reuniera con los abogados. Así que pasé esa noche en Hong Kong con Ewen terminando nuestra historia de PRISM, convencidos de que Rusbridger sería todo lo enérgico que hiciera falta.

Acabamos el artículo de PRISM ese día y lo mandamos encriptado por e-mail a Janine y Stuart Millar. Ahora mismo teníamos listas para publicar dos bombas de relojería: Verizon y PRISM. Se me iba acabando la paciencia, la disposición a esperar.

Janine inició la reunión con los abogados a las tres de la tarde, hora de Nueva York —las tres de la madrugada en Hong Kong— y estuvo con ellos dos horas. Yo me quedé levantado, esperando el resultado. Cuando hablé con Janine, solo quería oír una cosa: que publicábamos el artículo enseguida.

Pero no pasó eso, ni por asomo. Aún había que abordar «considerables» cuestiones legales, me dijo Janine. En cuanto estuviesen resueltas, añadió, el *Guardian* tenía que poner nuestros planes en conocimiento de ciertos funcionarios gubernamentales para darles la oportunidad de convencernos de que no publicáramos... el proceso que yo detestaba y condenaba. Acepté que el *Guardian* dejara al gobierno exponer sus argumentos para la no publicación, siempre y cuando ese proceso no acabara siendo una táctica para retrasarlo todo durante semanas o rebajar su impacto.

«Da la impresión de que faltan días, incluso semanas, para la publicación, no horas», dije a Janine, intentando condensar toda mi irritación y mi paciencia en una frase online. «Insisto en que daré todos los pasos necesarios para que esta historia se publique.» La amenaza era tácita pero inequívoca: si no lograba sacar los artículos inmediatamente en el *Guardian*, llamaría a otra puerta.

«Ya lo dejaste claro antes», replicó ella, cortante.

Se terminaba el día en Nueva York, y supe que no ocurriría nada al menos hasta el día siguiente. Me sentía decepcionado, y cada vez más inquieto. El *Post* estaba trabajando en su artículo de PRISM, y Laura, que contaría con un pie de autor, se había enterado por Gellman de que planeaban publicarlo el domingo, es decir, en un espacio de cinco días.

Tras hablar de ello con David y Laura, me di cuenta de que ya no estaba dispuesto a esperar más al *Guardian*. Estuvimos de acuerdo en que debíamos empezar a buscar alternativas, una especie de Plan B por si había más retrasos. Las llamadas a *Salon*, mi editorial durante años, así como al *Nation*, enseguida dieron fruto. En apenas unas horas, ambos me dijeron que estarían encantados de publicar enseguida las historias de la NSA y me ofrecieron toda la ayuda necesaria, incluidos abogados que examinarían los artículos de inmediato.

Saber que había dos semanarios de reconocido prestigio preparados y ansiosos por sacar a la luz los artículos de la NSA daba ánimos. Sin embargo, David y yo llegamos a la conclusión de que había una opción aún mejor: crear sin más nuestra propia página web, *NSAdisclosures.com* [NSArevelaciones], y empezar a colgar ahí los artículos sin necesidad de ningún medio de comunicación existente. En cuanto hiciéramos público que teníamos en nuestro poder ese inmenso tesoro de documentos secretos sobre el espionaje de la NSA, contaríamos fácilmente con editores, abogados, investigadores y patrocinadores voluntarios: un equipo completo cuya única motivación sería la transparencia y el verdadero periodismo de confrontación, dedicado a informar sobre lo que sin duda era una de las filtraciones más significativas de la historia norteamericana.

Desde el principio creí que los documentos brindaban una oportunidad para poner al descubierto no solo el espionaje secreto de la NSA, sino también la dinámica corrupta del periodismo oficial. Sacar a la luz una de las historias más importantes de los últimos años mediante un modelo de cobertura nuevo e independiente, al margen de las organizaciones mediáticas más influyentes, me resultaba sumamente atractivo. Eso pondría audazmente de relieve que la garantía de la libertad de prensa de la Primera Enmienda y la capacidad para hacer periodismo importante no dependen de la vinculación a un medio de comunicación poderoso. La garantía de la libertad de prensa protege en efecto no solo a los reporteros contratados, sino a cualquiera que se dedique al periodismo, con contrato laboral o sin él. Y la intrepidez transmitida al dar ese paso —*vamos a publicar miles de documentos secretos de la NSA sin la protección de ninguna gran empresa mediática*— alentaría a otros y ayudaría a hacer añicos el actual ambiente de miedo.

Aquella noche casi no dormí. Pasé las primeras horas de la mañana de Hong Kong llamando a personas de cuya opinión me fiaba: amigos, abogados, periodistas, gente con la que había trabajado estrechamente. Todo el mundo me aconsejaba lo mismo, cosa que en realidad no me sorprendió: hacerlo solo, sin una estructura mediática, era demasiado arriesgado. Yo quería oír argumentos en contra de la actuación independiente, y ellos me dieron muchos y buenos.

Al final de la mañana, tras haber escuchado todas las advertencias, volví a llamar a David mientras hablaba simultáneamente online con Laura. David ponía especial acento en que acudir a *Salon* o a *The Nation* sería algo demasiado cauteloso, una señal de miedo —«un paso atrás», decía él— y en que, si el *Guardian* se demoraba más, el mero hecho de publicar los artículos en una página web recién creada reflejaría el espíritu atrevido del periodismo que queríamos practicar. También estaba seguro de que eso inspiraría a gente de todas partes. Aunque en un principio se mostró escéptica, Laura acabó convencida de que dar ese paso valiente y crear una red global de personas dedicadas a la transparencia de la NSA desencadenaría una masiva y potente oleada de pasión.

Así, a medida que en Hong Kong se acercaba la tarde, resolvimos mancomunadamente que si al final de ese día —que en la Costa Este todavía no había empezado— el *Guardian* no estaba dispuesto a publicar, yo colgaría enseguida el artículo de Verizon en nuestra nueva página web. Pese a ser consciente de los riesgos, estaba increíblemente entusiasmado por nuestra decisión. También sabía que tener un plan alternativo me iría bien en nuestra discusión de ese día con el *Guardian*: sentía que no necesitaba estar ligado a ellos para hacer esa cobertura, y liberarse de ataduras siempre fortalece.

Cuando esa misma tarde hablé con Snowden, le hablé del plan. «Arriesgado. Pero audaz», tecleó. «Me gusta.»

Conseguí dormir un par de horas. Tras despertarme a media tarde en Hong Kong, comprendí que tenía horas por delante hasta que en Nueva York diera comienzo la mañana del miércoles. Sabía que, de alguna manera, iba a transmitir al *Guardian* un ultimátum. Quería ponerme manos a la obra ya.

Tan pronto vi que Janine estaba online, le pregunté por el plan. «¿Vamos a publicar hoy?»

«Eso espero», respondió. Su tono impreciso me inquietó. El *Guardian* aún pretendía establecer contacto con la NSA aquella mañana para hacerle saber nuestras intenciones. Dijo que conoceríamos la fecha de publicación tan pronto tuviéramos noticias de ese contacto.

«No entiendo por qué hemos de esperar», dije, perdida ya la paciencia ante tantos retrasos del periódico. «Tenemos una historia tan sencilla y clara; ¿qué más da su opinión sobre si podemos publicarla o no?»

Dejando aparte mi indignación ante el proceso —el gobierno no debía ser un socio editorial colaborador con los periódicos a la hora de decidir qué se publicaba—, yo sabía que no había ningún argumento convincente de la seguridad nacional en contra de nuestro informe de Verizon, que incluía una sencilla orden judicial reveladora de la sistemática recogida de registros de llamadas telefónicas de ciudadanos norteamericanos. La idea de que los «terroristas» sacarían provecho de la revelación de dicha orden daba risa: cualquier terrorista con dos dedos de frente ya debía de saber que el gobierno intentaba controlar sus comunicaciones telefónicas. Quienes aprenderían algo de nuestro artículo no serían los «terroristas» sino el pueblo norteamericano.

Janine repetía lo que había oído decir a los abogados del *Guardian* e insistía en que me equivocaba si daba por supuesto que el periódico iba a claudicar ante algún tipo de intimidación. Solo se trataba, dijo, de un requisito legal: tenían que escuchar la opinión de los funcionarios del gobierno. Pero me aseguró que ninguna alegación vaga y frívola a la seguridad nacional la intimidaría ni influiría en ella.

Yo no daba por supuesto que el *Guardian* fuera a ceder; no lo sabía, eso es todo. Lo que sí me preocupaba era que hablar con el gobierno lo demorara demasiado todo. El *Guardian* tenía un historial de coberturas agresivas y desafiantes, una de las razones por las que recurrí a él de entrada. Yo sabía que sus responsables tenían derecho a sustanciar qué se debía hacer en esta situación, estaba claro; mejor que yo no abundara en mis peores sospechas. La proclamación de independencia en boca de Janine fue de algún modo tranquilizadora.

«Muy bien», dije, dispuesto a esperar y ver. «Pero insisto en que, desde mi punto de vista, esto debe publicarse *hoy*», tecleé. «No tengo ganas de esperar más.»

Siendo ya mediodía en Nueva York, Janine me dijo que había llamado a la NSA y a la Casa Blanca para comunicarles que pensaban publicar material secreto. Sin embargo, no le habían devuelto las llamadas. Esa mañana, la Casa Blanca había nombrado a Susan Rice consejera de seguridad nacional. El nuevo reportero de seguridad nacional del *Guardian*, Spencer Ackerman, tenía buenos contactos en Washington. Le dijo a Janine que a los funcionarios les «preocupaba» Susan Rice.

«Ahora mismo no creen necesario llamarnos», escribió Janine. «Se van a enterar de que mis llamadas hay que devolverlas.»

A las tres de la mañana —tres de la tarde, hora de Nueva York—, yo aún no sabía nada. Janine tampoco.

«¿Tienen una fecha tope o simplemente se pondrán en contacto con nosotros cuando les venga en gana?», pregunté con sorna.

Ella contestó que el *Guardian* había pedido a la NSA saber algo «antes de terminar el día».

«¿Y si para entonces no hay respuesta?», pregunté.

«Entonces tomaremos la decisión», dijo ella.

En ese momento Janine añadió otro factor problemático: Alan Rusbridger, su jefe, acababa de coger un avión de Londres a Nueva York para supervisar la publicación de las historias de la NSA. Pero eso significaba que durante las siguiente siete horas o así no estaría disponible.

«¿Puedes publicar este artículo sin Alan?» Si la respuesta era «no», no había ninguna posibilidad de que el artículo saliera ese día. El avión de Alan llegaría al JKF a última hora de la noche.

«Ya veremos», contestó ella.

Me daba la sensación de estar tropezándome con las mismas barreras a las coberturas agresivas que había querido evitar al acudir precisamente al *Guardian*: preocupaciones legales, consultas con funcionarios gubernamentales, jerarquías institucionales, aversión al riesgo, demoras.

Instantes después, a eso de las tres y cuarto de la mañana, Stuart Millar, segunda de Janine, me mandó un mensaje: «El gobierno ha contestado. Janine está ahora hablando con sus representantes.»

Esperé lo que pareció una eternidad. Aproximadamente una hora después, Janine me llamó y me explicó lo sucedido. Habían llamado por teléfono casi una docena de funcionarios de alto rango de distintos organismos, entre ellos la NSA, el Departamento de Justicia y la Casa Blanca. Al principio se habían mostrado condescendientes pero cordiales; habían dicho a Janine que no entendían el significado ni el «contexto» de la orden del tribunal a Verizon. Querían concertar una reunión con ella «algún día de la semana próxima» para aclarar las cosas.

Tras decirles Janine que quería publicar aquello aquel mismo día y que eso haría a menos que escuchara razones muy concretas y específicas que la disuadieran, se habían puesto beligerantes, incluso bravucones. Le habían dicho que no era una «periodista seria» y que el *Guardian* no era un «periódico serio» toda vez que se negaban a dar al gobierno más tiempo para argumentar en contra de la publicación de la historia.

«Ningún medio de comunicación normal publicaría esto tan

rápidamente sin reunirse primero con nosotros», habían dicho, con la inequívoca intención de ganar tiempo.

Recuerdo haber pensado que seguramente tenían razón. Esta es la cuestión Las reglas permiten al gobierno controlar y neutralizar el proceso de recogida de noticias y eliminar las relaciones de confrontación entre la prensa y el gobierno. A mi juicio, era fundamental que ellos supieran desde el principio que esas reglas perniciosas no iban a aplicarse en este caso. Las crónicas se publicarían basándose en un conjunto de reglas distintas que serían expresión de una prensa independiente, no servil.

Janine, con su tono fuerte y desafiante, me animó. Hizo hincapié en que, aunque les había preguntado una y otra vez, en ningún momento le habían explicado una forma concreta en que la publicación pudiera afectar a la seguridad nacional. De todos modos, no se comprometía a publicarlo ese día. Al final de la llamada, dijo: «A ver si localizo a Alan y decidimos qué hacer.»

Aguardé media hora, tras lo cual pregunté sin rodeos: «¿Vamos a sacar el artículo hoy o no? Solo quiero saber esto.»

Janine eludió la pregunta; no era posible localizar a Alan. Sin duda ella se encontraba en una situación más que difícil: por una parte, los funcionarios de EE.UU. la acusaban implacablemente de temeridad; por otra, yo no paraba de plantearle exigencias cada vez más inflexibles. Y, para colmo, recaía en ella toda la responsabilidad de una de las decisiones más difíciles y trascendentales de los ciento noventa años de historia del periódico porque el redactor jefe se encontraba en un avión.

Mientras estaba online con Janine, tuve a David todo el rato al teléfono. «Son casi las cinco de la tarde», señaló David. «Es el plazo que les diste. Ha llegado el momento de tomar una decisión. O publican ahora o les dices que lo dejas.»

David tenía razón, pero yo albergaba dudas. Abandonar al *Guardian* justo antes de publicar una de las mayores filtraciones de la seguridad nacional de EE.UU. provocaría un gran escándalo mediático. Sería tremendamente perjudicial para el periódico, pues yo debería dar algún tipo de explicación pública, con lo que a su vez ellos se verían obligados a defenderse, seguramente atacándome. Nos estallaría en las manos un circo, una enorme barraca de feria que nos haría daño a todos; o aún peor, nos alejaría de lo que debía ser nuestro centro de atención: las revelaciones de la NSA.

También yo tuve que admitir mis temores personales: publicar cientos, si no miles, de archivos secretos de la NSA iba a ser ciertamente arriesgado aun haciéndolo mediante una organización importante como el *Guardian*. Hacerlo solo, sin protección institucional, lo sería mucho más. Me resonaban con fuerza en la cabeza todos los sensatos avisos de los amigos y abogados a quienes había llamado.

Al verme vacilar, David dijo: «No te queda otra opción. Si temen publicar, este no es el sitio para ti. El que actúa movido por el miedo no consigue nada. Esta es la lección que te ha enseñado Snowden.»

Redactamos juntos lo que iba a decirle a Janine en el cuadro de chat: «Son las cinco de la tarde, la hora tope que te di. Si no publicamos de inmediato —en los siguientes treinta minutos—, por la presente pondré término a mi contrato con el *Guardian*.» Pero antes de enviar el mensaje me lo pensé mejor. La nota era una amenaza en toda regla, una nota de rescate virtual. Si dejaba el *Guardian* en estas circunstancias, se sabría todo, también esta frase. Así que suavicé el tono: «Entiendo que tengáis vuestras preocupaciones y hagáis lo que consideréis correcto. Yo seguiré mi camino y también haré lo que considere más acertado. Lamento que no haya funcionado.» Y entonces sí, pulsé «enviar».

Al cabo de quince segundos sonó el teléfono de mi habitación del hotel. Era Janine. «Creo que eres de lo más injusto», dijo, a todas luces consternada. Si yo abandonaba, el *Guardian* —que no tenía ninguno de los documentos— perdería toda la historia.

«Pues yo creo que la injusta eres tú», repliqué. «Te he preguntado una y otra vez cuándo pensáis publicar, y no me das ninguna respuesta, solo tímidas evasivas.»

«Vamos a publicar hoy», dijo Janine. «Como mucho dentro de treinta minutos. Estamos haciendo las últimas correcciones, trabajando en los titulares y en el formato. Estará listo no más tarde de las cinco y media.»

«Vale. Si el plan es este, no hay problema», dije. «Estoy dispuesto a esperar treinta minutos, desde luego.»

A las seis menos veinte, Janine me envió un mensaje instantáneo con un enlace, el que llevaba días esperando. «Está dentro», dijo Janine.

El titular rezaba así: «La NSA obtiene a diario registros telefónicos de millones de clientes de Verizon.» Había también un subtítulo: «Exclusiva: la orden secreta de un tribunal a Verizon para que entregue todos los datos de las llamadas pone de manifiesto el aumento de la vigilancia interna bajo el mandato de Obama.»

A continuación había un enlace con la orden del tribunal FISA. Los tres primeros párrafos contaban la historia completa:

> La Agencia de Seguridad Nacional está actualmente recabando registros telefónicos de millones de clientes de Verizon, uno de los mayores proveedores de telecomunicaciones de Norteamérica, conforme a la orden secreta de un tribunal emitida en abril.
>
> La orden, de la que el *Guardian* tiene una copia, exige a Verizon que, a diario y de forma regular, procure a la NSA información sobre todas las llamadas telefónicas realizadas en sus sistemas, tanto dentro de EE.UU. como entre EE.UU. y otros países.
>
> El documento pone de manifiesto por primera vez que, bajo la administración Obama, se están recogiendo registros de comunicaciones de millones de ciudadanos norteamericanos en masa y de manera indiscriminada, con independencia de si son sospechosos o han cometido delitos.

El impacto del artículo fue tremendo e instantáneo, superior a lo previsto. Esa noche, constituyó el tema principal de todos los noticiarios nacionales y dominó las discusiones políticas y mediáticas. Yo recibí un aluvión de peticiones de entrevistas de prácticamente todas las cadenas televisivas nacionales: CNN, MSNBC, NBC, *The Today Show* y *Good Morning America*, entre otras. En Hong Kong pasé muchas horas hablando con numerosos y cordiales entrevistadores de televisión —una experiencia fuera de lo común en mi carrera como escritor político, a menudo a la greña con la prensa del *establishment*—, para quienes la historia era un acontecimiento de la mayor repercusión amén de verdadero escándalo.

Como respuesta, el portavoz de la Casa Blanca salió como cabía prever en defensa del programa de recogida masiva de datos calificándolo de «instrumento clave para proteger al país de la amenaza terrorista». La presidenta demócrata del Comité de Inteligencia del Senado, Dianne Feinstein, una de las más férreas defensoras de la seguridad nacional en general y de la vigilancia en EE.UU. en particular, recurrió al típico alarmismo generado a raíz del 11 de Septiembre al decir a los periodistas que el programa era necesario porque «el pueblo quiere que la patria sea segura».

Sin embargo, casi nadie se tomó estas afirmaciones en serio. El editorial pro-Obama del *New York Times* hizo pública una dura crítica a la administración; bajo el título «Operativo policial del presidente Obama», decía lo siguiente: «El señor Obama está certificando el tópico de que el ejecutivo hará uso de todo su poder y muy probablemente abusará del mismo.» Burlándose de la rutinaria invocación al «terrorismo» para justificar el programa, el editorial proclamaba que «la administración ha perdido toda credibilidad» (como esto generó cierta polémica, el periódico, sin hacer comentario alguno al respecto, suavizó la denuncia unas horas después añadiendo la frase «en esta cuestión»).

El senador demócrata Mark Udall declaró públicamente que «esta clase de vigilancia a gran escala nos concierne a todos y constituye la típica extralimitación que, a mi juicio, los norteamericanos han de considerar vergonzosa». En opinión de la ACLU, «desde la óptica de las libertades civiles, el programa es de veras inquietante..., trasciende lo orwelliano y proporciona nuevas pruebas sobre la medida en que los derechos democráticos fundamentales están siendo sometidos en secreto a las exigencias de agencias de inteligencia que no responden de sus actos». El ex vicepresidente Al Gore acudió a Twitter, con un enlace en nuestra historia, y escribió: «¿Soy yo, o la vigilancia global es obscenamente escandalosa?»

Poco después de haberse publicado la historia, Associated Press confirmó, gracias a un senador no identificado, lo que tanto habíamos sospechado: el grueso del programa de recogida de registros de llamadas llevaba años funcionando y estaba dirigido a todas las empresas de telecomunicaciones importantes, no solo a Verizon.

En los siete años que había estado yo escribiendo y hablando acerca de la NSA, no había visto jamás que una revelación produjera nada parecido a ese grado de agitación e interés. No había tiempo para analizar por qué había retumbado con tanta fuerza y originado tal oleada de curiosidad e indignación; de momento, preferí cabalgar la ola a intentar entenderla.

Cuando por fin acabé las entrevistas televisivas, en torno al mediodía hora de Hong Kong, fui directamente a la habitación de Snowden. Al entrar, vi que estaba puesta la CNN. En el programa había invitados hablando de la NSA, mostrando su sorpresa ante el alcance del programa de espionaje. El secretismo con que se había hecho todo los tenía indignados. Casi todos los invitados denunciaban el espionaje interno masivo.

«Está en todas partes», dijo Snowden, visiblemente agitado. «He visto tus entrevistas. Al parecer, todo el mundo lo ha captado.»

En ese momento, noté una sensación real de logro. El gran temor de Snowden —echar a perder su vida por revelaciones que no importarían a nadie— había resultado infundado desde el primer día: no se había observado señal alguna de apatía ni indiferencia. Laura y yo le habíamos ayudado a desencadenar precisamente el debate que ambos considerábamos urgente y necesario... y ahora yo era capaz de verlo a él contemplarlo desplegado.

Habida cuenta del plan de Snowden de darse a conocer tras la primera semana de publicaciones, ambos sabíamos que probablemente perdería muy pronto la libertad. La deprimente certeza de que pronto recibiría ataques —y que sería perseguido y acaso encarcelado como un criminal— me rondaba en todo lo que hacía. Esto a él no parecía preocuparle lo más mínimo, pero a mí me impulsaba a reivindicar su decisión, a maximizar el valor de las revelaciones que había brindado al mundo corriendo toda clase de riesgos. Habíamos arrancado con buen pie, y era solo el principio.

«Todos creen que esto es una historia única, una primicia independiente», señaló Snowden. «No saben que se trata solo de la punta del iceberg, que habrá mucho más.» Se volvió hacia mí. «¿Y ahora, qué? ¿Y cuándo?»

«PRISM», contesté. «Mañana.»

Regresé a mi habitación del hotel y, aunque ya se acercaba la sexta noche en blanco, la verdad es que no pude desconectar. El subidón de adrenalina tenía la culpa. Agarrándome a mi última esperanza de descansar un poco, a las cuatro y media tomé una pastilla para dormir y puse el despertador a las siete y media, hora en que, sabía yo bien, los redactores del *Guardian* de Nueva York estarían online.

Ese día, Janine se conectó pronto. Intercambiamos felicitaciones y nos maravillamos de la reacción ante el artículo. Quedó claro al instante que el tono de nuestra conversación había cambiado de forma radical. Habíamos afrontado juntos un desafío periodístico importante. Janine estaba orgullosa del artículo y yo estaba orgulloso de su resistencia a la intimidación del gobierno y de su decisión de publicar el documento. El *Guardian* había hecho lo debido sin miedo, de manera admirable, aunque en su momento me había parecido que había mucho retraso, estaba claro, en retrospectiva, que el *Guardian* había avanzado con una presteza y un atrevimiento notables: más aún, estoy seguro de que ningún medio de tamaño y nivel comparables lo habría hecho. Y Janine dejaba ahora claro que el periódico no tenía intención de dormirse en los laureles. «Alan insiste en que publiquemos hoy lo de PRISM», dijo. Nunca me he sentido más feliz, desde luego.

Lo que volvía tan importantes las revelaciones de PRISM era que el programa permitía a la NSA obtener prácticamente cualquier cosa de las empresas de internet que centenares de millones de personas de todo el mundo utilizan ahora como principal sistema para comunicarse. Esto era posible gracias a las leyes que el gobierno de EE.UU. había puesto en práctica tras el 11 de Septiembre, que conferían a la NSA amplísimos poderes para vigilar a los norteamericanos y una autoridad prácticamente ilimitada para llevar a cabo vigilancia generalizada de poblaciones extranjeras enteras.

La Ley de Enmiendas a FISA de 2008 es la ley que en la actualidad rige la vigilancia de la NSA. Fue aprobada por un Congreso bipartidista tras el escándalo de las escuchas sin orden judicial de la NSA en la era Bush, y una clave era que legalizaba efectivamente lo esencial del programa ilegal de Bush. En el escándalo reveló que Bush había autorizado a la NSA que interceptara en secreto llamadas de norteamericanos y otros dentro de Estados Unidos, todo ello justificado por la necesidad de detectar actividad terrorista. La autorización anulaba el requisito de obtener de los tribunales órdenes judiciales requeridas normalmente para el espionaje interno, lo que se tradujo en la vigilancia secreta de como mínimo miles de personas dentro del país.

Pese a las protestas por la ilegalidad del programa, la ley FISA 2008 intentó institucionalizar el esquema, no suprimirlo. La ley se basa en una distinción entre «personas de EE.UU.» (ciudadanos norteamericanos y quienes están legalmente en suelo norteamericano) y los demás. Para seleccionar el teléfono o el correo electrónico de una persona de EE.UU., la NSA debe conseguir una orden judicial individual del tribunal FISA.

Sin embargo, para las demás personas, dondequiera que estén, no hace falta ninguna orden individual *aunque estén comunicándose con gente de EE.UU.* Según la sección 702 de la ley 2008, la NSA tiene solo la obligación de presentar una vez al año en el tribunal FISA sus directrices generales para determinar los objetivos de ese año —los criterios se limitan a que la vigilancia «ayude a legitimar la recogida de inteligencia extranjera»—, y entonces recibe autorización global para proceder. En cuanto el tribunal FISA pone «aprobado» en esos permisos, la NSA está habilitada para vigilar a cualquier ciudadano extranjero, y además puede obligar a las empresas de telecomunicaciones y de internet a procurarle acceso a las comunicaciones de cualquier norteamericano —chats de Facebook, e-mails de Yahoo!, búsquedas en Google. No es preciso convencer a ningún tribunal de que una persona es culpable de algo, ni siquiera de que existen razones para sospechar del objetivo; tampoco hay necesidad de dar a conocer a las personas norteamericanas que acaban vigiladas en el proceso.

Para los editores del *Guardian*, lo prioritario era notificar al gobierno nuestras intenciones de publicar la información sobre PRISM. Volveríamos a darle tiempo hasta el final de ese día, hora de Nueva York. Esto nos concedía un día entero para transmitir cualquier objeción, lo que invalidaría sus inevitables quejas por no haber tenido tiempo de responder. De todos modos, era igualmente esencial obtener comentarios de las empresas de internet, que, según los documentos de la NSA proporcionaban a la agencia acceso directo a sus servidores como parte de PRISM: Facebook, Google, Apple, YouTube, Skype y los demás.

Aún con horas por delante, volví a la habitación de Snowden, donde Laura estaba trabajando con él en varios asuntos. A estas alturas, Snowden empezaba a mostrarse visiblemente más alerta con respecto a su seguridad. Tan pronto hube entrado, arrimó varias almohadas a la puerta. En diversos momentos, cuando quería enseñarme algo en su ordenador, se colocaba una manta sobre la cabeza a fin de evitar que posibles cámaras instaladas en el techo captaran sus contraseñas. En un momento dado sonó el teléfono, y todos nos quedamos paralizados: ¿Quién sería? Tras varios timbrazos, lo descolgó Snowden con suma cautela: la gobernanta del hotel, al ver en la puerta el letrero de «no molestar», quería saber si podían ir a limpiar la habitación. «No, gracias», contestó él con brusquedad.

El ambiente de las reuniones en la habitación de Snowden era siempre tenso; y cuando comenzamos a publicar, la tensión se intensificó. No teníamos ni idea de si la NSA había identificado la fuente de la filtración, en cuyo caso, ¿sabían dónde se encontraba Snowden? ¿Lo sabían los agentes chinos y de Hong Kong? En cualquier instante podía sonar en la puerta un golpe que supondría un final amargo e inmediato de nuestro trabajo.

En un segundo plano estaba encendida la televisión, en la que siempre parecía haber alguien que hablaba sobre la NSA. Tras hacerse público el asunto de Verizon, los noticiarios hablaban casi todo el rato de «indiscriminada recogida en masa», «registros telefónicos locales» y «abusos de vigilancia». Mientras examinábamos las historias siguientes, Laura y yo veíamos a Snowden observar el alboroto que había provocado.

A las dos de la madrugada, hora de Hong Kong, tuve noticias de Janine.

«Ha pasado algo muy extraño», dijo. «Las empresas tecnológicas niegan con vehemencia lo de los documentos de la NSA. Insisten en que no han oído hablar nunca de PRISM.»

Analizamos las posibles explicaciones de los desmentidos. Quizá los documentos de la NSA exageraban las capacidades de la agencia. A lo mejor las empresas mentían sin más o los individuos concretos entrevistados desconocían los arreglos de sus responsables con la NSA. O tal vez PRISM era solo un nombre en clave interno de la NSA que no compartió nunca con las compañías.

Con independencia de cuál fuese la explicación, debíamos reescribir la historia, no solo para incluir los desmentidos sino también para centrar ahora la atención en la curiosa disparidad entre los documentos de la NSA y la postura de las empresas de alta tecnología.

«No adoptemos ninguna postura sobre quién tiene razón; ventilemos sin más el desacuerdo, y que lo resuelvan en público», sugerí. Nuestra intención era que el artículo suscitara una discusión abierta sobre lo que la industria de internet había aceptado hacer con las comunicaciones de sus usuarios; si su versión no concordaba con los documentos de la NSA, tendrían que aclararlo con todo el mundo mirando, como tenía que ser.

Janine estuvo de acuerdo, y al cabo de dos horas me envió el nuevo borrador del artículo de PRISM. El titular rezaba así:

El programa Prism de la NSA accede a datos de usuarios de Apple, Google y otros

- El programa secreto Prism reclama acceso directo a servidores de empresas entre las que se cuentan Google, Apple y Facebook
- Las empresas niegan tener conocimiento del programa, en funcionamiento desde 2007

Tras citar los documentos de la NSA que describían PRISM, el artículo señalaba lo siguiente: «Aunque en la exposición se afirma que el programa se lleva a cabo con la ayuda de las empresas, todas las que respondieron el jueves a la petición de comentarios del *Guardian* niegan saber nada del mencionado programa.» El artículo me pareció estupendo, y Janine se comprometió a publicarlo en media hora.

Mientras esperaba impaciente el paso de los minutos, oí la campanilla indicadora de la llegada de un mensaje de chat. Seguramente Janine me confirmaría lo del artículo de PRISM. Pero era otra cosa.

«El *Post* acaba de publicar su artículo de PRISM», dijo.

¿Cómo? No entendí por qué de pronto el *Post* había cambiado su calendario previsto y publicaba la información de PRISM con tres días de adelanto.

Barton Gellman contó poco después a Laura que el *Post* se había enterado de nuestras intenciones después de que aquella mañana los funcionarios del gobierno se hubieran puesto en contacto con el *Guardian* acerca del programa PRISM. Uno de los funcionarios, sabiendo que el *Post* estaba trabajando en un asunto similar, había pasado la información. Ahora yo detestaba aún más todo el proceso de deliberación: un funcionario de EE.UU. se había aprovechado de este procedimiento de pre-publicación, supuestamente ideado para proteger la seguridad nacional, para asegurarse de que su periódico favorito era el primero en publicar la historia.

Una vez que hube asimilado la información, advertí en Twitter el estallido ante el artículo de PRISM. Sin embargo, al empezar a leerlo vi que faltaba algo: la contradicción entre la versión de la NSA y las declaraciones de las empresas de internet.

Titulado «La inteligencia británica y de EE.UU. extrae datos de nueve empresas de internet norteamericanas con un programa secreto de gran alcance», el artículo decía que «la Agencia de Seguridad Nacional y el FBI están entrando directamente en los servidores centrales de nueve importantes empresas norteamericanas de internet, de donde obtienen chats de vídeo y audio, fotografías, e-mails, documentos y registros de conexión que permiten a los analistas localizar objetivos ajenos». Lo más significativo era que, según se alegaba, las nueve empresas «participaban a sabiendas en las operaciones de PRISM».

Nuestro artículo sobre PRISM apareció diez minutos después con un enfoque bastante distinto y un tono más cauteloso, y con especial hincapié en los vehementes desmentidos de las empresas de internet.

La reacción volvió a ser explosiva. Además, de carácter internacional. A diferencia de compañías telefónicas como Verizon, que por lo general tienen su sede en un país, los gigantes de internet son globales. Miles de millones de personas de todo el mundo —de países de los cinco continentes— utilizan Facebook, Gmail, Skype o Yahoo! como principal medio de comunicación. Enterarse de que esas empresas habían llegado a acuerdos secretos con la NSA en virtud de los cuales esta tenía acceso a las comunicaciones de sus clientes constituía un escándalo a escala mundial.

Ahora la gente empezaba a hacer conjeturas sobre si la anterior información sobre Verizon era o no una historia única: los dos artículos apuntaban a una grave filtración de documentos de la NSA.

La publicación del artículo sobre PRISM supuso el último día —de los últimos meses— en que fui capaz de leer, ya no digamos contestar, todos los e-mails que recibía. En la bandeja de entrada aparecían los nombres de casi todos los medios de comunicación más importantes del mundo, que solicitaban entrevistas conmigo: el debate mundial que Snowden había querido desencadenar estaba en marcha... tras solo dos días de historias publicadas. Pensé en el inmenso tesoro de documentos aún pendientes de llegar, lo que esto supondría en mi vida, el impacto que tendría en el mundo, y el modo en que el gobierno de EE.UU. reaccionaría en cuanto se diera cuenta de lo que se le avecinaba.

En una repetición de lo del día anterior, pasé las primeras horas de la mañana de Hong Kong participando en programas televisivos norteamericanos de máxima audiencia. Mi patrón cotidiano estaba fijado así: trabajar en artículos para el *Guardian* durante la noche, conceder entrevistas a lo largo del día y finalmente reunirme con Laura y Snowden en la habitación de este.

A menudo tomaba taxis en Hong Kong a las tres o las cuatro de la mañana para acudir a estudios de televisión, teniendo siempre presentes las «instrucciones operativas» de Snowden: no separarme nunca del ordenador ni de los pen drives llenos de documentos por si alguien pretendía manipularlos o robarlos. Me desplazaba por las desiertas calles de la ciudad con la pesada mochila siempre sujeta a la espalda, al margen del lugar o la hora. Mantenía en todo momento a raya mi paranoia, si bien me sorprendía a menudo mirando atrás y agarrando mis cosas con más fuerza cada vez que se acercaba alguien.

Una vez terminada la ronda de entrevistas televisivas, regresaba a la habitación de Snowden, donde los tres —y a veces también MacAskill— seguíamos trabajando, interrumpiendo de vez en cuando la labor solo para echar un vistazo a la televisión. Nos llenaba de asombro la reacción positiva, lo firme que parecía ser el compromiso de los medios con las revelaciones y lo enfadados que se mostraban la mayoría de los comentaristas: no con los paladines de la transparencia, sino con el insólito nivel de vigilancia estatal al que estábamos expuestos.

Ahora me sentía capaz de llevar a la práctica una de nuestras deseadas estrategias, respondiendo de manera desafiante y desdeñosa a la táctica gubernamental de invocar el 11-S como justificación de sus actividades de espionaje. Empecé por denunciar las tan previsibles como trilladas acusaciones de Washington según las cuales habíamos puesto en peligro la seguridad nacional, ayudábamos a los terroristas y al revelar secretos de estado habíamos cometido un crimen.

Me sentía envalentonado para sostener que esas eran las estrategias transparentes y manipuladoras de agentes gubernamentales que habían sido pillados haciendo cosas que los ponían en evidencia y dañaban su reputación. Esos ataques no nos harían desistir de nuestra labor; publicaríamos más crónicas extraídas de esos documentos, con independencia de las amenazas y los intentos de asustarnos, y llevaríamos a cabo nuestro deber como periodistas. Yo quería ser claro: la intimidación y la demonización habituales eran vanas. Nada detendría nuestra cobertura informativa. Pese a esa postura desafiante, aquellos primeros días la mayoría de los medios respaldaron nuestro trabajo.

Eso me sorprendió, toda vez que desde el 11 de Septiembre (aunque también antes) los medios de EE.UU. en general se habían mostrado sumamente leales al gobierno y, por ello, hostiles, a veces ferozmente, hacia todo aquel que revelara secretos oficiales.

Cuando WikiLeaks comenzó a publicar documentos confidenciales relacionados con las guerras de Irak y Afganistán, en especial cables diplomáticos, muchos periodistas norteamericanos pidieron el procesamiento de la organización, lo que en sí mismo constituía una conducta pasmosa. Precisamente la institución supuestamente dedicada a exigir transparencia en las actuaciones de los poderosos no solo criticaba una de las acciones de transparencia más importantes de los últimos años, sino que intentaba criminalizarla. Lo que había hecho WikiLeaks —recibir información secreta de una fuente del gobierno y revelarla luego al mundo— es en esencia lo que hace sistemáticamente cualquier entidad mediática.

Yo me había imaginado que los medios norteamericanos dirigirían su hostilidad hacia mí, en la medida, sobre todo, en que seguía publicando documentos y empezaba a quedar clara la inaudita magnitud de la filtración. Como crítico duro del *establishment* periodístico y de muchos de sus miembros más destacados, razonaba yo, me consideraba a mí mismo un imán de esa hostilidad. En los medios de comunicación tradicionales contaba con pocos aliados. La mayoría eran personas cuyo trabajo había criticado públicamente, con frecuencia y de manera implacable. Por eso esperaba su ataque a la primera oportunidad; pero esa primera semana de apariciones en los medios fue un ágape virtual, y no solo cuando estaba yo presente.

El jueves, ya el quinto día en Hong Kong, fui a la habitación de hotel de Snowden, quien enseguida me dijo que tenía noticias «algo alarmantes». Un dispositivo de seguridad conectado a internet que compartía con su novia de toda la vida había detectado que dos personas de la NSA —alguien de recursos humanos y un «policía» de la agencia— habían acudido a su casa buscándole a él.

Para Snowden eso significaba casi con seguridad que la NSA lo había identificado como la probable fuente de las filtraciones, pero yo me mostré escéptico. «Si creyeran que tú has hecho esto, mandarían hordas de agentes del FBI y seguramente unidades de élite, no un simple agente y una persona de recursos humanos.» Supuse que se trataba de una indagación automática y rutinaria, justificada por el hecho de que un empleado de la NSA se había ausentado durante varias semanas sin dar explicaciones. Sin embargo, Snowden sugería que habían mandado gente de perfil bajo adrede para no llamar la atención de los medios ni desencadenar la eliminación de pruebas.

Al margen del significado de la noticia, recalqué la necesidad de preparar rápidamente el artículo y el vídeo en el que Snowden se daba a conocer como la fuente de las revelaciones. Estábamos decididos a que el mundo supiera de Snowden, de sus acciones y sus motivaciones, por el propio Snowden, no a través de una campaña de demonización lanzada por el gobierno norteamericano mientras él estaba escondido o bajo custodia o era incapaz de hablar por sí mismo.

Nuestro plan consistía en publicar dos artículos más, uno el viernes, al día siguiente, y el otro el sábado. El domingo sacaríamos uno largo sobre Snowden acompañado de una entrevista grabada y una sesión de preguntas y respuestas que realizaría Ewen.

Laura se había pasado las cuarenta y ocho horas anteriores editando el metraje de mi primera entrevista con Snowden; en su opinión, era demasiado minuciosa, larga y fragmentada. Quería filmar otra enseguida, más concisa y centrada, y confeccionar una lista de unas veinte preguntas directas que yo debía formular. Mientras Laura montaba la cámara y nos decía dónde sentarnos, añadí unas cuantas de cosecha propia.

«Esto, me llamo Ed Snowden», empieza el ahora famoso documental. «Tengo veintinueve años. Trabajo como analista de infraestructuras para Booz Allen Hamilton, contratista de la NSA, en Hawái.»

Snowden pasó a dar respuestas escuetas, estoicas y racionales a cada pregunta: ¿Por qué había decidido hacer públicos esos documentos? ¿Por qué era eso para él tan importante hasta el punto de sacrificar su libertad? ¿Cuáles eran las revelaciones más importantes? ¿En los documentos había algo criminal o ilegal? ¿Qué creía que le pasaría a él?

A medida que daba ejemplos de vigilancia ilegal e invasiva, iba mostrándose más animado y vehemente. Solo denotó incomodidad cuando le pregunté por las posibles repercusiones, pues temía que el gobierno tomara represalias contra su familia y su novia. Decía que, para reducir el riesgo, evitaría el contacto con ellos, si bien era consciente de que no podía protegerlos del todo. «Esto es lo que me tiene despierto por la noche, lo que pueda pasarles», dijo con los ojos llenos de lágrimas, la primera y única vez que lo vi así.

Mientras Laura editaba el vídeo, Ewen y yo terminamos los otros dos artículos. El tercero informaba de una directriz secreta presidencial, firmada por el presidente Obama en noviembre de 2012, en la que se ordenaba al Pentágono y agencias afines preparar una serie de agresivas ciberoperaciones en todo el mundo. «Se ha pedido a diversos funcionarios de alto rango de la seguridad nacional y de inteligencia», rezaba el primer párrafo, «que elaboren una lista de potenciales objetivos de ciberataques de EE.UU. en el extranjero, según revela una directriz presidencial secreta obtenida por el *Guardian*».

El cuarto artículo, que se publicó el sábado tal como estaba previsto, trataba sobre el «INFORMANTE SIN LÍMITES», el programa de localización de datos de la NSA, y describía los informes según los cuales la NSA recogía, analizaba y almacenaba miles de millones de llamadas telefónicas y correos electrónicos enviados a través de la infraestructura de telecomunicaciones norteamericana. También planteaba la cuestión de si los funcionarios de la NSA habían mentido al Congreso cuando se habían negado a responder a diversos senadores sobre el número de comunicaciones internas interceptadas al afirmar que no guardaban esos registros y no podían reunir dichos datos.

Tras la publicación del artículo del «INFORMANTE SIN LÍMITES», Laura y yo quedamos en encontrarnos en el hotel de Snowden. Pero antes de salir de mi habitación, al sentarme en la cama me acordé, sin motivo aparente, de Cincinnatus, el anónimo interlocutor electrónico de seis meses atrás que me había acribillado con peticiones para que instalara el sistema PGP por si tenía alguna información importante que darme. En medio de toda la agitación, pensé que quizá también él tenía una historia interesante. Incapaz de recordar su e-mail, por fin localicé uno de los viejos correos buscando contraseñas.

«Eh, buenas noticias», le escribí. «Sé que he tardado un poco, pero ya estoy utilizando el PGP. Así que podemos hablar en cualquier momento si aún te interesa.» Y pulsé «enviar».

«A propósito, ese Cincinnatus al que acabas de mandar un correo soy yo», dijo Snowden con algo más que cierto tono burlón una vez que hube entrado en su cuarto.

Tardé unos instantes en procesar aquello y recobrar la compostura. La persona que unos meses antes había intentado desesperadamente que yo utilizara una encriptación para proteger el correo electrónico era Snowden. Mi primer contacto con él no se había producido en mayo, el mes anterior, sino hacía mucho más tiempo. Antes de ponerse en contacto con Laura, antes de hablar con nadie, había tratado de comunicarse conmigo.

A cada día que pasaba, las horas y horas que estábamos juntos creaban un vínculo cada vez más fuerte. La tensión y la incomodidad del primer encuentro se había transformado en una relación de colaboración, confianza y finalidad compartida. Sabíamos que habíamos emprendido uno de los episodios más significativos de nuestra vida.

Una vez concluido el artículo del «INFORMANTE SIN LÍMITES», el estado de ánimo relativamente más relajado que habíamos conseguido mantener los días anteriores dio paso a una ansiedad palpable: faltaban menos de veinticuatro horas para que se conociera la identidad de Snowden, que a su entender supondría un cambio total, sobre todo para él. Los tres juntos habíamos vivido una experiencia corta pero extraordinariamente intensa y gratificante. Uno de nosotros, Snowden, pronto dejaría el grupo, tal vez estaría en la cárcel largo tiempo —un hecho que acechó en el ambiente desde el principio, difundiendo desánimo, al menos en lo que a mí respectaba—. Solo Snowden parecía no estar preocupado. Ahora entre nosotros circulaba un humor negro alocado.

«En Guantánamo me pido la litera de abajo», bromeaba Snowden mientras meditaba sobre nuestras perspectivas. Mientras hablábamos de futuros artículos, decía cosas como «esto va a ser una acusación. Lo que no sabemos es si será para vosotros o para mí». Pero casi siempre estaba tranquilísimo. Incluso ahora, con el reloj de su libertad quedándose sin cuerda, Snowden se iba igualmente a acostar a las diez y media, como hizo todas las noches que estuve yo en Hong Kong. Mientras yo apenas podía conciliar el sueño un par de horas, él era sistemático con las suyas. «Bueno, me voy a la piltra», anunciaba tranquilamente cada noche antes de iniciar su período de siete horas y media de sueño profundo, para aparecer al día siguiente totalmente fresco.

Cuando le preguntábamos sobre su capacidad para dormir tan bien dadas las circunstancias, Snowden respondía que se sentía totalmente en paz con lo que había hecho, por la noche no le costaba nada dormir. «Supongo que aún me quedan unos cuantos días con una almohada cómoda», bromeaba, «así que más vale que los disfrute».

El domingo por la tarde, hora de Hong Kong, Ewen y yo dimos los últimos retoques al artículo que presentaba a Snowden al mundo mientras Laura terminaba de editar el vídeo. Hablé con Janine, que entró en el chat al iniciarse la mañana en Nueva York, sobre la especial importancia de manejar esa noticia con tacto y la necesidad personal que sentía yo de hacer justicia a Snowden por sus valientes decisiones. Confiaba cada vez más en mis colegas del *Guardian*, tanto desde el punto de vista editorial como por su valentía. Pero en este caso quería revisar cada edición, grande o pequeña, cada uno de los artículos en los que Snowden se daría a conocer al mundo.

A última hora, Laura vino a mi habitación a enseñarnos a mí y a Ewen el vídeo. Los tres miramos en silencio. El trabajo de Laura era espléndido —el vídeo, sobrio, y la edición, magnífica—, pero casi toda la fuerza se concentraba en Snowden, que cuando hablaba transmitía con contundencia la convicción, la pasión y la responsabilidad que lo habían impulsado a actuar. No me cabía duda de que su audacia al darse a conocer y explicar lo que había hecho y hacerse responsable de sus actos, su negativa a ocultarse y vivir perseguido, inspiraría a millones de personas.

Lo que más deseaba yo era que el mundo viera la intrepidez de Snowden. Durante la última década, el gobierno de EE.UU. había redoblado sus esfuerzos para poner de manifiesto su ilimitado poder. Había iniciado guerras, torturado y encarcelado a gente sin mediar acusación, cometido asesinatos extrajudiciales al bombardear objetivos con drones. Y los mensajeros no estaban a salvo: se había maltratado y procesado a delatores de ilegalidades, se había amenazado a periodistas con penas de cárcel. Mediante una demostración cuidadosamente estudiada de intimidación a todo aquel que se planteara un reto significativo, el gobierno había procurado por todos los medios demostrar a gente de todo el mundo que su poder no estaba condicionado por la ley, la ética, la moralidad ni la Constitución: *mirad lo que podemos hacer y lo que haremos con quienes entorpezcan nuestra agenda.*

Snowden había desafiado la intimidación con toda la energía posible. El coraje es contagioso. Yo sabía que él podía animar a mucha gente a hacer lo mismo.

A las dos de la tarde del domingo 9 de junio, hora del Este, el *Guardian* publicó el artículo que hacía pública la identidad de Snowden: «Edward Snowden: el denunciante tras las revelaciones de vigilancia de la NSA.» En la parte superior aparecía el vídeo de doce minutos de Laura; la primera frase decía así: «El individuo responsable de una de las filtraciones más importantes de la historia política de EE.UU. es Edward Snowden, de veintinueve años, antiguo asistente técnico de la CIA y actual empleado de la subcontratista de Defensa Booz Allen Hamilton.» El artículo contaba la historia de Snowden, transmitía sus motivos y proclamaba que «pasará a la historia como uno de los reveladores de secretos más importante de EE.UU., junto con Daniel Ellsberg y Bradley Manning». Se citaba un viejo comentario que Snowden nos había hecho a mí y a Laura: «Sé muy bien que pagaré por mis acciones... Me sentiré satisfecho si quedan al descubierto, siquiera por un instante, la federación de la ley secreta, la indulgencia sin igual y los irresistibles poderes ejecutivos que rigen el mundo que amo.»

La reacción ante el artículo y el vídeo fue de una intensidad que no había visto yo jamás como escritor. Al día siguiente, en el *Guardian* el propio Ellsberg señalaba que «la publicación de material de la NSA por parte de Edward Snowden es la filtración más importante de la historia norteamericana, incluyendo desde luego los papeles del Pentágono de hace cuarenta años».

Solo en los primeros días, centenares de miles de personas incluyeron el enlace en su cuenta de Facebook. Casi tres millones de personas vieron la entrevista en YouTube. Muchas más la vieron en el *Guardian* online. La abrumadora respuesta reflejaba conmoción y fuerza inspiradora ante el coraje de Snowden.

Laura, Snowden y yo seguíamos esas reacciones juntos mientras hablábamos al mismo tiempo con dos estrategas mediáticos del *Guardian* sobre qué entrevistas televisivas del lunes por la mañana debía yo aceptar. Nos decidimos por *Morning Joe*, en la MSNBC, y luego por *The Today Show*, de la NBC, los dos programas más tempraneros, que determinarían la cobertura del asunto Snowden a lo largo del día.

Sin embargo, antes de que me hicieran las entrevistas, a las cinco de la mañana —solo unas horas después de que se hubiera publicado el artículo de Snowden— nos desvió del tema la llamada de un viejo lector mío que vivía en Hong Kong y con el que había estado periódicamente en contacto durante la semana. En su llamada, el hombre señalaba que pronto el mundo entero buscaría a Snowden en Hong Kong, e insistía en la urgencia de que Snowden contase en la ciudad con abogados bien relacionados. Decía que dos de los mejores abogados de derechos humanos estaban listos para actuar, dispuestos a representarlo. ¿Podían acudir los tres a mi hotel enseguida?

Acordamos vernos al cabo de un rato, a eso de las ocho. Dormí un par de horas hasta que me llamó una hora antes, a las siete.

«Ya estamos aquí», dijo, «en la planta baja de su hotel. Vengo con dos abogados. El vestíbulo está lleno de cámaras y reporteros. Los medios están buscando el hotel de Snowden y lo encontrarán de manera inminente; según los abogados, es fundamental que lleguen ellos hasta él antes que los periodistas.»

Apenas despierto, me vestí con lo primero que encontré y me dirigí a la puerta dando traspiés. Tan pronto la abrí, me estallaron en la cara los flashes de múltiples cámaras. Sin duda, la horda mediática había pagado a alguien del personal del hotel para averiguar el número de mi habitación. Dos mujeres se identificaron como reporteras del *Wall Street Journal* con sede en Hong Kong; otros, incluido uno con una cámara enorme, eran de Associated Press.

Me acribillaron a preguntas y formaron un semicírculo móvil a mi alrededor mientras me encaminaba hacia el ascensor. Entraron conmigo a empujones sin dejar de hacerme preguntas, a la mayoría de las cuales contesté con frases cortas, secas e intrascendentes.

En el vestíbulo, otra multitud de periodistas y reporteros se sumaron al primer grupo. Intenté buscar a mi lector y a los abogados, pero no podía dar un paso sin que me bloqueasen el camino.

Me preocupaba especialmente que la horda me siguiera e impidiera que los abogados establecieran contacto con Snowden. Por fin decidí celebrar una conferencia de prensa improvisada en el vestíbulo, en la que respondí a las peguntas para que los reporteros se marcharan. Al cabo de unos quince minutos, casi no quedaba ninguno.

Entonces me tranquilicé al tropezarme con Gill Phillips, abogada jefe del *Guardian*, que había hecho escala en Hong Kong en su viaje de Australia a Londres para procurarnos a mí y a Ewen asesoramiento legal. Dijo que quería explorar todas las maneras posibles en que el *Guardian* pudiera proteger a Snowden. «Alan se mantiene firme en que le demos todo el respaldo legal que podamos», explicó. Intentamos hablar más, pero como todavía quedaban algunos reporteros al acecho, no disfrutamos de intimidad.

Al final encontré a mi lector junto a los dos abogados de Hong Kong que iban con él. Discutimos dónde podríamos hablar sin ser seguidos, y decidimos ir todos a la habitación de Gill. Perseguidos aún por unos cuantos reporteros, les cerramos la puerta en las narices.

Fuimos al grano. Los abogados deseaban hablar con Snowden enseguida para que les autorizara formalmente a representarle, momento a partir del cual podrían empezar a actuar en su nombre.

Gill investigó en Google sobre aquellos abogados —a quienes acabábamos de conocer—, y antes de entregarles a Snowden pudo averiguar que eran realmente muy conocidos y se dedicaban a cuestiones relacionadas con los derechos humanos y el asilo político y que en el mundo político de Hong Kong tenían buenas relaciones. Mientras Gill realizaba su improvisada gestión, yo entré en el programa de chats. Snowden y Laura estaban online.

Laura, que ahora se alojaba en el hotel de Snowden, estaba segura de que era solo cuestión de tiempo que los reporteros los localizaran también a ellos. Snowden estaba ansioso por marcharse. Hablé a Snowden de los abogados, que estaban listos para acudir a su habitación. Me dijo que tenían que ir a recogerle y llevarle a un lugar seguro. Había llegado el momento, dijo, «de iniciar la parte del plan en el que pido al mundo protección y justicia».

«Pero he de salir del hotel sin ser reconocido por los reporteros», dijo. «De lo contrario, simplemente me seguirán adondequiera que vaya.»

Transmití estas preocupaciones a los abogados. «¿Tiene él alguna idea de cómo impedir esto?», dijo uno de ellos.

Le transmití la pregunta a Snowden.

«Estoy tomando medidas para cambiar mi aspecto», dijo, dando a entender que ya había pensado antes en esto. «Puedo volverme irreconocible.»

Llegados a este punto, pensé que los abogados tenían que hablar con él directamente. Antes de ser capaces de hacerlo, necesitaban que Snowden recitara una frase tipo «por la presente les contrato». Mandé la frase a Snowden, y me la tecleó. Entonces los abogados se pusieron frente al ordenador y comenzaron a hablar con él.

Al cabo de diez minutos, los dos abogados anunciaron que se dirigían de inmediato al hotel de Snowden con la idea de salir sin ser vistos.

«¿Qué van a hacer con él después?», pregunté.

Seguramente lo llevarían a la misión de la ONU en Hong

Kong y solicitarían formalmente su protección frente al gobierno de EE.UU., alegando que Snowden era un refugiado en busca de asilo. O bien, dijeron, intentarían encontrar una «casa segura».

En todo caso, el problema era cómo sacar a los abogados del hotel sin que los siguieran. Tuvimos una idea: Gill y yo saldríamos de la habitación, bajaríamos al vestíbulo y atraeríamos la atención de los reporteros, que esperaban fuera, para que nos siguieran. Al cabo de unos minutos los abogados abandonarían el hotel sin ser vistos, como cabía esperar.

La treta surtió efecto. Tras una conversación de treinta minutos con Gill en un centro comercial anexo al hotel, volví a mi habitación y llamé impaciente al móvil de uno de los abogados.

«Lo hemos sacado justo antes de que los periodistas empezaran a pulular por el vestíbulo», explicó. «Hemos quedado con él en su habitación, frente a la del caimán», la misma en la que nos vimos Laura y yo con él la primera vez, como luego supe. «Luego hemos cruzado un puente que conducía a un centro comercial contiguo, y nos hemos subido al coche que nos esperaba. Ahora está con nosotros.»

¿Adónde lo llevaban?

«Mejor no hablar de esto por teléfono», contestó el abogado. «De momento estará a salvo.»

Saber que Snowden estaba en buenas manos me dejó la mar de tranquilo, aunque sabíamos que muy probablemente no volveríamos a verle ni a hablar con él, al menos no en calidad de hombre libre. Pensamos que la próxima vez quizá lo veríamos en la televisión, con un mono naranja y esposado, en una sala de juicios norteamericana, acusado de espionaje.

Mientras asimilaba la noticia, llamaron a la puerta. Era el director del hotel. Venía a decirme que no paraba de sonar el teléfono preguntando por mi habitación (yo había dejado instrucciones en el mostrador principal de que bloqueasen todas las llamadas). En el vestíbulo también había una multitud de reporteros, fotógrafos y cámaras esperando que yo apareciera.

«Si lo desea», dijo él, «puede salir por un ascensor de la parte de atrás y una puerta que no ve nadie. Además, el abogado del

Guardian le ha hecho una reserva en otro hotel bajo un nombre distinto en caso de que usted así lo decida».

Era a todas luces un quiebro que significaba otra cosa: *queremos que se vaya a causa del follón que está provocando.* En cualquier caso, me parecía una buena idea: yo quería continuar trabajando con cierta privacidad y todavía esperaba mantener el contacto con Snowden. De modo que hice el equipaje y seguí al director hasta la salida trasera, me reuní con Ewen en un coche estacionado y me registré en otro hotel con el nombre del abogado del *Guardian.*

Lo primero que hice fue entrar en internet con la esperanza de saber de Snowden. Apareció online a los pocos minutos.

«Estoy bien», me dijo. «Por el momento en una casa segura. Pero no sé hasta qué punto es segura ni cuánto tiempo permaneceré aquí. Tendré que moverme de un sitio a otro y mi acceso a internet es poco fiable, así que no sé cuándo ni con qué frecuencia estaré online.»

Se evidenciaba cierta reticencia a darme detalles sobre su emplazamiento, y no quise preguntar. Yo sabía que mi capacidad para averiguar cosas de su escondite era muy limitada. Ahora él era el hombre más buscado por el país más poderoso del mundo. El gobierno de EE.UU. ya había pedido a la policía de Hong Kong que lo detuviera y lo entregara a las autoridades norteamericanas.

De modo que hablamos breve y vagamente y manifestamos el deseo común de seguir en contacto. Le dije que actuara con prudencia.

Cuando por fin llegué al estudio para las entrevistas con *Morning Joe* y *The Today Show*, advertí enseguida que el tenor del interrogatorio había cambiado apreciablemente. En vez de tratarme como periodista, los anfitriones preferían atacar un objetivo nuevo: el Snowden de carne y hueso, no un personaje enigmático de Hong Kong. Muchos periodistas norteamericanos volvían a asumir su acostumbrado papel al servicio del gobierno. La historia ya no versaba sobre unos reporteros que habían sacado a la luz graves abusos de la NSA, sino sobre un norteamericano que, mientras trabajaba para el gobierno, había «incumplido» sus obligaciones, cometido crímenes y «huido a China».

Mis entrevistas con Mika Brzezinski y Savannah Guthrie fueron enconadas y ásperas. Como llevaba más de una semana durmiendo poco y mal, ya no tenía paciencia para aguantar las críticas a Snowden implícitas en sus preguntas: me daba la impresión de que los periodistas habrían tenido que estar de enhorabuena en vez de demonizar a quien, más que nadie en años, había puesto en evidencia una doctrina de seguridad nacional harto discutible.

Tras algunos días más de entrevistas, decidí que era el momento de abandonar Hong Kong. Ahora iba a ser imposible reunirme con Snowden o ayudarlo a salir de la ciudad, había llegado un punto en que me sentía emocional, física y psicológicamente agotado. Tenía ganas de regresar a Río.

Pensé en hacer escala un día en Nueva York con el fin de conceder entrevistas... solo para dejar claro que podía hacerlo y tenía intención de hacerlo. Pero un abogado me aconsejó que no lo hiciera alegando que era absurdo correr riesgos jurídicos de esa clase antes de saber cómo pensaba reaccionar el gobierno. «Gracias a ti se ha conocido la mayor filtración sobre la seguridad nacional de la historia de EE.UU. y has ido a la televisión con el mensaje más desafiante posible», me dijo. «Solo tiene sentido planear un viaje a EE.UU. una vez que sepamos algo de la respuesta del Departamento de Justicia.»

Yo no estaba de acuerdo: consideraba sumamente improbable que la administración Obama detuviera a un periodista en medio de esos reportajes de tanta notoriedad. No obstante, estaba demasiado cansado para discutir o correr riesgos. Así que pedí al *Guardian* que reservara mi vuelo para Río con escala en Dubai, bien lejos de Norteamérica. Por el momento, discurrí, ya había hecho bastante.

3

RECOGERLO TODO

El archivo de los documentos reunidos por Edward Snowden era apabullante tanto en alcance como en tamaño. Aun siendo yo alguien que se había pasado años escribiendo sobre los peligros de la vigilancia secreta de EE.UU., consideré la mera extensión del sistema de espionaje verdaderamente escandalosa, sobre todo porque había sido puesto en marcha prácticamente sin rendición de cuentas, sin transparencia, sin límites.

Quienes habían aplicado los miles de programas de vigilancia diferenciados descritos por el archivo nunca quisieron que estos fueran de conocimiento público. Aunque muchos estaban dirigidos a la población norteamericana, montones de países de todo el planeta, entre ellos democracias típicamente aliadas de EE.UU., como Francia, Brasil, la India o Alemania, también habían sido objetivos de la vigilancia masiva indiscriminada.

El archivo de Snowden estaba organizado de forma elegante, si bien era difícil de procesar debido al tamaño y la complejidad. Las decenas de miles de documentos de la NSA habían sido elaborados prácticamente por todas las unidades y subdivisiones del conjunto de la agencia, así como, en algunos casos, por agencias de inteligencia extranjeras en estrecha colaboración. Los documentos eran asombrosamente recientes, casi todos de 2011 y 2012 y varios de 2013, entre ellos algunos fechados en marzo y abril, solo dos meses antes de que nos encontrásemos con Snowden en Hong Kong.

Eran designados «secretos» la inmensa mayoría de los archivos, la mayor parte de los cuales llevaba la marca FVEY, lo cual significaba que se podían distribuir solo entre los cuatro aliados más cercanos a la NSA, la alianza anglófona de los Cinco Ojos compuesta por EE.UU., Gran Bretaña, Canadá, Australia y Nueva Zelanda («FVEY», *five eyes*), aunque algunos eran solo para los ojos de EE.UU. («NOFORN», que significa «no distribución en el extranjero», *no foreign distribution*). Ciertos documentos, como la orden del tribunal FISA [Tribunal de Vigilancia de Inteligencia Extranjera, creado por la Ley de Vigilancia de Inteligencia Extranjera, *Foreign Intelligence Surveillance Act*] que permitía la recogida de registros de llamadas telefónicas o la directriz presidencial de Obama para preparar ciberoperaciones ofensivas, se contaban entre los secretos mejor guardados del gobierno norteamericano.

Descifrar el archivo y el lenguaje de la NSA suponía una pronunciada curva de aprendizaje. La agencia se comunica consigo misma y con sus socios mediante un idiosincrásico lenguaje propio, que es a un tiempo burocrático y rebuscado aunque a veces también jactancioso e irritable. La mayoría de los documentos eran muy técnicos, estaban llenos de nombres cifrados y acrónimos intimidatorios, y, para entenderlos, a veces hacía falta leer otros documentos antes.

De todos modos, Snowden había previsto el problema y proporcionado glosarios de acrónimos y nombres de programas amén de diccionarios internos de la agencia para palabras especializadas. Ciertos documentos eran impenetrables tras una primera, una segunda e incluso una tercera lectura: su trascendencia surgió solo después de que hubiera yo juntado diferentes partes de otros papeles y consultado con algunos de los expertos mundiales más destacados en vigilancia, criptografía, piratería informática, historia de la NSA y el marco legal que rige el espionaje norteamericano.

Para complicar más las cosas estaba el hecho de que los montones de documentos solían estar organizados no por temas sino con arreglo a la sección de la agencia donde se habían originado, y revelaciones espectaculares se mezclaban con grandes cantidades de material trivial o muy técnico. Aunque el *Guardian* ideó un programa para buscar en los archivos por palabras clave, lo cual fue de gran ayuda, dicho programa distaba de ser perfecto. El proceso de asimilación del archivo era desesperantemente lento, y muchos meses después de la primera recepción de documentos, algunos términos y programas seguían requiriendo análisis antes de poder ser revelados de manera segura y coherente.

Pese a esos problemas, lo que los archivos de Snowden dejaban indiscutiblemente al descubierto era una compleja red de vigilancia cuyas víctimas eran norteamericanos (que están explícitamente fuera de la misión de la NSA) y norteamericanos. El archivo ponía de manifiesto los medios técnicos utilizados para interceptar comunicaciones: el acceso de la NSA a servidores de internet, satélites, cables submarinos de fibra óptica, sistemas de telefonía nacionales y extranjeros, y ordenadores personales. Mediante formas de espionaje sumamente invasivas, identificaba a toda clase de individuos, una lista que iba desde supuestos terroristas y sospechosos hasta líderes elegidos democráticamente de países aliados pasando incluso por simples ciudadanos estadounidenses.

Snowden había colocado en primer plano documentos cruciales, de carácter global, y los señalaba como algo especialmente importante, pues estos archivos daban a conocer el extraordinario alcance de la agencia, así como su actividad fraudulenta criminal. El programa del «INFORMANTE SIN LÍMITES» era una de esas primeras revelaciones, según las cuales la NSA cuenta todas las llamadas telefónicas y todos los e-mails recogidos cada día en todo el mundo con una exactitud matemática. Snowden había colocado esos documentos en lugar tan destacado no solo porque cuantificaban el volumen de las llamadas y correos electrónicos recogidos y almacenados por la NSA —literalmente miles de millones al día— sino también porque demostraban que Keith Alexander, jefe de la NSA, y otros funcionarios habían mentido al Congreso. Una y otra vez, diversos agentes de la NSA habían afirmado ser incapaces de proporcionar cifras concretas —exactamente los datos que «INFORMANTE SIN LÍMITES» debía reunir.

Para el período de un mes iniciado el 8 de marzo de 2013, por ejemplo, la diapositiva «INFORMANTE SIN LÍMITES» ponía de manifiesto que una unidad de la NSA, Global Accesss Operations, había recabado datos de más de tres mil millones de llamadas telefónicas y correos electrónicos que habían pasado por el sistema de telecomunicaciones de EE.UU. (DNR, o «Dialed Number Recognition», se refiere a llamadas telefónicas; DNI, o «Digital Network Intelligence», se refiere a comunicaciones de internet, como e-mails.) Esto rebasaba la recopilación de los sistemas de Rusia, México y prácticamente todos los países de Europa, y era aproximadamente igual a la de China. En conjunto, en solo treinta días la unidad había recogido datos de más 97 mil millones de e-mails y 124 mil millones de llamadas telefónicas de todo el mundo. Otro documento «INFORMANTE SIN LÍMITES» detallaba los datos internacionales recopilados a lo largo de un período de treinta días en Alemania (500 millones), Brasil (2.300 millones) y la India (13.500 millones). Y aun otros archivos mostraban recogida de metadatos en colaboración con los gobiernos de Francia (70 millones), España (60 millones), Italia (47 millones), Holanda (1,8 millones), Noruega (33 millones) y Dinamarca (23 millones).

De arriba abajo y de izquierda a derecha
INFORMANTE SIN LÍMITES • Visión general • Total DNI (Digital Network Intelligence: Inteligencia de redes digitales) • Total DNR (Dial Number Recognition: Reconocimiento de números) • SIGADS (SIGINT Activity Designator: Designador de actividades para reunir inteligencia de señales) • Notas sobre casos • Sistemas de procesamiento • Estados Unidos

A pesar de que la NSA se centra por ley en la «inteligencia extranjera», los documentos confirmaban que un objetivo igualmente importante para la vigilancia secreta era el público norteamericano. Esto quedó meridianamente claro con la orden del tribunal FISA del 25 de abril de 2013, que obligaba a Verizon a entregar a la NSA toda la información sobre llamadas telefónicas de sus clientes estadounidenses, los «metadatos de telefonía». Marcada como «NOFORN», el lenguaje de la orden era tan claro como rotundo:

POR LA PRESENTE SE ORDENA que el Custodio de Registros aportará a la Agencia de Seguridad Nacional (NSA), a la recepción de esta orden, y seguirá aportando con regularidad diaria durante la vigencia de esta orden, a menos que el tribunal ordene otra cosa, una copia electrónica de las siguientes cosas tangibles: todos los registros de llamadas o «metadatos de telefonía» creados por Verizon para comunicaciones (i) entre Estados Unidos y el extranjero; o (ii) en el conjunto de Estados Unidos, incluyendo las llamadas locales.

Los metadatos de telefonía comprenden comunicaciones exhaustivas que envían información, incluyendo la de carácter identificador aunque no limitada a esta (por ejemplo, número telefónico de origen y destino, número de Identidad Internacional de Abonado a Móvil [IMSI], número Internacional de Equipamiento Móvil [IMEI], etcétera), el identificador de llamada a larga distancia, los números de las tarjetas de visita y el tiempo y la duración de las llamadas.

El grueso del programa de recopilación telefónica fue uno de los descubrimientos más importantes de un archivo envuelto en toda clase de programas de vigilancia encubiertos, desde el PRISM a gran escala, que conlleva recopilación de datos directamente de los servidores de las principales empresas de internet, y PROJECT BULLRUN, un esfuerzo conjunto entre la NSA y su equivalente británico, el GCHQ, para derrotar a las formas más habituales de encriptación usadas en la protección de transacciones online, hasta iniciativas a menor escala con nombres que reflejan el espíritu despectivo y jactancioso que subyace a los mismos: JIRAFA EGOÍSTA, que capta el navegador Tor, que debe permitir el anonimato en la navegación online; MUSCULAR, un método para invadir redes de Google y Yahoo y OLYMPIA, el programa de vigilancia que ejerce Canadá sobre el Ministerio de Minas y Energía de Brasil.

Cierta proporción de la vigilancia estaba aparentemente dedicada a sospechosos de terrorismo. Sin embargo, una gran parte de los programas no tenían, a todas luces, nada que ver con la seguridad nacional. Los documentos dejaban muy claro que la NSA estaba implicada por igual en el espionaje económico y diplomático y en la vigilancia arbitraria ejercida sobre poblaciones enteras.

Tomado en su totalidad, el archivo de Snowden conducía en última instancia a una conclusión simple: el gobierno de EE.UU. había creado un sistema cuya finalidad era la completa eliminación de la privacidad electrónica en todo el mundo. Lejos de ser una hipérbole, este es el objetivo explícito y literal de un estado policial: asegurarse de que, en este caso, la NSA recoge, almacena, controla y analiza todas las comunicaciones electrónicas entre las personas de todo el mundo. La agencia está dedicada a una misión global: conseguir que ninguna comunicación electrónica escape de sus garras sistémicas.

Este mandato autoimpuesto requiere la incesante expansión del alcance de la NSA. Guiada por su mandato impulsor, la agencia trabaja cada día para identificar comunicaciones que no se recogen ni guardan, y desarrolla nuevos métodos y tecnologías para rectificar las deficiencias. No le hace falta ninguna justificación concreta para reunir comunicaciones electrónicas particulares ni razón alguna para recelar de sus dianas. Todo lo que la NSA denomina «SIGINT» —inteligencia de señales— constituye su objetivo. Y el mero hecho de tener capacidad para obtener estas comunicaciones se ha convertido en sí mismo en otro fundamento lógico para hacerlo.

La NSA, rama militar del Pentágono, es la mayor agencia de inteligencia del mundo, y casi toda su labor de vigilancia se lleva a cabo mediante la alianza de los Cinco Ojos. Hasta principios de 2014, cuando la controversia sobre las informaciones de Snowden ha alcanzado su máxima intensidad, la agencia ha estado dirigida por el general de cuatro estrellas Keith B. Alexander, que la ha supervisado a lo largo de los nueve años anteriores, período en el que la NSA ha ido incrementando agresivamente su tamaño e influencia. En el proceso, Alexander ha llegado a ser lo que el reportero James Bamford definió como «el jefe de inteligencia más poderoso de la historia de la nación».

La NSA «ya era un monstruo de los datos cuando Alexander asumió el mando», señalaba el periodista de *Foreign Policy* Shane Harris, «pero, bajo su dirección, la dimensión, la ambición y la escala de su misión han crecido más allá de lo que jamás hubieran imaginado sus predecesores». Nunca antes «había tenido una agencia del gobierno de EE.UU. la capacidad, así como la autoridad legal, para reunir y guardar tanta información electrónica». Un antiguo funcionario de la administración que había trabajado con el jefe de la NSA contó a Harris que la «estrategia de Alexander» estaba muy clara: «Necesito tener todos los datos.» Y, añadía Harris, «quiere aferrarse a esto todo el tiempo que pueda».

El lema personal de Alexander, «recogerlo todo», transmite a la perfección la finalidad fundamental de la NSA. Empezó a poner su filosofía en práctica en 2005, mientras recopilaba inteligencia de señales relativa a la ocupación de Irak. Tal como indicaba el *Washington Post* en 2013, Alexander acabó muy descontento con la limitada atención de la inteligencia militar norteamericana, concentrada en insurgentes sospechosos y otras amenazas para las fuerzas de EE.UU., enfoque que para el recién nombrado jefe de la NSA era demasiado restringido. «Lo quería todo: todos los mensajes de texto, las llamadas telefónicas y los e-mails iraquíes que los poderosos ordenadores de la agencia pudieran captar.» En consecuencia, el gobierno hizo uso de diversos métodos tecnológicos para reunir todos los datos de las comunicaciones del conjunto de la población iraquí sin hacer distingos.

Alexander concibió a continuación la idea de aplicar este sistema de vigilancia ubicua, creado en un principio para una población extranjera en zona activa de guerra, a los ciudadanos norteamericanos. «Y, como hiciera en Irak, Alexander se ha empleado a fondo para conseguir todo lo necesario», decía el *Post*. «Herramientas, recursos y la autoridad legal que le permitiese reunir y almacenar inmensas cantidades de información básica sobre comunicaciones nacionales y extranjeras.» Así pues, «en sus ocho años al timón de la agencia de vigilancia electrónica del país, Alexander, de 61 años, ha presidido una revolución en la capacidad del gobierno para obtener información en nombre de la seguridad nacional».

La fama de Alexander como extremista de la vigilancia está bien documentada. *Foreign Policy* lo llamaba «el cowboy de la NASA» y describía sus «tremendas ganas, en el límite de la legalidad, de crear lo último en máquinas de espiar». Según *Foreign Policy*, incluso el jefe de la CIA y la NSA de la era Bush, Michael Hayden —que supervisó la puesta en práctica del programa de escuchas ilegales sin orden judicial y es bien conocido por su agresivo militarismo—, a menudo sentía «ardor de estómago» ante el enfoque sin límites de Alexander. Un antiguo funcionario de inteligencia describía así la postura de este último: «No nos preocupemos por la ley. Limitémonos a buscar la manera de hacer el trabajo.» De modo similar, el *Post* comentaba que «incluso sus defensores dicen que la agresividad de Alexander le ha llevado algunas veces a excederse en su autoridad legal».

Aunque algunas de las declaraciones más extremistas de Alexander —como la pregunta rotunda «¿Por qué no podemos recoger todas las señales en todo momento?», que formuló al parecer durante una visita al GCHQ (Cuartel General de Comunicaciones del Gobierno de Reino Unido) en 2008— han sido rechazadas por portavoces de la agencia, que las han calificado de simples ocurrencias desenfadadas sacadas de contexto, los propios documentos de la agencia demuestran que Alexander no bromeaba. Una presentación secreta en la reunión anual de 2011 de la alianza de los Cinco Ojos pone de manifiesto que la NSA adoptó de forma explícita el lema omnisciente de Alexander como finalidad esencial:

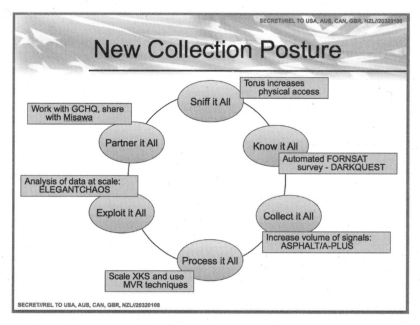

SECRET//REL TO USA, AUS, CAN, GBR, NZL//20320108

En el sentido de las agujas del reloj
Nueva postura sobre la recopilación • Juntarlo todo • Torus incrementa el acceso físico • Saberlo todo • FORNSAT automatizado; inspección DARKQUEST • Recogerlo todo • Aumento de volumen de señales: ASPHALT/A-PLUS • Procesarlo todo • Escala XKS y uso de técnicas MVR • Explotarlo todo • Análisis de datos a escala: ELEGANTCHAOS • Localizarlo todo • Trabajar con GCHQ, compartir con Misawa

Un documento de 2010 presentado a la reunión de los Cinco Ojos por el GCHQ —con referencia a su programa en curso para interceptar comunicaciones por satélite, nombre en clave TARMAC— deja claro que la agencia británica de espionaje también usa esta frase para describir su misión:

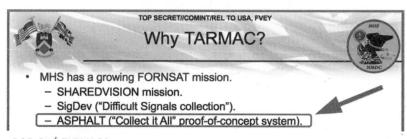

¿POR QUÉ TARMAC?
MHS tiene una misión FORNSAT cada vez mayor
— Misión SHAREDVISION
— SigDev [Signals Development] ("Recogida de señales difíciles")
— ASPHALT (sistema de pruebas de concepto "Recogerlo todo")

Incluso los memorandos internos rutinarios de la NSA invocan el eslogan para justificar la expansión de las capacidades. Un informe de 2009 del director técnico de Operaciones de la NSA ofrece mejoras recientes al lugar de recogida de la agencia en Misawa, Japón:

Planes futuros (U)

(TS//SI//REL) en el futuro, el MSOC espera ampliar el número de plataformas WORDGOPHER para posibilitar la desmodulación de miles de portadores adicionales de índice bajo.

Lo ideal es que estos objetivos sean adecuados para la desmodulación del software. Además, el MSOC ha desarrollado una capacidad para explorar y desmodular automáticamente señales mientras estas se activan en los satélites. Existen muchísimas posibilidades para llevar nuestra empresa un paso más cerca de «recogerlo todo».

Lejos de ser una ocurrencia frívola, «recogerlo todo» define la aspiración de la NSA, objetivo que está cada vez más cer-

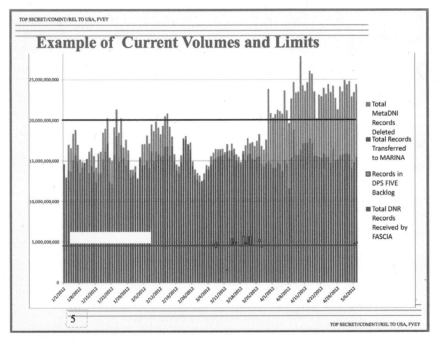

En el sentido de las agujas del reloj
Ejemplo de volúmenes y límites actuales • Total de registros metaDNI borrados • Total de registros transferidos a MARINA • Registros en acumulación DPS FIVE • Total de registros DNR recibidos por FASCIA

ca de alcanzar. La cantidad de llamadas telefónicas, e-mails, chats y actividades online, y metadatos de telefonía recopilados por la NSA es pasmosa. De hecho, como indicaba un documento de 2012, la agencia suele «recoger muchos más contenidos de los que son rutinariamente útiles para los analistas». Desde mediados de 2012, la agencia ha estado procesando *cada día* más de veinte mil millones de comunicaciones (internet y teléfono) en todo el mundo (véase gráfico en p. anterior).

La NSA también lleva a cabo, en cada país individual, un desglose diario que cuantifica el número de llamadas y e-mails recopilados; el gráfico siguiente, para Polonia, refleja, algunos días, más de tres millones de llamadas telefónicas para un total de setenta y un millones en treinta días:

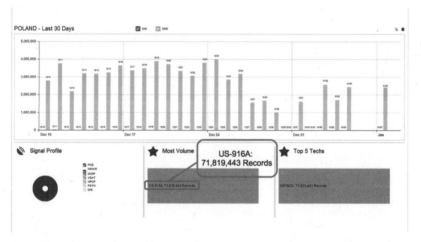

De arriba abajo y de izquierda a derecha
Polonia - Últimos 30 días • Perfil de la señal • Volumen máximo • Registros
• 5 tecnologías principales

El total interno reunido por la NSA es igualmente pasmoso. Antes incluso de las revelaciones de Snowden, en 2010, el *Washington Post* publicó que «diversos sistemas de la Agencia de Seguridad Nacional interceptan y almacenan a diario mil setecientos millones de e-mails, llamadas telefónicas y otras clases de comunicaciones» de los norteamericanos. William Binney, matemático que trabajó para la NSA durante tres décadas y dimitió tras los atentados del 11 de Septiembre en protesta por la mayor atención interna de la agencia, ha realizado numerosas declaraciones sobre la gran cantidad de datos recogidos. En una entrevista de 2012 en *Democracy Now!*, Binney afirmó que «han acumulado del orden de veinte billones de transacciones entre ciudadanos estadounidenses».

Tras las revelaciones de Snowden, el *Wall Street Journal* informó de que el sistema global de interceptación de la NSA «tiene la capacidad para llegar aproximadamente al 75 % de todo el tráfico de internet a la caza de inteligencia extranjera, incluyendo una amplia gama de comunicaciones entre ciudadanos extranjeros y norteamericanos. Hablando de forma anónima, agentes actuales y antiguos de la NSA dijeron al *Journal* que, en algunos casos, la NSA «retiene el contenido escrito de e-mails enviados entre ciudadanos dentro de EE.UU. y filtra asimismo llamadas telefónicas internas realizadas mediante tecnología de internet».

Del mismo modo, el GCHQ de Reino Unido recoge una cantidad de comunicaciones tal que apenas es capaz de guardar lo que tiene. Lo refleja un documento de 2011 elaborado por los británicos:

UK TOP SECRET STRAP 1 COMINT REL TO UK/US/AUS/CAN/NZ EYES ONLY

Knowing what we have - Guiding Light

- GCHQ has massive access to international internet communications

- We receive upwards of 50 *Billion* events *per day* (...and growing)

PIEZA SECRETA 1 DEL REINO UNIDO COMINT (INTELIGENCIA DE COMUNICACIONES) RELATIVA A RU/EE.UU./AUS/CAN/NZ INFORMACIÓN CONFIDENCIAL
SABER LO QUE TENEMOS – GUÍA DE GESTIÓN
• El GCHQ goza de acceso masivo a comunicaciones internacionales de internet
• Recibimos más de 50.000 millones de incidentes cada día (... y van a más)

La NSA está tan obsesionada con recogerlo todo que el archivo de Snowden se ve salpicado de festivos memorandos internos que anuncian algún hito concreto. Esta entrada de diciembre de 2012, correspondiente a un foro interno, por ejemplo, proclama con orgullo que el programa SHELLTRUMPET había procesado la cifra récord de un billón:

(S//SI//REL a EE.UU., FVEY) Procesos SHELLTRUMPET Récord de un billón de metadatos

Por NOMBRE CENSURADO el 31-12-2012 0738

(S//SI//REL a EE.UU., FVEY), el 21 de diciembre de 2012 SHELLTRUMPET procesó su récord de un billón de metadatos. SHELLTRUMPET comenzó como analista de metadatos casi en tiempo real el 8 de diciembre de 2007 para un sistema de recogida CLÁSICO. En sus cinco años de historia, otros sistemas de la agencia han llegado a utilizar las capacidades de procesamiento de SHELLTRUMPET para supervisar actuaciones, mandar consejos de e-mail, avisar a TRAFFICTHIEF o filtrar y compendiar Real Time Regional Gateway (RTRG). Aunque se tardó cinco años en llegar a la marca de un billón, casi la mitad de este volumen fue procesado en ese año civil, y la mitad procedía de DANCINGOASIS de las SSO. En la actualidad, SHELLTRUMPET está procesando dos mil millones de incidentes/día seleccionando SSO (Ram-M, OAKSTAR, sistemas MYSTIC y NCSC), MUSKETEER y sistemas Second Party. En el transcurso de 2013 ampliaremos su alcance a otros sistemas SSO. El billón de registros procesados se ha traducido en 35 millones de avisos a TRAFFICTHIEF.

Para reunir tan enorme cantidad de comunicaciones, la NSA se basa en múltiples métodos, entre ellos, acceder directamente a cables internacionales de fibra óptica (incluidos los submarinos) utilizados para transmitir comunicaciones internacionales, desviar mensajes a depósitos cuando atraviesan el sistema de EE.UU. (como hacen casi todas las comunicaciones mundiales), o cooperar con servicios de inteligencia de otros países para su recopilación. Con creciente frecuencia, la agencia cuenta también con que las empresas de internet y de telecomunicaciones le pasarán la información recogida de sus clientes.

Aunque oficialmente la NSA es un organismo público, mantiene innumerables asociaciones con empresas del sector privado, y muchas de sus funciones básicas han sido externalizadas.

La NSA propiamente dicha da empleo a unas treinta mil personas, pero tiene también contratos con sesenta mil más que pertenecen a compañías privadas. Aunque en realidad prestaba sus servicios para la Dell Corporation, no para la NSA, y el importante contratista de Defensa Booz Allen Hamilton, Snowden, como ocurría en otros casos, trabajaba en las oficinas de la NSA, donde realizaba funciones esenciales, con acceso a sus secretos.

Según Tim Shorrock, que lleva mucho tiempo explicando las relaciones empresariales de la NSA, «el setenta por ciento de nuestro presupuesto de inteligencia se gasta en el sector privado». Cuando Michael Hayden dijo que «la mayor concentración de ciberpoder del planeta se halla en el cruce de la Avenida Baltimore y la Ruta 32 de Maryland», señalaba Shorrock, «estaba refiriéndose no estrictamente a la NSA sino al parque empresarial que hay a unos dos kilómetros carretera abajo, a partir del gigantesco edificio negro que alberga las oficinas centrales de la agencia, en Fort Meade, Maryland, donde los principales contratistas, desde Booz hasta SAIC pasando por Northrop Grumman, llevan a cabo sus labores de vigilancia y espionaje.

Estas asociaciones empresariales sobrepasan a los contratistas de inteligencia y Defensa para incluir a las empresas de telecomunicaciones y de internet más grandes e importantes, precisamente las que manejan la mayor parte de las comunicaciones mundiales y pueden facilitar el acceso a intercambios particulares. Tras describir las misiones de la agencia como «Defensa (Proteger las telecomunicaciones y los sistemas informáticos de EE.UU. de quienes quieran sacar provecho de ellos)» y «Ataque (Interceptar y sacar provecho de señales extranjeras)», un documento secreto de la NSA enumera algunos de los servicios proporcionados por esta clase de compañías:

De arriba abajo

Sociedades estratégicas de la NSA

Alianzas con más de 80 empresas importantes globales que respaldan ambas misiones

• Telecomunicaciones & proveedores de servicios de internet
• Infraestructura de redes
• Plataformas de hardware – Desktops/Servidores
• Sistemas operativos
• Software de aplicaciones
• Hardware & software de seguridad
• Integradores de sistemas

Estas sociedades empresariales, que procuran los sistemas y el acceso de los que depende la NSA, están gestionadas por la secretísima unidad de Operaciones de Fuentes Especiales (SSO), división que las supervisa. Snowden califica las SSO (Special Source Operations) como la «joya de la corona» de la organización.

BLARNEY, FAIRVIEW, OAKSTAR y STORMBREW son algunos de los programas revisados por las SSO en su cartera Acceso Corporativo a Socios (CPA, Corporate Partner Access).

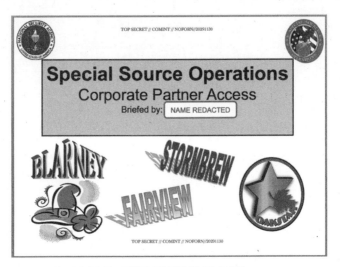

OPERACIONES DE FUENTES ESPECIALES (SSO)
Acceso corporativo a socios
Resumido por [nombre censurado]

Como parte de estos programas, la NSA saca provecho del acceso que ciertas empresas de telecomunicaciones tienen a sistemas internacionales gracias a contratos con telecos extranjeras para crear, mantener y actualizar sus redes. Después, las compañías norteamericanas desvían los datos de comunicaciones del país a almacenes de la NSA.

La finalidad esencial de BLARNEY se refleja en un informe de la NSA:

TOP SECRET // COMINT // NOFORN//20291130

Relationships & Authorities

- Leverage unique key corporate partnerships to gain access to high-capacity international fiber-optic cables, switches and/or routers throughout the world

Relaciones & autoridades
- Utilizar sociedades empresariales clave únicas para lograr acceso a cables internacionales de fibra óptica de gran capacidad, conmutadores y/o routers de todo el mundo

Según la cobertura del *Wall Street Journal* sobre el programa subsiguiente a las revelaciones de Snowden, BLARNEY se basaba en una relación concreta: la que tiene con AT&T. De acuerdo con los propios archivos de la NSA, en 2010 la lista de países seleccionados por BLARNEY incluía Brasil, Francia, Alemania, Grecia, Israel, Italia, Japón, México, Corea del Sur y Venezuela, así como la Unión Europea y las Naciones Unidas.

FAIRVIEW, otro programa SSO, recoge también lo que la NSA publicita como «enormes cantidades de datos» de todo el mundo. Y se basa asimismo en un solo «socio empresarial» y concretamente en el acceso de este a los sistemas de telecomunicaciones de países extranjeros. El resumen interno de la NSA sobre FAIRVIEW es simple y claro:

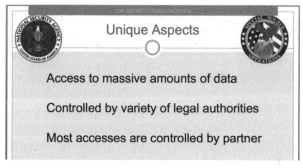

TOP SECRET//COMINT//NOFORN
ASPECTOS ÚNICOS
Acceso a enormes cantidades de datos
Controlado por diversas autoridades legales
La mayoría de los accesos están controlados por socio

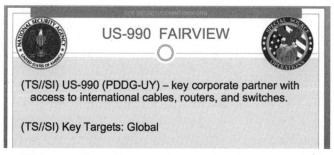

EE.UU. – 990 FAIRVIEW
(TS//SI) US-990 (PDDG-UY) – Socio empresarial clave con acceso a cables internacionales, routers y conmutadores.
(TS//SI) Objetivos clave: global

Según diversos documentos de la NSA, FAIRVIEW «está normalmente entre las cinco primeras fuentes de recogida de la NSA para la producción seriada» —o sea, vigilancia en curso— «y es uno de los más importantes proveedores de metadatos». Su abrumadora dependencia de una teleco se pone de manifiesto en la afirmación de que «aproximadamente el 75 % de la información procede de una sola fuente, lo cual refleja que el acceso único al programa permite una amplia variedad de comunicaciones objetivo». Aunque no se identifica la teleco, una descripción del socio de FAIRVIEW deja clara su disposición a colaborar:

```
FAIRVIEW - Socio corporativo desde 1985 con acceso a cables
int., routers, conmutadores. El socio opera en EE.UU., pero
tiene acceso a información que transita por el país y, mediante
sus relaciones empresariales, proporciona acceso único a otras
telecos y otros ISP (proveedores de servicios de internet).
Implicado dinámicamente en la regulación del tráfico para hacer
llegar señales de interés a nuestros monitores.
```

Gracias a esta cooperación, FAIRVIEW procura por sí mismo inmensas cantidades de información sobre llamadas telefónicas. Un gráfico relativo a Polonia, correspondiente a un período de treinta días que comienza el 10 de diciembre de 2012, pone de manifiesto que solo este programa fue responsable de la recogida de unos doscientos millones de registros diarios —en treinta días, más de seis mil millones de registros (las barras claras correspon-

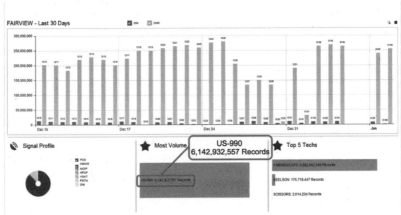

FAIRVIEW - Últimos 30 días • Perfil de la señal • Volumen máximo • Registros • 5 tecnologías principales

den a «DNR», llamadas telefónicas, y las oscuras a «DNI», actividad en internet (véase gráfico en p. anterior).

Para recoger estos miles de millones de registros telefónicos, las SSO colaboran tanto con los socios corporativos de la NSA como con agencias gubernamentales extranjeras, por ejemplo, los servicios de inteligencia polacos:

```
(TS//SI//NF) ORANGECRUSH, parte del programa OAKSTAR bajo la
cartera empresarial de las SSO, comenzó a enviar metadatos
desde una página web de un tercero (Polonia) a depósitos de la
NSA desde el 3 de marzo, y contenidos desde el 25 de marzo.
Este programa es un esfuerzo de colaboración entre SSO, NCSC,
ETC, FAD, un socio empresarial de la NSA y una división del
gobierno polaco. Los polacos conocen ORANGECRUSH como
BUFFALOGREEN. Esta sociedad multigrupal inició su andadura en
mayo de 2009 e incorporará el proyecto OAKSTAR de ORANGEBLOSSOM
y su capacidad de DNR. El nuevo acceso proporcionará SIGINT
desde enlaces comerciales gestionados por el socio corporativo
de la NSA, y se prevé que incluya comunicaciones del ejército
nacional afgano, Oriente Medio, parte del continente africano y
Europa. Se ha mandado una notificación a SPRINGRAY; esta
recopilación está disponible para segundas partes a través
de TICKETWINDOW.
```

Del mismo modo, el programa OAKSTAR aprovecha el acceso de uno de los «socios» corporativos de la agencia (nombre en clave: STEELKNIGHT) a los sistemas extranjeros de telecomunicaciones, utilizando este acceso para desviar datos a sus propios almacenes. Otro socio (nombre en clave: SILVERZEPHYR) aparece en un documento del 11 de noviembre de 2009 que describe la labor realizada con la empresa para obtener «comunicaciones internas» de Brasil y Colombia:

```
SILVERZEPHYR FAA [FISA Amendments Act] DNI Acceso iniciado en
NSAW (TS//SI//NF)
Por NOMBRE CENSURADO el 6 de noviembre de 2009 0918
(TS//SI//NF) El jueves 5 de noviembre de 2011, el acceso SSO-
OAKSTAR SILVERZEPHYR (SZ) empezó a enviar registros FAA DNI a
NSAW mediante el sistema FAA WealthyCluster2/Tellurian instalado
en la página del socio. SSO se coordinó con la Oficina de Flujo
de Datos y mandó numerosos archivos de muestra a una partición de
prueba para su validación, que resultó totalmente satisfactoria.
SSO seguirá controlando el flujo y la recogida para garantizar
que se identifica y se corrige cualquier anomalía si así se
```

requiere. SILVERZEPHYR seguirá suministrando recopilación DNR en tránsito de los clientes. SSO está trabajando con el socio para conseguir acceso a unos adicionales 80Gb de datos DNI en sus redes interpares, a base de incrementos de 10 Gb. El equipo OAKSTAR, con el apoyo de NSAT y GNDA, completó recientemente una inspección SIGINT de 12 días en el sitio, que identificó más de 200 enlaces nuevos. Durante la inspección, GNDA trabajó con el socio para verificar el output de su sistema ACS. OAKSTAR también está colaborando con NSAT para examinar instantáneas tomadas por el socio en Brasil y Colombia, que quizá contengan comunicaciones internas de esos países.

Entretanto, el programa STORMBREW, dirigido en «estrecha asociación con el FBI», da a la NSA acceso a internet y al tráfico telefónico que entra en suelo norteamericano por varios «cuellos de botella». Saca partido del hecho de que casi todo el tráfico mundial de internet fluye en algún momento por la infraestructura de comunicaciones de EE.UU., un subproducto residual del papel central desempeñado por EE.UU. en la creación de internet. Algunos de estos cuellos de botella se identifican mediante seudónimos:

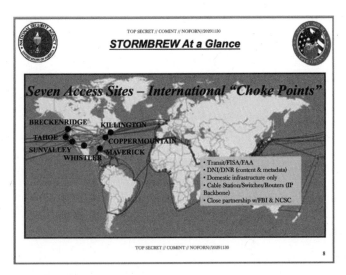

De arriba abajo
STORMBREW de un vistazo
Siete sitios de acceso – "Cuellos de botella" internacionales
• Tránsito/FISA/FAA • DNI/DNR (contenido & metadatos)
• Solo infraestructura interna • Estación de cable/conmutadores/routers (red IP) • Asociación estrecha c/FBI & NCSC

Según la NSA, STORMBREW «se compone actualmente de relaciones muy delicadas con dos proveedores norteamericanos de telecomunicaciones (cuyos seudónimos son ARTIFICE y WOLFPOINT)». Más allá de su acceso a cuellos de botella con sede en EE.UU., «el programa STORMBREW gestiona también dos puntos de conexión terrestre del cable submarino: uno en la costa oeste de EE.UU. (BRECKENBRIDGE), y el otro en la costa este (QUAILCREEK)».

Como atestigua la profusión de seudónimos, la identidad de los socios empresariales es uno de los secretos mejor guardados de la NSA. La agencia protege celosamente los documentos que contienen la clave de estos nombres cifrados, y Snowden era incapaz de hacerse con muchos de ellos. No obstante, sus revelaciones desvelaron la identidad de algunas empresas que colaboraban con la NSA. En especial, el archivo incluía los documentos relativos al programa PRISM, que especificaban los acuerdos secretos entre la NSA y las empresas de internet más importantes del mundo —Facebook, Yahoo!, Apple, Google— amén de los grandes esfuerzos de Microsoft para procurar a la agencia acceso a sus plataformas de comunicaciones, como Skype o Outlook.

A diferencia de BLARNEY, FAIRVIEW, OAKSTAR y STORMBREW, que se dedican a aprovecharse de cables de fibra óptica y otras formas de infraestructura (vigilancia «ascendente», en la jerga de la NSA), PRISM permite a la NSA recopilar datos directamente de los servidores de nueve de las principales empresas de internet:

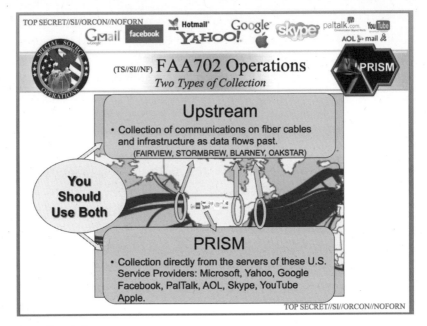

De arriba abajo
(TS//SI//NF) Operaciones FAA702
Dos clases de recogida
Ascendente
• Recogida de comunicaciones en cables de fibra e infraestructuras a medida que los datos fluyen.
  (FAIRVIEW, STORMBREW, BLARNEY, OAKSTAR)
• Hay que utilizar ambos
• PRISM
• Recogida directamente de servidores de estos proveedores de servicios en EE.UU.: Microsoft, Yahoo, Google, Facebook, PalTalk, AOL, Skype, YouTube, Apple.

Las empresas enumeradas en la diapositiva de PRISM negaban permitir a la NSA acceso ilimitado a sus servidores. Facebook y Google sostenían que solo daban información sobre la que la NSA tuviera una orden judicial y describían PRISM como poco más que un detalle técnico insignificante: un sistema de entrega ligeramente actualizado en virtud del cual la NSA recibe datos en una «caja fuerte» que las compañías están legalmente obligadas a proporcionar.

Sin embargo, esta explicación falla en numerosos aspectos. Para empezar, sabemos que en los tribunales Yahoo! se opuso enérgicamente a los intentos de la NSA de obligarle a sumarse a PRISM; un esfuerzo curioso si el programa era solo un detalle insignificante de un sistema de entrega. (Las pretensiones de Yahoo! fueron rechazadas por el tribunal FISA, que ordenó a la empresa a participar en PRISM.) En segundo lugar, Bart Gellman, del *Washington Post*, tras recibir duras críticas por «haber exagerado» el impacto de PRISM, volvió a investigar el programa y confirmó que se atenía a la afirmación fundamental del *Post*: «Desde sus terminales de trabajo en todo el mundo, empleados gubernamentales autorizados para acceder a PRISM quizás "operen" el sistema —es decir, realicen una búsqueda— y obtengan resultados de una empresa de internet sin interacción alguna con el personal de dicha empresa.»

En tercer lugar, las negativas de las empresas estaban a todas luces expresadas de una manera evasiva y legalista, y en vez de aclarar las cosas más bien las confundían. Por ejemplo, Facebook, que afirmaba no procurar «acceso directo», mientras que Google negaba haber creado una «puerta de atrás» para la NSA. Pero, como dijo Chris Soghoian, experto de la ACLU a *Foreign Policy*, se trataba de palabras muy técnicas que denotaban medios muy específicos para obtener información. En última instancia, las empresas no negaron haber trabajado con la NSA para crear un sistema mediante el cual la agencia pudiera acceder a los datos de sus clientes.

Por último, la NSA propiamente dicha ha elogiado una y otra vez a PRISM por sus excepcionales capacidades de recogida, y ha señalado que el programa ha sido fundamental para incrementar la vigilancia. Una diapositiva de la NSA expone en detalle los especiales poderes de vigilancia de PRISM:

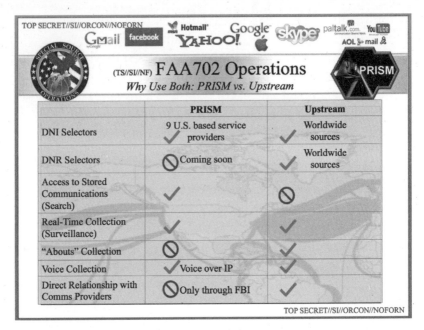

(TS//SI//NF) FAA702 Operations
Why Use Both: PRISM vs. Upstream

	PRISM	Upstream
DNI Selectors	✓ 9 U.S. based service providers	✓ Worldwide sources
DNR Selectors	🚫 Coming soon	✓ Worldwide sources
Access to Stored Communications (Search)	✓	🚫
Real-Time Collection (Surveillance)	✓	✓
"Abouts" Collection	🚫	✓
Voice Collection	✓ Voice over IP	✓
Direct Relationship with Comms Providers	🚫 Only through FBI	✓

TOP SECRET//SI//ORCON//NOFORN

De arriba abajo por líneas
(TS//SI//NF) Operaciones FAA702

Por qué usamos ambos: PRISM vs. Ascendente

PRISM • Ascendente • Selectores de DNI • 9 proveedores de servicios con base en EE.UU. • Fuentes de todo el mundo • Selectores de DNR • Próximamente • Fuentes de todo el mundo • Acceso a comunicaciones almacenadas (búsqueda) • Recogida en tiempo real (vigilancia) • Recogida sobre "paradero" • Recogida de voz • Voz superpuesta a IP • Relación directa con proveedores de comunicaciones • Solo a través del FBI

Otra detalla la amplia gama de comunicaciones a las que la NSA puede acceder gracias a PRISM:

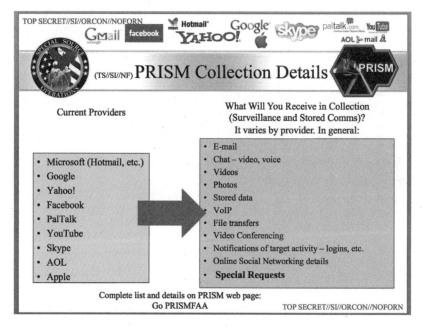

De arriba abajo y por columnas
(TS//SI//NF) Detalles de la recogida de PRISM
Proveedores actuales • ¿Qué se recibe en la recogida (vigilancia y comunicaciones almacenadas)? Depende del proveedor. En general: • E-mail • Chat – vídeo, voz • Vídeos • Fotos • Datos almacenados • VoIP [voz superpuesta a IP] • Transferencias de archivos • Videoconferencias • Notificaciones de actividad objetivo-control de acceso • Detalles online de redes sociales • Solicitudes especiales • Lista completa y detalles en página web de PRISM: ir a PRISMFAA

Múltiples diapositivas de la NSA detallan cómo el programa PRISM ha mejorado de manera inexorable y sustancial la labor de recogida de la agencia:

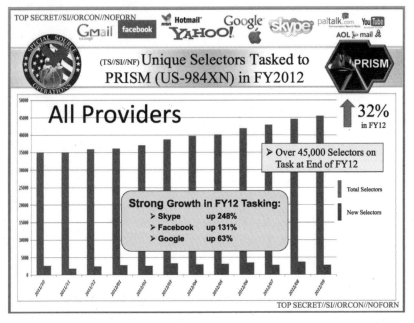

De arriba abajo y de izquierda a derecha
(TS//SI//NF) Selectores únicos asignados a PRISM (US-984XN) en FY2012
Todos los proveedores • 32% en FY12 • Más de 45.000 selectores en la tarea al final de FY12 • Gran crecimiento en tareas FY12 • Selectores totales • Selectores nuevos

En su sistema de mensajes internos, la división de Operaciones de Fuentes Especiales suele elogiar la importancia de la recopilación de datos de PRISM. Un mensaje del 19 de noviembre de 2012 lleva por título «PRISM amplía su impacto: métrica FY12»:

> (TS//SI//NF) PRISM (US-984XN) amplió su impacto en sus informes a la NSA en FY12 mediante un aumento en las tareas y mejoras operativas y en la recogida. He aquí algunos aspectos destacados del programa FY12 PRISM:
>
> PRISM es la fuente de recopilación más citada en los informes de producto final de primera parte de la NSA. Otros

informes de productos de la NSA se basaban más en PRISM que en ningún otro SIGAD individual para todos los informes de primera parte de la NSA durante FY12: citado en el 15,1% de todos los informes (subiendo desde el 14% en FY11). PRISM fue citado en el 13,4% de los informes a la NSA de primera, segunda y tercera parte (subiendo desde 11,9% en FY11), y es también el SIGAD más citado en general.
   Número de informes de producto final basados en PRISM emitidos en FY12: 24.096, un 27% más respecto a FY11.
   Porcentaje de informes de fuente única en FY12 y FY11: 74%.
   Número de informes de producto derivados de recogida de PRISM y citados como fuentes en artículos del Informe Diario del Presidente en FY12: 1.477 (18% de todos los informes SIGINT citados como fuentes en artículos PDB — SIGAD individual máxima para la NSA). En FY11: 1.152 (15% de todos los informes SIGINT citados como fuentes en artículos PDB — SIGAD individual máxima para la NSA).
   Número de elementos esenciales de información aportados en FY12: 4.186 (32% de todos los EEI para todas las necesidades de información); 220 EEI abordados exclusivamente por PRISM.
   Asignaciones: El número de selectores asignados creció un 32% en FY12 y 45.406 en septiembre de 2012.
   Gran éxito en la recogida y el procesamiento de Skype; objetivos alcanzados de gran valor.
   Más dominios de e-mail abordable por PRISM: desde solo 40 a 22.000.

Este tipo de proclamas congratulatorias no respaldan la idea de que PRISM sea solo un detalle técnico insignificante y ponen de manifiesto que los desmentidos de colaboración por parte de Silicon Valley son mentira. De hecho, al informar sobre el programa PRISM tras las revelaciones de Snowden, el *New York Times* describía un montón de negociaciones secretas entre la NSA y Silicon Valley sobre la cuestión de proporcionar a la agencia acceso sin restricciones a los sistemas de las compañías. «Cuando llegaron a Silicon Valley funcionarios gubernamentales a exigir métodos más sencillos mediante los cuales las principales empresas de internet entregaran datos de usuarios como parte de un programa secreto de vigilancia, las empresas se irritaron», informaba el *Times.* «Sin embargo, al final muchas cooperaron al menos un poco.» En concreto:

Twitter se negó a ponérselo fácil al gobierno. Pero, según ciertas personas que informaron sobre las negociaciones, otras empresas fueron más dóciles. Entablaron conversaciones con funcionarios de la seguridad nacional sobre desarrollo de métodos técnicos para compartir de manera más eficiente y segura los datos personales de usuarios extranjeros en respuesta a solicitudes gubernamentales legales. Y en algunos casos modificaron sus sistemas informáticos a tal fin.

Estas negociaciones, decía el *New York Times*, «ilustran el grado de complejidad de la colaboración entre el gobierno y las compañías tecnológicas así como la profundidad de sus operaciones entre bastidores». El artículo también ponía en entredicho la afirmación de las empresas de que solo proporcionaban a la NSA acceso si este era impuesto legalmente: «Aunque entregar datos en respuesta a una solicitud legítima del tribunal FISA es una obligación legal, no lo es ayudar al gobierno a obtener la información, razón por la cual Twitter pudo negarse a hacerlo.»

La afirmación de que las empresas de internet entregan a la NSA solo información requerida por vía legal tampoco es especialmente significativa. Esto se debe a que la NSA necesita conseguir una orden individual solo si quiere seleccionar específicamente una persona de EE.UU. No hace falta ninguna autorización especial para conseguir datos de comunicaciones de cualquier no norteamericano en suelo extranjero, *aunque esté comunicándose con norteamericanos*. Del mismo modo, en la mayor parte de la recogida de datos por la NSA no hay controles ni límites debido a la interpretación gubernamental de la Patriot Act, tan abierta que incluso los autores originales de la ley se quedaron escandalizados al enterarse de cómo estaba utilizándose.

Quizá donde se percibe mejor la estrecha colaboración entre la NSA y las empresas privadas es en ciertos documentos relativos a Microsoft, reveladores de los grandes esfuerzos de la compañía para procurar a la NSA acceso a varios de sus servicios online más utilizados, entre ellos SkyDrive, Skype y Outlook.com.

SkyDrive, que permite a la gente guardar sus archivos online y acceder a ellos desde diversos dispositivos, tiene más de 250 millones de usuarios en todo el mundo. «Consideramos importante que tengas control sobre quién puede y quién no puede acceder a tus datos personales en la nube», proclama la página web SkyDrive de Microsoft. No obstante, como detalla un documento de la NSA, Microsoft dedicó «muchos meses» a proporcionar al gobierno un acceso más fácil a estos datos:

```
(TS//SI//NF) SSO Destacado — Recogida Skydrive Microsoft
actualmente parte de la recogida estándar de comunicaciones
almacenadas de PRISM

Por NOMBRE CENSURADO el 8 de marzo de 2013 1500

(TS//SI//NF) Con inicio el 7 de marzo de 2013, actualmente
PRISM recoge datos de Microsoft Skydrive como parte de un
paquete de recopilación estándar de comunicaciones
almacenadas para un selector asignado de la Sección 702 de la
Amendments Act de FISA. Esto significa que los analistas ya
no tendrán que hacer una solicitud especial a SSO para eso,
un paso del que quizá muchos no habían oído hablar. Esta
nueva capacidad se traducirá en una respuesta de recogida
mucho más completa y oportuna de SSO para nuestros clientes
de Enterprise. Este éxito resulta de los muchos meses de
colaboración del FBI con Microsoft para consolidar esta
solución de recogida y asignación de tareas. «Skydrive es un
servicio en la nube que permite a los usuarios guardar y
acceder a sus archivos mediante diversos dispositivos. El
servicio incluye también una aplicación gratuita de refuerzo
del programa Microsoft Office, de modo que el usuario es
capaz de crear, editar y ver archivos de Word, PowerPoint y
Excel sin tener instalado HS Office.» (fuente: S314 wiki)
```

A finales de 2011, Microsoft compró Skype, el servicio de chat y teléfono basado en la conexión a internet, con más de 663 millones de usuarios registrados. En el momento de la compra, Microsoft aseguró a los usuarios que «Skype está comprometida a respetar tu privacidad y la confidencialidad de tus datos personales, el tráfico y el contenido de las comunicaciones». Sin embargo, como Microsoft sin duda sabía, el gobierno también podía acceder fácilmente a esos datos. A principios de 2013, en el sistema de la NSA hubo múltiples mensajes que celebraban la continua mejora en el acceso a las comunicaciones de los usuarios de Skype:

(TS//SI//NF) Capacidad de comunicaciones almacenadas
de New Skype para PRISM
Por NOMBRE CENSURADO el 3 de abril de 2013 0631

(TS//SI//NF) PRISM tiene una nueva capacidad de recogida: las
comunicaciones almacenadas de Skype. Las comunicaciones
almacenadas de Skype contendrán datos excepcionales que no se
obtienen mediante recogida de vigilancia normal en tiempo
real. Las SSO esperan recibir listas de amigos, información
sobre tarjetas de crédito, registros de datos de llamadas,
información de cuentas de usuarios y otros materiales.
El 29 de marzo de 2013, las SSO enviaron aproximadamente
2.000 selectores de Skype para la adjudicación de
comunicaciones almacenadas en el SV41 y la Unidad de
Vigilancia de Comunicaciones Electrónicas (ECSU) del FBI.
El SV41 había estado trabajando con antelación en la
adjudicación de los selectores de máxima prioridad y tenía
unos 100 para que la ECSU los evaluara. El SV41 habría
tardado varias semanas en conseguir que se aprobaran los
2.000 selectores, y la ECSU seguramente tardará más en
conceder las aprobaciones. Desde el 2 de abril, la ECSU había
aprobado que se mandaran más de 30 selectores a Skype para
labores de recogida. En menos de dos años la recogida de
Skype PRISM ha labrado un nicho vital en la cobertura de la
NSA sobre el terrorismo, la oposición y el régimen sirios,
teniendo como temas principales los informes sobre series
ejec./especiales. Desde abril de 2011 se han emitido más de
2.000 informes basándose en la recogida de Skype PRISM,
siendo el 70% de ellos fuente única.

(TS//SI//NF) SSO expande la capacidad de PRISM para
seleccionar Skype
Por NOMBRE CENSURADO el 3 de abril de 2013 0629

(TS//SI//NF) El 15 de marzo de 2013, el programa PRISM de SSO
empezó a asignar todos los selectores de Microsoft PRISM a
Skype porque Skype permite a los usuarios entrar en el
sistema usando identificadores de cuenta además de nombres de
usuario. Hasta ahora, PRISM no recogía datos de Skype cuando
el usuario entraba utilizando cualquier cosa distinta del
nombre de usuario de Skype, lo que se traducía en una
recogida perdida; ahora esto se mitigará. De hecho, un
usuario puede crear una cuenta de Skype mediante cualquier
dirección de e-mail en cualquier dominio del mundo. En la
actualidad, UTT no permite a los analistas asignar estas
direcciones electrónicas no-Microsoft a PRISM; no obstante,
las SSO tienen intención de arreglar esto este verano.
Entretanto, la NSA, el FBI y el Departamento de Justicia se

han coordinado durante los últimos seis meses para lograr que
PRINTAURA acceda a enviar todos los selectores Microsoft
PRISM actuales y futuros a Skype. Esto ha dado como resultado
que unos 9.800 selectores se enviaran a Skype, por lo que se
ha recibido una recogida satisfactoria que de otro modo se
habría perdido.

Esta colaboración no solo se llevó a cabo sin transparencia, sino que además contradecía las declaraciones públicas efectuadas por Skype. Según Chris Soghoian, experto en tecnología de la ACLU, las revelaciones sorprenderían a muchos clientes de Skype. «En el pasado, Skype hizo a los usuarios promesas positivas sobre su incapacidad para llevar a cabo escuchas telefónicas», decía. «Es difícil conciliar la cooperación secreta de Microsoft y la NSA con los notables esfuerzos de la empresa por competir con Google en privacidad.»

En 2012, Microsoft empezó a actualizar su portal de e-mail, Outlook.com, para fusionar todos sus servicios de comunicaciones, incluido el utilizadísimo Hotmail, en un programa central. La empresa promocionó el nuevo Outlook prometiendo elevados niveles de encriptación a fin de proteger la privacidad, para lo cual lanzó campañas con eslóganes como «tu privacidad es nuestra prioridad». A la NSA enseguida le preocupó que la encriptación ofrecida por Microsoft a los clientes de Outlook impidiera a la agencia espiar las comunicaciones. Un memorándum sobre SSO del 22 de agosto de 2012 refleja cierta inquietud al decir que «el uso de este portal significa que el e-mail que surja del mismo estará encriptado con el ajuste predeterminado» y que «las sesiones de chat llevadas a cabo dentro del portal también estarán encriptadas cuando ambos comunicantes utilicen un chat codificado de Microsoft».

Sin embargo, esta preocupación fue algo pasajero. En el espacio de pocos meses, las dos entidades se reunieron e idearon métodos para que la NSA sorteara las mismas protecciones de encriptación que Microsoft estaba anunciando públicamente como vitales para la protección de la privacidad:

(TS//SI//NF) Microsoft hace público un servicio nuevo, que
afecta a la recogida FAA 702
Por NOMBRE CENSURADO el 26 de diciembre de 2012 0811

(TS//SI//NF) El 31 de julio, Microsoft (MS) empezó a
encriptar chats de internet con la introducción del
nuevo servicio Outlook.com. Esta nueva Capa de
Conexión Segura (SSL, Secure Socket Layer) impide realmente
la recogida del nuevo servicio a la FAA [FISA Amendments Act]
702 y probablemente 12333 (en cierta medida) a la comunidad
de inteligencia (IC). MS, en colaboración con el FBI,
desarrolló una capacidad de vigilancia para hacer frente a la
nueva SSL. La solución se evaluó satisfactoriamente y empezó
a ponerse en práctica el 12 de diciembre de 2012. La solución
SSL se aplicó a todo el FISA actual y a las necesidades 702/
PRISM; no se requerían cambios en los procedimientos de UTT.
La solución SSL no recopila voz/vídeo de servidores ni
transferencias de archivos. El sistema de recogida MS Legacy
permanecerá en su sitio para reunir transferencias de
archivos y voz/vídeo. Como consecuencia de ello, se producirá
cierta recogida por duplicado de chats basados en texto de
los sistemas nuevo y Legacy, que se abordará en fecha
posterior. La CES (Consumer Electronic Association) ya ha
advertido un aumento del volumen de recogida como
consecuencia de esta solución.

Otro documento describe más colaboración entre el FBI y Microsoft para garantizar a la agencia que las nuevas características de Outlook no entorpecerían sus labores de vigilancia: «La Unidad Tecnológica de Interceptación de Datos del FBI (DITU) está trabajando con Microsoft para entender un rasgo adicional de Outlook.com que permite a los usuarios crear alias de e-mails, lo cual quizás afectará a nuestras tareas... Para atenuar el problema, están en marcha actividades compartimentadas y de otra clase.»

Encontrar esta mención de la vigilancia del FBI en el archivo de documentos internos de la NSA de Snowden no fue un hecho aislado. Toda la comunidad de inteligencia es capaz de acceder a la información recogida por la NSA: como rutina, comparte su inmenso tesoro de datos con otras agencias, entre ellas el FBI y la CIA. Un objetivo capital de la tremenda recogida de datos de la NSA era precisamente incrementar la difusión de información por todas partes. De hecho, casi todos los documentos pertenecientes a los diversos programas de recogida mencionan la inclusión de otras unidades de inteligencia. Esta entrada de 2012 de la unidad SSO de la NSA sobre datos PRISM compartidos declara con júbilo que «¡PRISM es un deporte de equipo!»:

(TS//SI//NF) Incremento de cooperación PRISM con la CIA y el FBI
Por NOMBRE CENSURADO el 31 de agosto de 2012 0947

(TS//SI//NF) Recientemente, las Operaciones de Fuentes Especiales (SSO) han incrementado su colaboración con la Oficina Central de Investigaciones (FBI) y la Agencia Central de Inteligencia (CIA) sobre las operaciones con PRISM en dos proyectos. Mediante estos esfuerzos, las SSO han creado un entorno para trabajar en equipo y compartir información en el conjunto de la comunidad de inteligencia respecto a las operaciones con PRISM. En primer lugar, el equipo PRINTAURA de SSO resolvió un problema de la Dirección de Inteligencia de Señales (SID) elaborando software que automáticamente confeccionaría cada dos semanas una lista de selectores de PRISM, que entregaría al FBI y la CIA. Esto permite a nuestros socios ver qué selectores ha asignado a PRISM la Agencia de Seguridad Nacional (NSA). A continuación, el FBI y la CIA pueden solicitar a cualquier selector una copia de la recogida de PRISM, algo a lo que tienen derecho según la Amendments Act Law de la Foreign Intelligence Surveillance Act [Ley de Enmiendas a la Ley de Vigilancia de Inteligencia Extranjera] de 2008 (FISA). Antes del trabajo de PRINTAURA, la SID estuvo proporcionando al FBI y la CIA listas incompletas e imprecisas, lo que impedía a nuestros socios hacer pleno uso del programa PRISM. PRINTAURA se ofreció a reunir los datos detallados relacionados con cada selector desde ubicaciones múltiples y armarlo todo en una forma utilizable. En el segundo proyecto, hace poco que el PRISM Mission Program Manager (MPM) empezó a enviar noticias y sugerencias operativas de PRISM al FBI y la CIA para que sus analistas pudieran asignar tareas a PRISM debidamente, ser conscientes de cambios y apagones, y optimizar el uso de PRISM. El MPM coordinó un acuerdo del equipo de la Amendments Act de la Foreign Intelligence Surveillance Act de la SID (FAA) para compartir esta información con carácter semanal, lo cual ha sido bien recibido y valorado. ¡Estas dos actividades ponen de relieve la cuestión de que PRISM es un deporte de equipo!

La recogida ascendente (de cables de fibra óptica) y la recogida directa de los servidores de internet (PRISM) dan cuenta de la mayoría de los registros recogidos por la NSA. No obstante, además de esta vigilancia generalizada, la NSA también lleva a cabo lo que denomina «Explotación de la Red de Ordenadores» (CNE), para lo cual instala malware (software malicioso) en ordenadores individuales para vigilar a sus usuarios. Cuando la agencia consigue introducir ese malware, es capaz, en la terminología de la NSA, de «poseer» el ordenador: para ver todas las teclas pulsadas y todo lo que aparece en pantalla. La división de Operaciones de Acceso a Medida (TAO) es la responsable de estas actividades; de hecho, es la unidad de *hackers* de la agencia.

La práctica del hacking es generalizada por derecho propio: según un documento de la NSA, la agencia ha conseguido infectar al menos cincuenta mil ordenadores individuales con un tipo de malware llamado «Quantum Insertion». Un mapa (véase en p. siguiente) muestra los lugares donde se han realizado esta clase de operaciones y el número de inserciones satisfactorias:

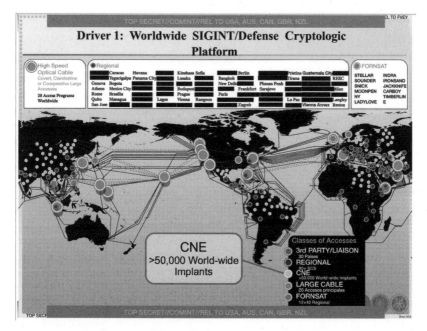

De arriba abajo y de izquierda a derecha
Driver 1: SIGINT Mundial/Plataforma Criptológica de Defensa
Cable óptico de alta velocidad. Acesos disimulados, clandestinos o corporativos
20 programas de acceso en todo el mundo • CNE: > 50.000 implantes en el mundo
• Clases de accesos • Enlace/Tercero • Regional • CNE - Cable grande • FORNSAT
(Foreign Satellite Collection) • CNE > 50.000 implantes en todo el mundo

Partiendo de los documentos de Snowden, el *New York Times* informó que la NSA ha implantado este software concreto «en casi 100.000 ordenadores de todo el mundo». Aunque por lo general el malware se instala «tras lograr acceso a redes de ordenadores, la NSA utiliza cada vez más una tecnología secreta que le permite entrar y modificar datos en ordenadores aunque no estén conectados a internet».

Más allá de su trabajo con empresas de telecomunicaciones y empresas de internet dóciles, la NSA también ha actuado en connivencia con gobiernos extranjeros para crear su sistema de vigilancia de gran alcance. En líneas generales, la NSA tiene tres categorías diferentes de relaciones exteriores: la primera es el grupo de los Cinco Ojos; EE.UU. espía con esos países pero casi nunca en ellos, a menos que se lo pidan funcionarios de dichos países; en el segundo nivel hay países con los que la NSA trabaja para llevar a cabo proyectos específicos de vigilancia aunque también los espía de forma exhaustiva; el tercer grupo se compone de países en los que EE.UU. espía habitualmente y con los que casi nunca coopera.

En el grupo de los Cinco Ojos, el aliado más estrecho de la NSA es el GCHQ británico. Como señalaba el *Guardian* basándose en documentos proporcionados por Snowden, «el gobierno de EE.UU. ha pagado al menos 100 millones de libras a la agencia de espionaje GCHQ de Reino Unido a lo largo de los tres últimos años para asegurarse acceso e influencia en los programas de recogida de inteligencia británicos». Estos pagos eran un aliciente para que el GCHQ apoyase la agenda de vigilancia de la NSA. «El GCHQ tendrá que poner de su parte y deberá verse que pone de su parte», decía un informe secreto de estrategia del GCHQ.

Los integrantes de los Cinco Ojos comparten la mayoría de sus actividades de vigilancia y celebran cada año una reunión de Desarrollo de Señales donde alardean de su expansión y sus éxitos del año anterior. De la alianza de los Cinco Ojos, el director adjunto de la NSA, John Inglis, ha dicho lo siguiente: «Practican la inteligencia en muchos aspectos de una manera combinada; en esencia, nos aseguramos mejorar las capacidades respectivas para beneficio de todos.»

Muchos de los programas de vigilancia más invasivos son llevados a cabo por los socios de los Cinco Ojos, un número considerable de los cuales corresponden al GCHQ.

Son de especial interés los esfuerzos conjuntos de la agencia británica y la NSA para analizar las técnicas comunes de encriptación utilizadas para proteger transacciones personales en internet, como, por ejemplo, operaciones bancarias online o recuperación de historiales médicos. El éxito de las dos agencias en la creación de una puerta trasera de acceso a estos sistemas de encriptación no solo les permitió enterarse de asuntos privados de las personas, sino también debilitar los sistemas de todo el mundo, con lo que estos se volvían más vulnerables a *hackers* malintencionados y otras agencias de inteligencia extranjeras.

El GCHQ también ha realizado interceptaciones masivas de datos de comunicaciones a partir de cables submarinos de fibra óptica. Con un programa llamado «Tempora», el GCHQ desarrolló la «capacidad de acceder a grandes cantidades de datos sacados de cables de fibra óptica y guardarlos durante 30 días para que pudieran ser cribados y analizados», decía el *Guardian*, y el «GCHQ y la NSA son, por consiguiente, capaces de acceder y procesar inmensas cantidades de comunicaciones de personas totalmente inocentes». Los datos interceptados abarcan toda clase de actividad online, incluyendo «registros de llamadas telefónicas, contenidos de mensajes de correo electrónico, entradas en Facebook o el historial de accesos a páginas web de cualquier usuario de internet».

Las actividades de vigilancia del GCHQ son exactamente igual de exhaustivas —y tienen la misma patente de corso— que las de la NSA. Como señala el *Guardian*:

> La pura escala de la ambición de la agencia queda reflejada en los títulos de sus dos principales componentes, Dominio de Internet y Explotación de las Telecomunicaciones Globales, dirigidos a recoger cuanto sea posible online y del tráfico telefónico. Todo esto está llevándose a cabo al margen de cualquier conocimiento o debate público.

Canadá es también un socio importante de la NSA y una activa fuerza de vigilancia a título propio. En la reunión SigDev [Signal Development] de 2012, el Centro de Comunicaciones y Seguridad de Canadá (CSEC) presumió de haber espiado en el Ministerio de Minas y Energía de Brasil, organismo brasileño que regula la industria de mayor interés para las empresas canadienses:

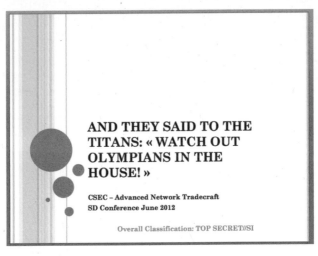

AND THEY SAID TO THE TITANS: « WATCH OUT OLYMPIANS IN THE HOUSE! »

CSEC – Advanced Network Tradecraft
SD Conference June 2012

Overall Classification: TOP SECRET//SI

De arriba abajo
Y DIJERON A LOS TITANES: "¡VIGILAD A LOS OLÍMPICOS EN CASA!"
• CSEC – Métodos avanzados de espionaje en redes
• Conferencia SD de junio de 2012
• Clasificación general: TOP SECRET//SI

OLYMPIA & THE CASE STUDY

CSEC's Network Knowledge Engine

Various data sources
Chained enrichments
Automated analysis

Brazilian Ministry of Mines and Energy (MME)

New target to develop
Limited access/target knowledge

Advanced Network Tradecraft - CSEC   TOP SECRET // SI

De arriba abajo
OLYMPIA & ESTUDIO DE CASO
• Instrumento de conocimiento en redes de CSEC
• Varias fuentes de datos
• Enriquecimientos encadenados
• Análisis automatizado
• Ministerio de Minas y Energía de Brasil (MME)
• Nuevo objetivo a desarrollar
• Acceso limitado/conocimiento de los objetivos

Hay pruebas de cooperación generalizada CSEC/NSA, entre ellas los esfuerzos de Canadá por crear en todo el mundo puestos de espionaje para vigilar comunicaciones a instancias y en beneficio de la NSA, así como para espiar a socios comerciales seleccionados por la agencia.

TOP SECRET//SI//REL USA, FVEY

National Security Agency/
Central Security Service

3 April 2013

Information Paper

Subject: (U//FOUO) NSA Intelligence Relationship with Canada's Communications Security Establishment Canada (CSEC)

TOP SECRET//SI//REL TO USA, CAN

(U) What NSA provides to the partner:

(S//SI//REL TO USA, CAN) SIGINT: NSA and CSEC cooperate in targeting approximately 20 high-priority countries ▮▮▮▮▮▮▮▮▮▮▮▮▮▮▮▮▮▮▮▮▮▮▮▮▮▮▮ NSA shares technological developments, cryptologic capabilities, software and resources for state-of-the-art collection, processing and analytic efforts, and IA capabilities. The intelligence exchange with CSEC covers worldwide national and transnational targets. No Consolidated Cryptologic Program (CCP) money is allocated to CSEC, but NSA at times pays R&D and technology costs on shared projects with CSEC.

(U) What the partner provides to NSA:

(TS//SI///REL TO USA, CAN) CSEC offers resources for advanced collection, processing and analysis, and has opened covert sites at the request of NSA. CSEC shares with NSA their unique geographic access to areas unavailable to the U.S. ▮▮▮▮▮▮▮▮▮▮▮▮▮▮▮▮ and provides cryptographic products, cryptanalysis, technology, and software. CSEC has increased its investment in R&D projects of mutual interest.

TOP SECRET//SI//REL EE.UU., FVEY
Agencia de Seguridad Nacional/Servicio Central de Seguridad
3 de abril de 2013
Documento de información

Tema: (U//FOUO [For Official Use Only – Solo para uso oficial]) Relación de Inteligencia NSA con Centro de Comunicaciones y Seguridad de Canadá (CSEC)

(U) Lo que la NSA proporciona al socio:
(S//SI//REL a EE.UU., CAN) SIGINT: la NSA y el CSEC cooperan centrándose en unos 20 países de alta prioridad. [...] La NSA comparte desarrollos tecnológicos, capacidades criptológicas, software y recursos para recogida de última generación, procesamientos y esfuerzos analíticos, así como capacidades IA [Information Assurance – Garantías sobre la información]. El intercambio de inteligencia con el CSEC comprende objetivos nacionales y transnacionales en todo el mundo. El CSEC no tiene asignado ningún Programa Criptológico Consolidado (CCP), pero a veces la NSA paga gastos R&D [Research and Development [Investigación y desarrollo] y tecnológicos de proyectos compartidos con el CSEC.

(U) Lo que el socio proporciona a la NSA:
(TS//SI//REL a EE.UU., CAN) El CSEC ofrece recursos para recogida avanzada, procesamiento y análisis, y ha creado emplazamientos encubiertos a petición de la NSA. El CSEC comparte con la NSA su acceso geográfico único a áreas inabordables para EE.UU. [...] y procura productos criptográficos, criptoanálisis, tecnología y software. El CSEC ha incrementado su inversión en proyectos R&D de interés mutuo.

La relación entre los Cinco Ojos es tan estrecha que los gobiernos miembros colocan los deseos de la NSA por encima de la privacidad de sus propios ciudadanos. Por ejemplo, el *Guardian* informaba de un memorándum de 2007 según el cual existía un acuerdo «que permitía a la agencia "desenmascarar" y guardar datos personales antes vedados sobre británicos». Además, en 2007 cambiaron las reglas «para autorizar a la NSA a analizar y retener números de fax y de móviles de ciudadanos británicos, e-mails y direcciones IP recogidos por su red de captura».

Dando un paso más allá, en 2011, el gobierno australiano suplicó explícitamente a la NSA que ampliara su «sociedad» y sometiera a sus propios ciudadanos a una mayor vigilancia. En una carta del 21 de febrero, el subdirector interino de la Dirección de Señales de Defensa de la Inteligencia australiana (DSD) escribió a la Dirección de Inteligencia de Señales de la NSA, que Australia «actualmente afronta una amenaza siniestra y resuelta procedente de extremistas "del país" activos tanto dentro del territorio nacional como en el extranjero». Solicitaba una mayor vigilancia de las comunicaciones de ciudadanos australianos considerados sospechosos por el gobierno.

Aunque por nuestra cuenta hemos dedicado un considerable esfuerzo analítico y de recogida de datos a detectar y sacar provecho de estas comunicaciones, las dificultades que tenemos para obtener acceso regular y fiable a las mismas ejerce un impacto negativo sobre nuestra capacidad para detectar y evitar acciones terroristas, al tiempo que disminuye nuestras posibilidades de proteger la vida y la seguridad de los ciudadanos australianos y las de nuestros amigos y aliados.

Hemos disfrutado de una larga y muy fructífera relación con la NSA en la obtención de acceso minimizado a la recogida autorizada de Estados Unidos en nuestros valiosísimos objetivos terroristas en Indonesia. Este acceso ha sido clave en los esfuerzos de la DSD por desbaratar y contener las capacidades operativas de los terroristas de la región tal como se evidencia en la reciente detención de Umar Patek, el terrorista fugitivo responsable de los atentados de Bali.

Agradeceríamos mucho la ampliación de esta asociación con la NSA para que incluya al creciente número de australianos involucrados en actividades extremistas internacionales, en concreto gente vinculada a AQAP [Al Qaeda en la península Arábiga].

Aparte de los socios de los Cinco Ojos, el siguiente nivel de cooperación se produce con los aliados de «grado B» de la NSA: países que mantienen una colaboración limitada con la NSA y son a la vez seleccionados para vigilancia agresiva no solicitada. La NSA ha perfilado con claridad estos dos grados de alianza:

CONFIDENTIAL//NOFORN//20291123

TIER A Comprehensive Cooperation	Australia Canada New Zealand United Kingdom
TIER B Focused Cooperation	Austria Belgium Czech Republic Denmark Germany Greece Hungary Iceland Italy Japan Luxemberg Netherlands Norway Poland Portugal South Korea Spain Sweden Switzerland Turkey

De arriba abajo
columna izquierda
CONFIDENCIAL//NOFORN//20291123
GRADO A Cooperación exhaustiva
• GRADO B Cooperación específica

Mediante distintas designaciones (refiriéndose al Grado B como «terceras partes» o «terceros»), un documento más reciente de la NSA correspondiente al año fiscal 2013 —«Foreign Partner Review» [Revisión Socios Extranjeros]— muestra una lista creciente de socios de la NSA, entre los que se cuentan organizaciones internacionales como la OTAN:

De arriba abajo y de izquierda a derecha
TOP SECRET//COMINT//REL EE.UU., AUS., CAN., GBR., NZL.
Socios SIGINT aprobados
Segundos • Terceros • Coaliciones/Multilaterales • AFSC • OTAN • SSEUR SSPAC

Como pasa con el GCHQ, la NSA suele mantener estas relaciones pagando a los socios para que desarrollen tecnologías y se impliquen en la vigilancia, y así puede dirigir el modo de llevar a cabo la labor de espionaje. En el documento «Foreign Partner Review» del año fiscal 2012 aparecen numerosos países que han recibido pagos de esta clase, entre ellos Canadá, Israel, Japón, Jordania, Pakistán, Taiwán y Tailandia:

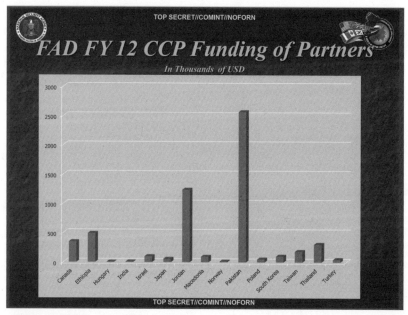

TOP SECRET//COMINT//NOFORN

FAD FY 12 CCP Funding of Partners
In Thousands of USD

TOP SECRET//COMINT//NOFORN

De arriba abajo
TOP SECRET//COMINT//NOFORN
FAD [Foreign Affairs Directorate – Dirección de Asuntos Exteriores] FY 12 CCP
Financiación de socios • En miles de dólares americanos

En concreto, la NSA mantiene con Israel una relación de vigilancia que a menudo conlleva una cooperación tan estrecha como la de los Cinco Ojos, si no más a veces. Un Memorándum de Acuerdo entre la NSA y los servicios de inteligencia israelíes detalla la manera en que EE.UU. toma la inhabitual medida de compartir rutinariamente inteligencia sin procesar sobre comunicaciones de ciudadanos norteamericanos. Entre los datos proporcionados a Israel se cuentan «transcripciones no evaluadas y no minimizadas, contenidos esenciales, facsímiles, télex, voz y metadatos de DNI».

Lo que vuelve todo esto especialmente atroz es que el material es enviado a Israel sin haber pasado por el proceso legalmente requerido de «minimización». Se supone que los procesos de minimización garantizan que cuando la vigilancia masiva de la NSA recoge datos de comunicaciones que ni siquiera las amplias directrices de la agencia permiten reunir, esta información se destruye lo antes posible y no se difunde más. Según la ley, los requisitos de minimización ya tienen muchas lagunas, incluyendo exenciones para «información significativa de inteligencia extranjera» o «cualquier prueba de delito». Pero si se trata de difundir datos entre la inteligencia israelí, al parecer la NSA ha prescindido de todas estas legalidades.

El memorándum es rotundo: «La NSA envía regularmente a la ISNU [Unidad Nacional Israelí de SIGINT] datos sin procesar minimizados y no minimizados.»

Poniendo de relieve que un país puede ser a la vez objetivo y socio de vigilancia, un documento de la NSA sobre la historia de la cooperación con Israel señalaba «cuestiones de confianza que giran alrededor de operaciones ISR [Intelligence, Surveillance and Reconnaissance – Inteligencia, vigilancia y reconocimiento] anteriores», e identificaba a Israel como uno de los servicios de vigilancia más agresivos contra EE.UU.:

> (TS///SI//REL) Hay también algunas sorpresas... Francia apunta al Departamento de Defensa de EE.UU. para recoger inteligencia técnica, e Israel también. Por un lado, los israelíes son buenísimos socios SIGINT nuestros, pero por otro nos espían para enterarse de nuestras posturas sobre los problemas de Oriente Medio. Una NIE [Estimación de Inteligencia Nacional] clasificaba el suyo como el tercer servicio de inteligencia más agresivo contra EE.UU.

El mismo informe señalaba que, a pesar de la estrecha relación entre las agencias de inteligencia norteamericana e israelí, la amplia información proporcionada a Israel por EE.UU. obtenía poco a cambio. La inteligencia israelí solo quería reunir datos que fueran de su interés. Tras las quejas de la NSA, la asociación se adaptó «casi en su totalidad» a las necesidades de Israel:

> Equilibrar el intercambio SIGINT entre las necesidades norteamericanas e israelíes ha sido un desafío constante. En la última década, podría decirse que se ha decantado marcadamente a favor de las preocupaciones israelíes por la seguridad. Tras el 11-S, la única relación verdadera de la NSA con un tercero estuvo condicionada casi totalmente por las necesidades del socio.

En otro peldaño inferior, por debajo de los Cinco Ojos y de los países de «segundo grado» como Israel, el tercer grado se compone de países que suelen ser objetivos pero nunca socios de EE.UU. en los programas de espionaje. Entre ellos se incluyen, como era de esperar, gobiernos considerados adversarios, como los de China, Rusia, Irán, Venezuela y Siria; pero también otros cuya condición oscila entre la de amigo y neutral, como Brasil, México, Argentina, Indonesia, Kenia y Sudáfrica.

Cuando salieron a la luz las revelaciones sobre la NSA, el gobierno de EE.UU. intentó defender sus acciones diciendo que, a diferencia de lo que ocurre con los ciudadanos extranjeros, los norteamericanos están protegidos contra la vigilancia de la NSA sin orden judicial. El 18 de junio de 2013, el presidente Obama dijo a Charlie Rose lo siguiente: «Lo que puedo afirmar sin lugar a dudas es que si eres una persona de EE.UU., la NSA no puede escuchar tus llamadas telefónicas... por ley, a no ser que... ellos acudan a un tribunal y consigan una orden y busquen causas probables, como ha sido siempre.» El representante del Partido Republicano del Comité de Inteligencia de la Cámara, Mike Rogers, dijo de modo similar a la CNN que la NSA «no está escuchando las llamadas telefónicas de los norteamericanos. Si lo hiciera, sería ilegal. Sería infringir la ley».

Se trataba de una línea de defensa bastante vieja: decirle, en resumidas cuentas, al resto del mundo que la NSA viola efectivamente la privacidad de los no americanos. Al parecer, la protección privada es solo para los ciudadanos de EE.UU. Este mensaje provocó tal escándalo internacional que incluso el presidente de Facebook, Mark Zuckerberg, nada sospechoso de defender la privacidad a ultranza, se quejó de que el gobierno de EE.UU. «había metido la pata» en su respuesta al escándalo de la NSA, pues estaba haciendo peligrar los intereses de las empresas internacionales de internet: «El gobierno dijo que no nos preocupásemos, que no estaba espiando a ningún norteamericano. Magnífico, vaya consuelo para las compañías que estamos intentando trabajar con personas del mundo entero. Gracias por salir y dejarlo claro. Ha estado muy mal, la verdad.»

Aparte de ser una estrategia extraña, la afirmación era también falsa a todas luces. De hecho, contrariamente a los repetidos desmentidos del presidente Obama y sus máximos funcionarios, la NSA intercepta de forma continuada el contenido de las comunicaciones de muchísimos ciudadanos norteamericanos, sin órdenes judiciales individuales sobre «causa probable» que justifiquen la vigilancia. Ello se debe a que la ley FISA de 2008, como se ha señalado antes, permite a la NSA examinar el contenido de las comunicaciones —sin orden judicial individual— siempre y cuando se hayan producido con un ciudadano extranjero vigilado. La NSA califica esto como recogida «fortuita», como si el hecho de que la agencia hubiera espiado a ciudadanos norteamericanos sin permiso fuera una especie de casualidad. Pero esto es falso. Como explicaba Jameel Jaffer, subdirector de asuntos jurídicos de la ACLU:

> El gobierno suele decir que esta vigilancia de las comunicaciones de los norteamericanos es «fortuita», lo que viene a sonar como si la vigilancia de la NSA de las llamadas telefónicas y los e-mails fuera involuntaria y, desde la perspectiva del gobierno, incluso lamentable.
>
> Sin embargo, cuando el Congreso preguntó a los funcionarios de la administración Bush acerca de este nuevo poder de vigilancia, estos respondieron categóricamente que las comunicaciones de los norteamericanos eran las que más les interesaban. Véase, por ejemplo, «FISA para el siglo XXI, Sesión Ante las Comunidades de Seguridad sobre el Poder Judicial, 109.º Congreso (2006)» (declaración de Michael Hayden), donde queda claro que ciertas comunicaciones «con un extremo en Estados Unidos son las más importantes para nosotros».
>
> El principal objetivo de la ley de 2008 era permitir que el gobierno recogiera comunicaciones internacionales de los norteamericanos, y eso sin referencias a si algún participante en estas comunicaciones estaba haciendo algo ilegal. Y aunque buena parte de la defensa del gobierno pretende ocultar este hecho, se trata de algo crucial: el gobierno no necesita «poner en la diana» a los norteamericanos para recopilar ingentes cantidades de comunicaciones suyas.

Jack Balkin, profesor de derecho en la Universidad de Yale, coincidió en que la ley FISA de 2008 concedía realmente al presidente autoridad para aplicar un programa «similar en sus efectos al programa de vigilancia sin orden judicial» que había sido puesto en marcha a escondidas por George Bush. «Estos programas incluyen inevitablemente muchas llamadas telefónicas realizadas o recibidas por norteamericanos que acaso no tengan absolutamente ninguna relación con el terrorismo ni con Al Qaeda.»

Para desacreditar aún más las afirmaciones de Obama, contamos con la postura servil del tribunal FISA ante la NSA al conceder casi todas las peticiones de vigilancia presentadas por la agencia. Los defensores de la NSA suelen publicitar los procesos judiciales FISA como pruebas de la supervisión a que está sometida la agencia. No obstante, el tribunal se había creado como algo cosmético y no como un auténtico mecanismo de control del gobierno, y para apaciguar el enfado público ante los abusos de vigilancia desvelados en la década de 1970 daba la impresión de estar reformándose.

La inutilidad de la institución como verdadero inspector de los abusos de vigilancia es evidente: el tribunal FISA no tiene prácticamente ninguno de los atributos que en nuestra sociedad suelen considerarse propios de un sistema judicial. Se reúne totalmente en secreto, sus resoluciones son calificadas automáticamente como «secretas», y se permite asistir y exponer sus argumentos solo a una parte, el gobierno. Resulta revelador que durante años estuvo alojado en el Departamento de Justicia, lo cual dejaba descaradamente clara su función como organismo integrado en el poder ejecutivo y no como tribunal independiente con una verdadera labor supervisora.

Los resultados han sido exactamente los que cabía esperar; el tribunal casi nunca rechaza solicitudes concretas de la NSA para vigilar a ciudadanos norteamericanos. Desde sus inicios, FISA ha dado el visto bueno final: en sus primeros veinticuatro años de existencia, desde 1978 a 2002, el tribunal ha rechazado un total de cero peticiones —cero— del gobierno y aprobado muchos miles. En los diez años posteriores, hasta 2012, el tribunal ha denegado solo once solicitudes gubernamentales; en conjunto, ha cursado más de veinte mil solicitudes.

Una de las disposiciones de la ley FISA de 2008 exige que el poder ejecutivo notifique al Congreso el número de solicitudes de escuchas secretas que el tribunal recibe y luego aprueba, modifica o rechaza. Según la notificación de 2012, el tribunal aprobó todas y cada una de las 1.788 peticiones de vigilancia electrónica que examinó, de las cuales «modificó» —es decir, limitó el alcance de la orden— cuarenta; solo el 3%.

Solicitudes realizadas al Tribunal de Vigilancia de Inteligencia Extranjera durante el año civil 2012 (sección 107 de la Ley, 50 U.S.C. § 1807)

Durante el año civil 2012, el gobierno presentó 1.856 solicitudes al Tribunal de Vigilancia de Inteligencia Extranjera (el FISC) para poder llevar a cabo vigilancia electrónica y/o búsquedas físicas con objetivos en la inteligencia extranjera. Entre las 1.856 peticiones se incluyen las realizadas únicamentse para vigilancia electrónica, las realizadas únicamente para búsqueda física, y las combinadas que solicitan autorización para vigilancia electrónica y búsqueda física. De estas, 1.789 pedían autorización para realizar vigilancia electrónica.

De estas 1.789 solicitudes, el gobierno retiró una. El FISC no denegó ninguna, ni en parte ni en su totalidad.

Ocurrió prácticamente lo mismo en 2011, cuando la NSA presentó 1.676 solicitudes, y el tribunal FISA, aunque modificó 30, «no denegó ninguna, ni en parte ni en su totalidad».

La sumisión del tribunal a la NSA se pone de manifiesto también en otros datos estadísticos. Por ejemplo, tenemos la reacción del tribunal FISA, a lo largo de los últimos seis años, ante diversas solicitudes de la NSA para conseguir, en virtud de la Patriot Act, registros comerciales —telefónicos, económicos o médicos— de ciudadanos norteamericanos:

Gov't surveillance requests to FISA court		
Year	Number of business records requests made by U.S. Gov't	Number of requests rejected by FISA court
2005	155	0
2006	43	0
2007	17	0
2008	13	0
2009	21	0
2010	96	0
2011	205	0

[Source: Documents released by ODNI, 18/Nov/2013]

De arriba abajo y de izquierda a derecha
Peticiones de vigilancia del gobierno al tribunal FISA
• Año • Número de solicitudes de registros comerciales presentadas por el gobierno de EE.UU. • Número de peticiones rechazadas por el tribunal FISA • [Fuente: documentos hechos públicos por ODNI [Oficina del director de Inteligencia Nacional, 18/nov/2013]

Así pues, incluso en los limitados casos en que hace falta la aprobación del tribunal FISA para interceptar las comunicaciones de alguien, el proceso tiene más de pantomima que de control significativo sobre la NSA.

Otra capa de supervisión de la NSA la proporcionan aparentemente los Comités de Inteligencia del Congreso, creados también tras los escándalos de vigilancia de la década de 1970, aunque se muestran aún más inactivos que el tribunal FISA. Aunque se supone que han de llevar a cabo «supervisión legislativa vigilante» de la comunidad de inteligencia, en realidad estos comités están actualmente dirigidos por los más fervientes partidarios de la NSA en Washington: la demócrata Dianne Feinstein en el Senado y el republicano Mike Rogers en la Cámara. En vez de ejercer alguna clase de control antagonista sobre las actuaciones de la NSA, los comités de Feinstein y Rogers existen sobre todo para defender y justificar cualquier cosa que haga la agencia.

Como dijo en diciembre de 2013 Ryan Lizza en un artículo del *New Yorker*, «en vez de procurar supervisión, el comité del Senado suele dar... a los funcionarios de inteligencia de alto rango trato de galán de cine». Los observadores de las sesiones del comité sobre actividades de la NSA se quedaban una y otra vez boquiabiertos al ver a los senadores «interrogar» a los funcionarios de la NSA cuando estos comparecían. Por lo general, las preguntas consistían en poco más que largos monólogos de los senadores sobre sus recuerdos del 11 de Septiembre y lo importantísimo que era evitar futuros atentados. Renunciaban a la oportunidad de preguntar a esos funcionarios y de cumplir con sus responsabilidades de supervisión, en vez de lo cual hacían propaganda a favor de la NSA. Esta ha sido la verdadera función del comité durante la pasada década.

De hecho, a veces los presidentes de los comités del Congreso han defendido a la NSA más enérgicamente incluso que sus propios agentes. En agosto de 2013, dos miembros del Congreso —el demócrata Alan Grayson, de Florida, y el republicano Morgan Griffith, de Virginia— se pusieron en contacto conmigo por separado para quejarse de que el Comité Permanente de la Cámara sobre Inteligencia les impedía —a ellos y a otros diputados— el acceso a la información más básica sobre la NSA. Me entregaron sendas cartas escritas a la oficina del presidente Rogers en las que solicitaban información acerca de los programas que aparecían publicados en los medios, y que habían sido ignoradas de forma reiterada.

Tras la publicación de los artículos sobre Snowden, unos cuantos senadores de ambos partidos que llevaban tiempo preocupados por los abusos en las cuestiones de vigilancia aunaron esfuerzos para redactar leyes que impusieran limitaciones en los poderes de la agencia. Pero estos reformadores, dirigidos por el senador demócrata Ron Wyden, de Oregón, se toparon enseguida con un obstáculo: los esfuerzos de los defensores de la NSA en el Senado para aprobar leyes que reflejaran solo la apariencia de reforma mientras que en realidad mantenían o aumentaban el poder de la NSA. Como escribió en noviembre Dave Wiegel en *Slate*:

> Los críticos de los programas de vigilancia y recogida masiva de datos por parte de la NSA nunca se han preocupado por la *inacción* del Congreso. Esperaban que al Congreso se le ocurriese algo que se pareciera a una reforma, pero en realidad codificaban y excusaban las

prácticas expuestas y ridiculizadas. Eso es lo que pasaba siempre: cada enmienda o reautorización de la Patriot Act de EE.UU. de 2001 ha creado más puertas de atrás que muros.

«Nos enfrentaremos a la típica brigada compuesta de miembros influyentes de la inteligencia gubernamental, sus aliados del mundo intelectual y los thinktanks [*sic*], funcionarios jubilados y legisladores fieles», avisó el mes pasado el senador Ron Wyden, de Oregón. «Su jugada final es garantizar que cualquier reforma de la vigilancia sea solo superficial... Las protecciones de la privacidad que no protegen realmente la privacidad no valen siquiera lo que el papel en el que están impresas.»

La facción de «reforma falsa» fue encabezada por Dianne Feinstein, precisamente la senadora encargada de la principal supervisión sobre la NSA. Feinstein lleva tiempo siendo devota partidaria de la industria de la seguridad nacional de EE.UU., lo que se evidencia en su vehemente apoyo a la guerra de Irak o su firme respaldo a los programas de la NSA en la era Bush. Su esposo, entretanto, tiene una importante responsabilidad en diversas empresas contratistas militares. Sin duda, Feinsten era una opción lógica para dirigir un comité que afirma llevar a cabo supervisión sobre la comunidad de inteligencia pero que lleva años desempeñando la función contraria.

Así pues, pese a todos los desmentidos del gobierno, la NSA no tiene limitaciones importantes respecto a quién puede vigilarla y cómo. Incluso cuando ha habido estas limitaciones siquiera de nombre —cuando el objetivo de vigilancia son ciudadanos norteamericanos—, el proceso ha sido en buena medida estéril. La NSA es definitivamente una agencia de bribones: con poder para hacer lo que quiera sin apenas control, transparencia ni obligación de rendir cuentas.

En términos generales, la NSA recoge dos clases de información: contenido y metadatos. «Contenido» se refiere aquí a la interceptación de llamadas telefónicas, e-mails y chats online, así como a la recogida de actividad general en internet, como historiales de navegadores y labores de búsqueda. Por su parte, la recogida de «metadatos» alude a la acumulación de datos sobre estas comunicaciones. La NSA lo llama «información sobre contenido (pero no el contenido en sí)».

Los metadatos sobre un e-mail registran, por ejemplo, quién mandó el correo a quién, el tema y la ubicación del remitente. En lo relativo a las llamadas telefónicas, la información incluye las identidades del que llama y del que recibe la llamada, la duración de la conversación y con frecuencia los emplazamientos y los tipos de aparatos utilizados. En un documento sobre llamadas telefónicas, la NSA daba una idea general de los metadatos a los que accedía y que almacenaba:

SECRET//COMINT//NOFORN//20320108

Communications Metadata Fields in ICREACH

(S//NF) NSA populates these fields in PROTON:
- Called & calling numbers, date, time & duration of call

(S//SI//REL) ICREACH users will see telephony metadata* in the following fields:

DATE & TIME
DURATION – Length of Call
CALLED NUMBER
CALLING NUMBER
CALLED FAX (CSI) – Called Subscriber ID
TRANSMITTING FAX (TSI) – Transmitting Subscriber ID
IMSI – International Mobile Subscriber Identifier
TMSI – Temporary Mobile Subscriber Identifier

IMEI – International Mobile Equipment Identifier
MSISDN – Mobile Subscriber Integrated Services Digital Network
MDN – Mobile Dialed Number
CLI – Call Line Identifier (Caller ID)
DSME – Destination Short Message Entity
OSME – Originating Short Message Entity
VLR – Visitor Location Register

SECRET//COMINT//NOFORN//20320108

De arriba abajo y de izquierda a derecha
Campos de metadatos de comunicaciones en ICREACH
(S//NF) La NSA puebla estos campos en PROTON:
• Números solicitado y solicitante, fecha, hora y duración de la llamada
(S//SI//REL) Los usuarios de ICREACH verán metadatos* de telefonía en los campos siguientes:
FECHA & HORA
DURACIÓN (de la llamada)
NÚMERO SOLICITADO
NÚMERO SOLICITANTE
FAX SOLICITADO (CSI) - ID Abonado solicitado
FAX EMISOR (TSI) - ID Abonado emisor

IMSI - n.º de Identidad Internacional de Abonado a móvil
TMSI - n.º de Identidad Temporal de Abonado a Móvil

IMEI - n.º Internacional de Equipamiento Móvil
MSISDN - Red Digital de Servicios Integrados de Abonado a Móvil
MDN - Número Marcado de Móvil
CLI - n.º de la Línea de Llamada (ID del que llama)
DSME - Mensaje Corto en Destino Entidad
OSME - Mensaje Corto en Origen Entidad
VLR - Registro de Localización de Visitas

El gobierno de EE.UU. ha insistido en que buena parte de la vigilancia revelada en el archivo de Snowden se refiere a la recogida de «metadatos, no contenido», dando a entender que este tipo de espionaje no es intrusivo, no en el mismo grado, al menos, que interceptar contenidos. En *USA Today*, Dianne Feinstein ha sostenido explícitamente que la recopilación de metadatos de «registros telefónicos» de todos los norteamericanos «no tiene nada de vigilancia», pues «no recoge el contenido de ninguna comunicación».

Estos argumentos falaces ocultan el hecho de que la vigilancia de metadatos puede ser más intrusiva que la interceptación de contenidos, y a menudo lo es más. Si el gobierno conoce a todas las personas a las que uno llama y a las que le llaman a uno, además de la duración exacta de estas conversaciones; si puede hacer una lista con todos los e-mails, todos los corresponsales electrónicos, todas las ubicaciones adonde uno manda sus e-mails y la duración de las conversaciones telefónicas, puede crear un cuadro completísimo de la vida de una persona, de sus relaciones y actividades, incluyendo parte de la información más íntima y privada.

En una declaración jurada presentada por la ACLU que ponía en entredicho la legalidad del programa de recogida de metadatos de la NSA, el profesor de ciencia informática de Princeton Edward Felten explicaba por qué la vigilancia de metadatos puede ser especialmente significativa:

> Veamos el siguiente ejemplo hipotético: una mujer joven llama a su ginecólogo; a continuación llama a su madre y luego a un hombre al que en los últimos meses ha telefoneado una y otra vez a partir de las

once de la noche; a eso sigue una llamada a un centro de planificación familiar donde también se realizan abortos. Surge un probable guion que no habría sido tan evidente si solo se hubiera examinado el registro de una única llamada.

Siquiera con una sola llamada telefónica, los metadatos pueden ser más informativos que el contenido de la misma. Imaginemos el caso de una mujer que llama a una clínica donde se practican abortos. La escucha secreta de su llamada telefónica quizá revele solo la concertación o confirmación de una cita en una clínica con un nombre genérico («Clínica del East Side» o «consultorio del doctor Jones»). Sin embargo, los metadatos dejan ver mucho más: la identidad de las personas que reciben la llamada. Lo mismo sucede con las llamadas a un especialista en VIH, a un centro de gays y lesbianas o a una línea de ayuda a suicidas. Los metadatos también descubrirán una conversación entre un activista de los derechos humanos y un informante de un régimen represivo o a una fuente confidencial que revelará a un periodista fechorías de alto nivel. Si uno llama con frecuencia a última hora de la noche a alguien que no es su cónyuge, los metadatos lo reflejarán. Es más, en ellos quedará constancia no solo de las personas con quien uno intenta comunicarse y la frecuencia, sino también de todas las personas con las que se comunican sus amigos y colegas, lo que genera un cuadro exhaustivo de la red de relaciones.

De hecho, como señala el profesor Felten, las escuchas secretas de llamadas pueden resultar bastante difíciles debido a diferencias lingüísticas, al uso de argot o de códigos, a las divagaciones y a otras cuestiones que, de forma deliberada o por casualidad, confunden el significado. «El contenido de las llamadas es mucho más difícil de analizar de una manera automatizada a causa de su naturaleza poco estructurada», alegaba. En comparación, los metadatos son matemáticos: nítidos, precisos y, por tanto, fáciles de analizar. En palabras de Felten, a menudo son «apoderados del contenido».

... los metadatos de telefonía pueden... dejar al descubierto muchísimas cosas relativas a costumbres y asociaciones. Los patrones de llamada reflejan si alguien está despierto o dormido, sus creencias religiosas si no suele hacer llamadas los sábados o hace muchas el día de Navidad, sus hábitos de trabajo y aptitudes sociales, el número de amigos que tiene e incluso sus filiaciones civiles y políticas.

En resumen, escribe Felten, «la recogida masiva de datos permite al gobierno no solo obtener información sobre más personas, sino también enterarse de hechos nuevos, antes privados, de los que no habría sabido nada» si se hubiera recogido información únicamente de unos cuantos individuos concretos.

La preocupación por los muchos usos que el gobierno podría hallar para esta clase de información delicada está especialmente justificada, pues, contrariamente a las reiteradas afirmaciones del presidente Obama y de la NSA, está ya claro que una porción considerable de las actividades de la agencia no tiene nada que ver con las operaciones antiterroristas, ni siquiera con la seguridad nacional. Gran parte del archivo de Snowden desvelaba lo que solo cabe denominar como «espionaje económico»: escuchas e interceptación de e-mails del gigante petrolero brasileño Petrobras, de reuniones económicas en Latinoamérica, de empresas eléctricas de Venezuela y México, así como espionaje efectuado por aliados de la NSA (Canadá, Noruega y Suecia) en el Ministerio de Minas y Energía de Brasil y compañías energéticas de otros países.

Un sorprendente documento presentado por la NSA y el GCHQ especificaba numerosos objetivos de vigilancia de carácter inequívocamente económico: Petrobras, el sistema bancario SWIFT [Society for Worldwide Interbank Financial Telecommunication], la petrolera Gazprom y la aerolínea Aeroflot, ambas rusas.

TOP SECRET//SI//REL TO USA, FVEY

Private Networks are Important

□ **Many targets use private networks.**

Google infrastructure		SWIFT Network	
	REDACTED		REDACTED
	REDACTED	Gazprom	
Aeroflot			REDACTED
French MFA			REDACTED
Warid Telecom		Petrobras	
	REDACTED		REDACTED

□ **Evidence in Survey: 30%-40% of traffic in BLACKPEARL has at least one endpoint private.**

TOP SECRET//SI//REL TO USA, FVEY

De arriba abajo y de izquierda a derecha
SECRETO//SI//REL A EE.UU., FVEY
LAS REDES PRIVADAS SON IMPORTANTES
Muchos objetivos utilizan redes privadas • Infraestructura de Google • Aeroflot • Ministerio Francés de Asuntos Exteriores • Warid Telecom • Red SWIFT • Gazprom • Petrobras • Pruebas en la inspección: 30%-40% del tráfico en BLACKPEARL tiene al menos un extremo privado • Censurado

Durante años, el presidente Obama y sus funcionarios de máximo nivel han denunciado con vehemencia a China por valerse de sus recursos de vigilancia para lograr ventajas económicas, al tiempo que insistían en que EE.UU. y sus aliados nunca han hecho nada así. El *Washington Post* citaba al portavoz de la NSA cuando este decía que el Departamento de Defensa, del que la agencia forma parte, «"participa efectivamente" en la explotación de redes informáticas», pero «***no*** en el espionaje económico en ningún ámbito, incluido el "ciber"» [asteriscos enfáticos en el original].

El espionaje por razones económicas negado por la NSA resulta probado en sus propios documentos. La agencia actúa por el bien de lo que denomina sus «clientes», entre los que se incluyen no solo la Casa Blanca, el Departamento de Estado y la CIA, sino también organismos principalmente económicos, como la Oficina del Representante de Comercio de EE.UU. (USTR) o los departamentos de Agricultura, del Tesoro y de Comercio:

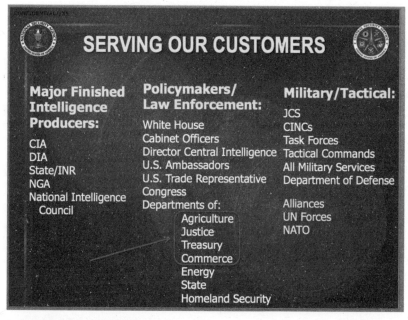

De arriba abajo por columnas
AL SERVICIO DE NUESTROS CLIENTES • Principales productores de inteligencia terminada: • CIA • DIA – Agencia de Inteligencia de la Defensa • Estado/INR – Inteligencia e Investigación • NGA – Agencia Nacional de Inteligencia Geoespacial • Consejo Nacional de Inteligencia • Formuladores de políticas/Aplicación de la ley: • Casa Blanca • Funcionarios de gabinete • Director de Inteligencia Central • Embajadores de EE.UU. • Representante de Comercio de EE.UU. • Congreso • Departamentos de: • Agricultura • Justicia • Tesoro • Comercio • Energía • Estado • Seguridad Nacional • Militares/Tácticos: • JCS - Jefes del Estado Mayor • CINCs – Comandantes Combatientes en Jefe • Destacamentos especiales • Mandos tácticos • Todos los servicios militares • Departamento de Defensa • Alianzas • Fuerzas de la ONU • OTAN

En su descripción del programa BLARNEY, la NSA enumera la clase de información que está autorizada a proporcionar a sus «clientes» y la califica como «antiterrorismo», «diplomática» y «económica».

BLARNEY AT A GLANCE

Why: Started in 1978 to provide FISA authorized access to communications of foreign establishments, agents of foreign powers, and terrorists

External Customers (Who)	Information Requirements (What)	Collection Access and Techniques (How)
Department of State	Counter Proliferation	DNI Strong Selectors
Central Intelligence Agency	Counter Terrorism	DNR Strong Selectors
United States UN Mission	Diplomatic	DNI Circuits
White House	Economic	DNR Circuits
Defense Intelligence Agency	Military	Mobile Wireless
National Counterterrorism Center	Political/Intention of Nations	

De arriba abajo y por columnas
BLARNEY DE UN VISTAZO Por qué: Iniciado en 1978 para procurar a FISA acceso autorizado a comunicaciones de estamentos extranjeros, agentes de potencias extranjeras y terroristas • **Clientes externos (quién)** • Departamento de Estado • Agencia Central de Inteligencia • Delegación de EE.UU. en la ONU • Casa Blanca • Agencia de Inteligencia de la Defensa • Centro Nacional contra el Terrorismo • **Requisitos de información (qué)** • Antiproliferación • Antiterrorismo • Diplomática • Económica • Militar • Política/Intenciones de países • **Acceso y técnicas de recogida (cómo)** • Selectores para almacenamiento de DNI • Selectores para almacenamiento de DNR • Circuitos de DNI • Circuitos de DNR • Móviles inalámbricos

TOP SECRET//COMINT//NOFORN

US-984 BLARNEY

(TS//SI) US-984 (PDDG: AX) – provides collection against DNR and DNI FISA Court Order authorized communications.

(TS//SI) Key Targets: Diplomatic establishment, counterterrorism, Foreign Government, Economic

TOP SECRET//COMINT//NOFORN
US-984 BLARNEY
(TS//SI) US-984 (PDDG:AX) - proporciona recogida de comunicaciones autorizadas por Orden Judicial FISA de DNR y DNI.
(TS//SI) Objetivos clave: estamento diplomático, antiterrorismo, gobiernos extranjeros, económicos

Tenemos pruebas adicionales de los intereses económicos de la NSA en un documento de PRISM en el que aparece un «muestreo» de «Temas informados» correspondiente a la semana del 2 al 8 de febrero de 2013. Una relación de tipos de información reunidos en diversos países comprende claramente categorías económicas y financieras, entre ellas la «energía», el «comercio» y el «petróleo»:

• Mexico
    • Narcotics
    • Energy
    • Internal security
    • Political Affairs
• Japan
    • Trade
    • Israel
• Venezuela
    • Military procurement
    • Oil

De arriba abajo
TOP SECRET//SI//ORCON//NOFORN
(TS//SI//NF) Una semana en la vida de los informes de PRISM Muestreo de temas informados en 2-8 de febrero de 2013 • México ·Narcóticos ·Energía ·Seguridad interna ·Asuntos políticos • ·Japón ·Comercio ·Israel • ·Venezuela ·Adquisiciones militares ·Petróleo

Un memorándum de 2006 del director de Capacidades Globales de la delegación de Cuestiones de Seguridad Internacional de la agencia (ISI) explica detalladamente el espionaje comercial y económico de la NSA —en países tan diversos como Bélgica, Japón, Brasil o Alemania— utilizando términos inequívocos:

(U) **Delegación de la NSA en Washington**
(U) **Regional**
(TS//SI) **ISI es responsable de 13 países individuales de tres continentes. Un significativo elemento común a esos países es su importancia para los intereses económicos, comerciales y defensivos de EE.UU. La sección de Europa Occidental y de Asociaciones Estratégicas se centra sobre todo en la política exterior y las actividades-**

des comerciales de Bélgica, Francia, Alemania, Italia y España, así como de Brasil, Japón y México.

(TS//SI) La rama de Energía y Recursos procura inteligencia única a la producción mundial de energía y el desarrollo energético mundial y en países clave que afectan a la economía global. Entre los objetivos de importancia actual están ███████████████████████. En los informes se ha incluido el control de inversiones extranjeras en los sectores energéticos de países objetivo, actualizaciones del Control Supervisor y la Adquisición de Datos (SCADA), y diseños asistidos por ordenador de proyectos sobre energía.

Al informar sobre unos cuantos de los documentos sobre GCHQ filtrados por Snowden, el *New York Times* señalaba que los objetivos de vigilancia de la agencia solían incluir instituciones financieras y a «máximos responsables de organizaciones de ayuda internacional, empresas energéticas extranjeras y un funcionario de la Unión Europea implicado en batallas antimonopolio con las empresas tecnológicas norteamericanas». Añadía que las agencias de EE.UU. y Gran Bretaña «controlaban las comunicaciones de funcionarios de la Unión Europea de alto rango, líderes extranjeros entre los que se contaban jefes de estado africanos y a veces sus familiares, directores de Naciones Unidas y ciertos programas de ayuda [como UNICEF], amén de funcionarios supervisores de ministerios de economía y del petróleo».

Las razones que explican el espionaje económico están muy claras. Si EE.UU. utiliza la NSA para enterarse en secreto de las estrategias de otros países durante conversaciones comerciales y económicas, puede procurar una enorme ventaja para su propia industria. En 2009, por ejemplo, el subsecretario de Estado, Thomas Shannon, escribió una carta a Keith Alexander «para expresarle su gratitud y felicitarle por las destacadas señales de apoyo de inteligencia» que el Departamento de Estado había recibido en la quinta Cumbre de las Américas, reunión dedicada a negociar acuerdos económicos. En la carta, Shannon señalaba de forma expresa que la vigilancia de la NSA proporcionada a EE.UU. había permitido negociar con ventaja sobre las otras partes:

Los más de 100 informes recibidos de la NSA nos permitieron conocer a fondo los planes y las intenciones de los otros participantes en la Cumbre, y garantizaron asimismo que nuestros diplomáticos estuvieran bien preparados para asesorar al presidente Obama y a la secretaria Clinton sobre el enfoque de ciertas cuestiones polémicas, como lo de Cuba, e interaccionar con homólogos difíciles, como el presidente venezolano Chávez.

Como demuestran ciertos documentos anteriores en los que aparecen referencias a los «asuntos políticos», la NSA se dedica igualmente al espionaje diplomático. En un caso flagrante de 2011, la agencia espió con métodos especialmente invasivos a Dilma Rousseff, actual presidenta de Brasil, y a sus consejeros clave, así como al destacado candidato presidencial mexicano de 2011 (ahora presidente) Enrique Peña Nieto, junto a «nueve de sus colaboradores más próximos», en una «oleada» de vigilancia particularmente invasiva. En el documento relativo a la cuestión incluso aparecían algunos mensajes de texto interceptados, enviados y recibidos por Nieto y «un estrecho colaborador».

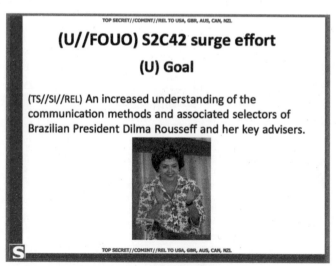

TOP SECRET//COMINT//REL TO USA, GBR, AUS, CAN, NZL

(U//FOUO) S2C42 surge effort

(U) Goal

(TS//SI//REL) An increased understanding of the communication methods and associated selectors of Brazilian President Dilma Rousseff and her key advisers.

TOP SECRET//COMINT//REL TO USA, GBR, AUS, CAN, NZL

TOP SECRET//COMINT//REL A EE.UU., GBR, AUS, CAN, NZL
(U//FOUO [For Official Use Only – Solo para uso oficial]) esfuerzo concentrado S2C42
(U) Objetivo
(TS//SI//REL) Un mayor conocimiento de los métodos de comunicación y selectores asociados de la presidenta brasileña Dilma Rousseff y sus consejeros clave.

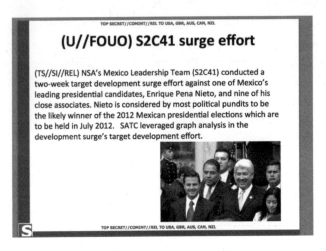

TOP SECRET//COMINT//REL A EE.UU., GBR, AUS, CAN, NZL
(U//FOUO [For Official Use Only] esfuerzo concentrado S2C41
(TS//SI//REL) El Equipo de la NSA sobre el Liderazgo de México (S2C41) llevó a cabo un esfuerzo concentrado de desarrollo de objetivo [*target development*, examen sistemático de sistemas objetivo potenciales] durante dos semanas sobre uno de los principales candidatos presidenciales de México, Enrique Peña Nieto, y nueve de sus más estrechos colaboradores. A juicio de la mayoría de los expertos, Nieto es el probable vencedor de las elecciones presidenciales mexicanas que se celebrarán en julio de 2012. En el esfuerzo concentrado de desarrollo, el SATC [Secure and Trustworthy Cyberspace: Ciberespacio seguro y fiable] ha utilizado análisis de gráficos.

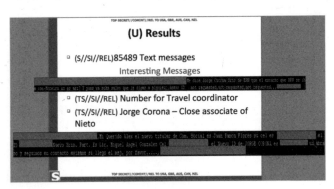

TOP SECRET//COMINT//REL A EE.UU., GBR, AUS, CAN, NZL
Resultados
• (S//SI//REL) 85489 Mensajes de texto / Mensajes interesantes
… Me dice Jorge Corona Srio de EPN que el escucho de BPR se iba con Moreira no es así? Y pues va soka salvo que le digas a alguien, Assoc. ID *not requested*, *not requested*, *not requested*… [no solicitado]
(TS//SI//REL) Número para coordinador de viajes
• (TS//SI//REL) Jorge Corona - estrecho colaborador de Nieto
[...] Mi querido Alex, el nuevo titular de Com Social es Juan Ramón Flores su cel es [...]el ID [...] Nuevo Srio Past. Es Lic. Miguel Ángel González (el [...] el nuevo ID de Jorge Corona es [...] un abrazo y seguimos en contacto avísame si llegó el msj. por favor… [...]

TOP SECRET//COMINT//REL TO USA, GBR, AUS, CAN, NZL

(U) Conclusion

- (S//REL) Contact graph-enhanced filtering is a simple yet effective technique, which may allow you to find previously unobtainable results and empower analytic discovery
- (TS//SI//REL) Teaming with S2C, SATC was able to successfully apply this technique against high-profile, OPSEC-savvy Brazilian and Mexican targets.

S

TOP SECRET//COMINT//REL TO USA, GBR, AUS, CAN, NZL

(U) Conclusión

- (S//REL) El filtrado de contacto potenciado por gráficos es una técnica simple pero efectiva que permite lograr resultados antes imposibles y reforzar el descubrimiento analítico
- (TS//SI//REL) En asociación con S2C, el SATC fue capaz de aplicar satisfactoriamente esta técnica en objetivos brasileños y mexicanos destacados con gran seguridad operativa.

Podemos hacer conjeturas sobre por qué esos dirigentes políticos de Brasil y México eran objetivos de la NSA. Ambos países son ricos en recursos petrolíferos. Se trata de países grandes y con una presencia influyente en la región. Y aunque distan de ser adversarios, tampoco son los aliados más cercanos y leales a Norteamérica. De hecho, un documento de planificación de la NSA —titulado «Identificación de desafíos: tendencias geopolíticas para 2014-2019»— sitúa a México y Brasil bajo el epígrafe «¿Amigos, enemigos o problemas?». Otros integrantes de la lista son Egipto, India, Irán, Arabia Saudí, Somalia, Sudán, Turquía y Yemen.

En última instancia, en este caso, como en casi todos, la especulación sobre los objetivos específicos se basa en una premisa falsa. La NSA no necesita razones ni motivos concretos para interceptar comunicaciones privadas de la gente. Su misión institucional es recogerlo todo.

En todo caso, las revelaciones sobre espionaje de la NSA a líderes extranjeros son menos importantes que la vigilancia masiva de la agencia sin orden judicial sobre poblaciones enteras. Los países llevan siglos espiando a jefes de estado, aliados incluidos. Esto no tiene nada de particular, pese a la enérgica protesta que se produjo cuando, por ejemplo, el mundo supo que la NSA llevaba años interceptando las llamadas telefónicas de la canciller alemana Angela Merkel.

Más destacable es el hecho de que, en un país tras otro, las revelaciones de que la NSA estaba espiando a centenares de millones de ciudadanos suscitaron poco más que débiles objeciones por parte de sus responsables políticos. La verdadera indignación estalló de golpe solo cuando esos mismos líderes entendieron que también ellos, no solo sus ciudadanos, habían sido sometidos a vigilancia.

Con todo, la mera escala de vigilancia diplomática practicada por la NSA es a la vez inusual y digna de destacar. Aparte de líderes extranjeros, EE.UU. también ha espiado, y mucho, por ejemplo a organizaciones internacionales como la ONU para conseguir ventajas diplomáticas. En un informe típico de abril de 2013 de las SSO se hace referencia al uso de programas para averiguar los temas de conversación del secretario general de la ONU antes de su reunión con el presidente Obama:

TOP SECRET//SI//NOFORN

(U) OPERATIONAL HIGHLIGHT

(TS//SI//NF) BLARNEY Team assists S2C52 analysts in implementing Xkeyscore fingerprints that yield access to U.N. Secretary General talking points prior to meeting with POTUS.

TOP SECRET//SI//NOFORN

(U) PLATO FUERTE OPERATIVO BLARNEY
- (TS//SI//NF) El equipo BLARNEY ayuda a los analistas S2C52 a poner en práctica huellas digitales Xkeyscore que facilitan acceso a los temas de conversación del secretario general de la ONU antes de su reunión con POTUS.

Numerosos documentos adicionales detallan que Susan Rice, a la sazón embajadora en la ONU y actualmente asesora del presidente Obama sobre seguridad nacional, solicitó repetidas veces que la NSA espiara las discusiones internas de estados miembros clave para averiguar sus estrategias negociadoras. Un informe de mayo de 2010 de las SSO describe este proceso respecto a una resolución que estaba debatiéndose en la ONU sobre la imposición de nuevas sanciones a Irán.

(S//SI) El equipo BLARNEY proporciona apoyo destacado para posibilitar la recogida de datos del Consejo de Seguridad de la ONU
Por NOMBRE CENSURADO 28 de mayo de 2010 1430

(TS//TI//NF) Ante una votación en la ONU sobre sanciones a Irán y habiendo varios países sin una postura tomada al respecto, la embajadora Rice pidió a la NSA que solicitara SIGINT en dichos países para poder desarrollar una estrategia. Con el requisito de que eso se hiciera deprisa y al amparo de las autoridades legales, el equipo BLARNEY se puso a trabajar con organizaciones y socios tanto internos como externos a la NSA.

(TS//SI//NF) Mientras OGC, SV y los TOPI se ocupaban agresivamente de los trámites burocráticos para acelerar nuevas órdenes FISA para Gabón, Uganda, Nigeria y Bosnia, el personal de la división de Operaciones de BLARNEY andaba entre bastidores reuniendo datos que determinasen qué información estaba disponible o podía obtenerse mediante sus viejos contactos con el FBI. Mientras trabajaba para conseguir información sobre las misiones de la ONU en Nueva York y las embajadas en DC, el equipo de desarrollo de objetivo calentó motores con personal adecuado para flujo de datos, y se llevaron a cabo todos los preparativos que garantizaran ese flujo a los TOPI lo antes posible. El sábado 22 de mayo se convocó a una persona del equipo legal y a otra del equipo de desarrollo de Diana para que respaldasen el papeleo legal a fin de garantizar que las órdenes estuvieran listas para la firma del director de la NSA el lunes 24 de mayo por la mañana.

(S//SI) Con OGC y SV presionando para cursar esas cuatro órdenes, fueron del director de la NSA a DoD para la firma de SECDEF y luego a DOJ para la firma del juez FISC en un tiempo récord. Las cuatro órdenes fueron firmadas por el juez el miércoles 26 de mayo. En cuanto fueron recibidas por el equipo legal de BLARNEY, este se puso en marcha analizando en un día las cuatro órdenes más otra renovación «normal». Analizar cuatro órdenes judiciales en un día… ¡un

récord de BLARNEY! Mientras el equipo legal de BLARNEY
estaba ocupado examinando órdenes judiciales, el equipo de
gestión de acceso estaba trabajando con el FBI para pasar
información de tareas y coordinar la labor con los socios de
telecomunicaciones.

Un documento de vigilancia similar de agosto de 2010 revela que EE.UU. espiaron a ocho miembros del Consejo de Seguridad de la ONU en relación con una resolución posterior sobre
las sanciones a Irán. En la lista aparecían Francia, Brasil, Japón y
México... todos países teóricamente amigos. El espionaje procuró al gobierno de EE.UU. valiosa información sobre intenciones
de voto, lo que para Washington supuso cierta ventaja en las conversaciones con los demás miembros del Consejo de Seguridad.

TOP SECRET//COMINT//NOFORN

August 2010

(U//FOUO) Silent Success: SIGINT Synergy Helps Shape US Foreign Policy

(TS//SI//NF) At the outset of these lengthy negotiations, NSA had sustained collection against France Japan, Mexico, Brazil

(TS//SI//REL) In late spring 2010, eleven branches across five Product Lines teamed with NSA enablers to provide the most current and accurate information to USUN and other customers on how UNSC members would vote on the Iran Sanctions Resolution. Noting that Iran continued its non-compliance with previous UNSC resolutions concerning its nuclear program, the UN imposed further sanctions on 9 June 2010. SIGINT was key in keeping USUN informed of how the other members of the UNSC would vote.

(TS//SI//REL) The resolution was adopted by twelve votes for, two against (Brazil and Turkey), and one abstention from Lebanon. According to USUN, SIGINT "helped me to know when the other Permreps [Permanent Representatives] were telling the truth.... revealed their real position on sanctions... gave us an upper hand in negotiations... and provided information on various countries 'red lines.'"

Agosto 2010
SID today **(U//FOUO) Éxito silencioso: la sinergia de SIGINT ayuda a determinar la política exterior de EE.UU.**
(TS//SI//NF) Al principio de esas largas negociaciones, la NSA había vigilado a Japón, México, Brasil y Francia
(TS//SI//REL) A finales de 2010, once ramas de cinco Líneas de Productos se asociaron a facilitadores de la NSA para proporcionar la información más actual y precisa a USUN [misión de EE.UU. en la ONU] y otros clientes acerca de cómo ciertos miembros del UNSC [Consejo de Seguridad de la ONU] votarían la Resolución sobre

las Sanciones a Irán. Tras señalar que Irán seguía incumpliendo resoluciones previas del UNSC relativas a su programa nuclear, la ONU impuso nuevas sanciones el 9 de junio de 2010. SIGINT fue clave para que la USUN estuviera informada de lo que votarían los otros miembros del UNSC.

(TS//SI//REL) La resolución fue aprobada por doce votos a favor, dos en contra (Brasil y Turquía) y la abstención del Líbano. Según la USUN, SIGINT «nos ayudó a saber cuándo los otros Permreps [Representantes permanentes] estaban diciendo la verdad… reveló la verdadera postura de estos acerca de las sanciones… nos dio una posición de ventaja en las negociaciones… y brindó información sobre diversas «líneas rojas» de los países.

Para facilitar el espionaje diplomático, la NSA ha conseguido diversas formas de acceso a las embajadas y los consulados de muchos de sus mejores aliados. Un documento de 2010 mostrado aquí con algunos países omitidos enumera los estados cuyas estructuras diplomáticas dentro de EE.UU. fueron invadidas por la agencia. Un glosario final indica el tipo de vigilancia practicada.

---

10 de septiembre de 2010
SIGADS DE ACCESO PRÓXIMO

SIGADS DE ACCESO PRÓXIMO
Toda la recogida interna de Acceso Próximo utiliza el SIGAD US-3136 con un único sufijo de dos letras para cada localización y misión objetivo. El Acceso Próximo supervisa recopilación GENIE asignada al SIGAD US-3137 con un sufijo de dos letras.

(Nota: Los objetivos marcados con un * han sido omitidos o identificados para su omisión en un futuro cercano. Por favor, verificar con TAO/RTD/ROS [961-1578s] en lo referente al estatus de las autoridades.)

SIGAD US-3136

SUFIJO	OBJETIVO/PAÍS	UBICACIÓN	TÉRM. PANTALLA	MISIÓN
BE	Brasil/Embajada	Wash, DC	KATEEL	LIFESAVER
SI	Brasil/Embajada	Wash, DC	KATEEL	HIGHLANDS
VQ	Brasil/ONU	Nueva York	POCOMOKE	HIGHLANDS
HN	Brasil/ONU	Nueva York	POCOMOKE	VAGRANT
LJ	Brasil/ONU	Nueva York	POCOMOKE	LIFESAVER
YL *	Bulgaria/Embajada	Wash, DC	MERCED	HIGHLANDS
QX *	Colombia/Oficina Comercial	Nueva York	BANISTER	LIFESAVER
DJ	UE/ONU	Nueva York	PERDIDO	HIGHLANDS
SS	UE/ONU	Nueva York	PERDIDO	LIFESAVER

KD	UE/Embajada	Wash, DC	MAGOTHY	HIGHLANDS
IO	UE/Embajada	Wash, DC	MAGOTHY	MINERALIZ
XJ	UE/Embajada	Wash, DC	MAGOTHY	DROPMIRE
OF	Francia/ONU	Nueva York	BLACKFOOT	HIGHLANDS
VC	Francia/ONU	Nueva York	BLACKFOOT	VAGRANT
UC	Francia/Embajada	Wash, DC	WABASH	HIGHLANDS
LO	Francia/Embajada	Wash, DC	WABASH	PBX
NK *	Georgia/Embajada	Wash, DC	NAVARRO	HIGHLANDS
BY *	Georgia/Embajada	Wash, DC	NAVARRO	VAGRANT
RX	Grecia/ONU	Nueva York	POWELL	HIGHLANDS
HB	Grecia/ONU	Nueva York	POWELL	LIFESAVER
CD	Grecia/Embajada	Wash, DC	KLONDIKE	HIGHLANDS
PJ	Grecia/Embajada	Wash, DC	KLONDIKE	LIFESAVER
JN	Grecia/Embajada	Wash, DC	KLONDIKE	PBX
MO *	India/ONU	Nueva York	NASHUA	HIGHLANDS
QL *	India/ONU	Nueva York	NASHUA	MAGNETIC
ON *	India/ONU	Nueva York	NASHUA	VAGRANT
IS *	India/ONU	Nueva York	NASHUA	LIFESAVER
OX *	India/Embajada	Wash, DC	OSAGE	LIFESAVER
CQ *	India/Embajada	Wash, DC	OSAGE	HIGHLANDS
TQ *	India/Embajada	Wash, DC	OSAGE	VAGRANT
CU *	India/Embajada Anx	Wash, DC	OSWAYO	VAGRANT
DS *	India/Embajada Anx	Wash, DC	OSWAYO	HIGHLANDS
SU *	Italia/Embajada	Wash, DC	BRUNEAU	LIFESAVER
MV *	Italia/Embajada	Wash, DC	HEMLOCK	HIGHLANDS
IP *	Japón/ONU	Nueva York	MULBERRY	MINERALIZ
HF *	Japón/ONU	Nueva York	MULBERRY	HIGHLANDS
BT *	Japón/ONU	Nueva York	MULBERRY	MAGNETIC
RU *	Japón/ONU	Nueva York	MULBERRY	VAGRANT
LM *	México/ONU	Nueva York	ALAMITO	LIFESAVER
UX *	Eslovaquia/Embajada	Wash, DC	FLEMING	HIGHLANDS
SA *	Eslovaquia/Embajada	Wash, DC	FLEMING	VAGRANT
XR *	Sudáfrica/ONU & Consulado	Nueva York	DOBIE	HIGHLANDS
RJ *	Sudáfrica/ONU & Consulado	Nueva York	DOBIE	VAGRANT
YR *	Corea del Sur/ONU	Nueva York	SULPHUR	VAGRANT
TZ *	Taiwan/TECO	Nueva York	REQUETTE	VAGRANT
VN *	Venezuela/Embajada	Wash, DC	YUKON	LIFESAVER
UR *	Venezuela/ONU	Nueva York	WESTPORT	LIFESAVER
NO *	Vietnam/ONU	Nueva York	NAVAJO	HIGHLANDS
OU *	Vietnam/ONU	Nueva York	NAVAJO	VAGRANT
GV *	Vietnam/Embajada	Wash, DC	PANTHER	HIGHLANDS

SIGAD US-3137

DESCRIPCIONES DE TÉRMINOS GENERALES
HIGHLANDS: Recogida de implantes
VAGRANT: Recogida de pantallas de ordenador
MAGNETIC: Recogida de emanaciones magnéticas mediante sensores

MINERALIZE: Recogida de implante LAN
OCEAN: Sistema óptico de recogida para pantallas de ordenador basado en imagen ráster
LIFESAVER: Imágenes del disco duro
GENIE: Operación en múltiples fases; saltar el muro de aire, etcétera
BLACKHEART: Recogida de un implante del FBI
PBX: Conmutador de intercambio de rama pública
CRYPTO ENABLED: Recogida derivada de los esfuerzos de AO para posibilitar el criptoanálisis
DROPMIRE: Recogida pasiva de emanaciones mediante una antena
CUSTOMS: Oportunidades aduaneras (no LIFESAVER)
DROPMIRE: Recogida de impresoras láser, acceso exclusivamente por proximidad (***NO*** por implante)
DEWSWEEPER: Interconexión con hardware USB (Universal Serial Bus) que proporciona enlace ENCUBIERTO sobre el enlace USB en una red de objetivos. Acciona subsistema w/RF para proporcionar PUENTE inalámbrico en la red de objetivos.
RADON: Interconexión bidireccional que inyecta paquetes Ethernet en el mismo objetivo. Posibilita explotación bidireccional de [redes denegadas utilizando herramientas on-net estándar]

Algunos de los métodos de la NSA están al servicio de todas las agendas —económica, diplomática, de seguridad, y la de obtener ventajas globales multiusos—, y se cuentan entre los más invasivos, e hipócritas, del repertorio de la agencia. El gobierno de EE.UU. lleva años avisando al mundo a voz en grito de que los routers chinos y otros aparatos de internet suponen una «amenaza» al estar fabricados con una funcionalidad de vigilancia encubierta que brindan al gobierno chino la capacidad para espiar a quienquiera que los utilice. No obstante, lo que ponen de manifiesto los documentos de la NSA es que los norteamericanos han estado implicados precisamente en la actividad de la que acusan a los chinos.

La vehemencia de las acusaciones norteamericanas contra los fabricantes chinos de dispositivos de internet era tremenda. En 2012, por ejemplo, un informe del Comité de Inteligencia de la Cámara, presidido por Mike Rogers, afirmaba que los dos principales fabricantes chinos de equipos de telecomunicaciones, Huawei y ZTE, «tal vez estén infringiendo las leyes de Estados Unidos» y no estén «cumpliendo las obligaciones legales de Estados Unidos ni los criterios internacionales sobre conducta empresarial». El

Comité recomendaba a «Estados Unidos que contemplasen con recelo la constante penetración de las empresas chinas de telecomunicaciones en el mercado norteamericano».

El Comité Rogers expresaba el temor de que las dos compañías estuvieran permitiendo vigilancia estatal china, aunque reconocía no disponer de pruebas reales de que las empresas hubieran implantado dispositivos de vigilancia a sus routers y otros sistemas. De todos modos, citaba el hecho de que estas empresas chinas no cooperaban e instaba a las empresas de EE.UU. a no comprarles sus productos:

> A las entidades norteamericanas del sector privado se las anima con fuerza a tener en cuenta los riesgos de seguridad a largo plazo asociados a los negocios con ZTE o Huawei respecto a equipos o servicios. A los proveedores de redes y los creadores de sistemas se les anima con fuerza a buscar otros vendedores para sus proyectos. Partiendo de la información confidencial y no confidencial disponible, no cabe confiar en que ZTE y Huawei estén libres de la influencia de su estado, por lo que suponen una amenaza para la seguridad de Estados Unidos y de nuestros sistemas.

Las constantes acusaciones eran de tal calibre que, en noviembre de 2013, Ren Zhengfei, de 69 años, fundador y presidente de Huawei, anunció que la empresa abandonaba el mercado norteamericano. Como señalaba *Foreign Policy*, Zhengfei explicó lo siguiente a un periódico francés: «"Si Huawei se interpone en las relaciones de EE.UU. y China", y causa problemas, "no merece la pena".»

Sin embargo, mientras las empresas norteamericanas estaban siendo prevenidas contra routers chinos supuestamente poco fiables, a diversas organizaciones extranjeras se les ha aconsejado que no se fíen de los dispositivos norteamericanos. Un informe de junio de 2010 del director del Departamento de Desarrollo de Acceso y Objetivos de la NSA es tremendamente explícito. La NSA recibe o intercepta rutinariamente routers, servidores y otros dispositivos informáticos de red —que EE.UU. exportan— antes de ser enviados a los clientes internacionales. Entonces la agencia implanta instrumentos de vigilancia encubiertos, reempaqueta los aparatos con un sello de fábrica y lo manda a destino. De este modo, la NSA logra acceso a todas las redes y a todos los usuarios de cualquier lugar del mundo. El documento observa con regocijo que cierto «procedimiento de espionaje de SIGINT... es muy práctico (¡literalmente!)».

TOP SECRET//COMINT//NOFORN

June 2010

(U) Stealthy Techniques Can Crack Some of SIGINT's Hardest Targets

By: (U//FOUO) [NAME REDACTED], Chief, Access and Target Development (S3261)

IMAGE REDACTED

(TS//SI//NF) Not all SIGINT tradecraft involves accessing signals and networks from thousands of miles away... In fact, sometimes it is very hands-on (literally!). Here's how it works: shipments of computer network devices (servers, routers, etc.) being delivered to our targets throughout the world are *intercepted*. Next, they are *redirected to a secret location* where Tailored Access Operations/Access Operations (AO – S326) employees, with the support of the Remote Operations Center (S321), enable the *installation of beacon implants* directly into our targets' electronic devices. These devices are then re-packaged and *placed back into transit* to the original destination. All of this happens with the support of Intelligence Community partners and the technical wizards in TAO.

(TS//SI//NF) Such operations involving **supply-chain interdiction** are some of the most productive operations in TAO, because they pre-position access points into hard target networks around the world.

(TS//SI//NF) Left: Intercepted packages are opened carefully; Right: A "load station" implants a beacon

Finalmente, el dispositivo implantado vuelve a conectarse con la infraestructura de la NSA:

(TS//SI//NF) In one recent case, after several months a beacon implanted through supply-chain interdiction called back to the NSA covert infrastructure. This call back provided us access to further exploit the device and survey the network.

Junio de 2010
SID Today (U) **Ciertas técnicas furtivas pueden resolver algunos de los objetivos más difíciles de SIGINT**

Por: (U//FOUO) NOMBRE CENSURADO jefe de Desarrollo de Acceso y Objetivos (S3261) IMAGEN CENSURADA

(TS//SI//NF) No todos los procedimientos SIGINT conllevan acceso a señales y redes a miles de kilómetros de distancia... De hecho, a veces es muy práctico (¡literalmente!). Funciona así: ciertos envíos de dispositivos informáticos de red (servidores, routers, etcétera) entregados en nuestros objetivos de todo el mundo son *interceptados*. A continuación, son *desviados a una ubicación secreta* donde diversos empleados de Tailored Access Operations/Access Operations (AO-S326) [TAO, Operaciones de Acceso a Medida], con el respaldo del Centro de Operaciones Remotas (S321), posibilitan la *instalación de implantes baliza* directamente en los dispositivos electrónicos de los objetivos. Después, estos dispositivos se reempaquetan y *colocan de nuevo camino* de su destino original. Todo esto pasa con el apoyo de los socios de la Comunidad de Inteligencia y los genios técnicos de TAO.

(TS//SI//NF) Esta clase de operaciones, que suponen la interrupción de la cadena de suministro, son algunas de las operaciones más productivas de TAO, pues preposicionan puntos de acceso en redes de objetivos difíciles de todo el mundo.

[fotografías]

(TS//SI//NF) Izquierda: se abren con cuidado paquetes interceptados; Derecha: una «estación de carga» implanta una baliza

(TS//SI//NF) En un caso reciente, al cabo de varios meses una baliza implantada mediante interrupción de la cadena de suministro devolvió la llamada a la infraestructura encubierta de la NSA. Esta llamada nos permitió aprovecharnos más del dispositivo e inspeccionar la red.

Entre otros artefactos, la agencia intercepta y altera mediante routers y servidores fabricados por Cisco para dirigir grandes cantidades de tráfico de internet de nuevo a los almacenes de la NSA. (En los documentos no hay pruebas de que Cisco sea consciente de estas interceptaciones o las haya aprobado.) En abril de 2013, la agencia debió lidiar con dificultades técnicas relacionadas con los conmutadores de red Cisco interceptados, que desconectaron los programas BLARNEY, FAIRVIEW, OAKSTAR y STORMBREW:

NewCrossProgram		Active ECP Count:	1
CrossProgram-1-13	New	ECP Lead:	NAME REDACTED

Title of Change: Update Software on all Cisco ONS Nodes

Submitter:	NAME REDACTED	**Approval Priority:**	C-Routine
Site(s):	APPLE1 : CLEVERDEVICE : HOMEMAKER : DOGHUT : QUARTERPOUNDER : QUEENSLAND : SCALLION : SPORTCOAT : SUBSTRATUM : TITAN POINTE : SUBSTRATUM : BIRCHWOOD : MAYTAG : EAGLE : EDEN :	**Project(s):**	No Project(s) Entered
System(s):	Comms/Network : Comms/Network : Comms/Network : Comms/Network :	**SubSystem(s):**	No Subsystem(s) Entered

Description of Change: Udate software on all Cisco Optical Network Switches.

Reason for Change: All of our Cisco ONS SONET multiplexers are experiencing a software bug that causes them to intermittently drop out.

Mission Impact: The mission impact is unknown. While the existing bug doesn't appear to affect traffic, applying the new software update could. Unfortunately, there is now way to be sure. We can't simulate the bug in our lab and so it's impossible to predict exactly what will happen when we apply the software update. We propose to update one of the nodes in NBP-320 first to determine if the update goes smoothly.

Recently we tried to reset the standby manager card in the HOMEMAKER node. When that failed, we attempted to physically reseat it. Since it was the standby card, we did not expect that would cause any problems. However, upon reseating the card, the entire ONS crashed and we lost all traffic through the box. It took more than an hour to recover from this failure.

The worst case scenario is that we have to blow away the entire configuration and start from scratch. Prior to starting our upgrade, we will save the configuration so that if we have to configure the box from scratch, we can simply upload the saved configuration. We estimate that we will be down for no more than an hour for each node in the system.

Additional Info: 3/26/2013 8:16:13 AM   NAME REDACTED
We have tested the upgrade in our lab and it works well. However, we can't repeat the bug in our lab, so we don't know if we will encounter problems when we attempt to upgrade a node that is affected by the bug.

Last CCB Entry: 04/10/13 16:08:11 NAME REDACTED
09 Apr Blarney CCB - Blarney ECP board approved
ECP lead: NAME REDACTED

Programs Affected: Blarney Fairview Oakstar Stormbrew

No Related Work Tasks

De arriba abajo y de izquierda a derecha
TOP SECRET//COMINT//REL A EE.UU., FVEY
(informe generado el 11 de abril de 2013 3:31:05PM)
NewCrossProgram • Cuenta activa ECP [Entry Control Point] • CrossProgram-1-13 • Nuevo • ECP principal NOMBRE CENSURADO • Título de cambio: • Actualización de software en todos los nódulos Cisco ONS • Proponente: NOMBRE CENSURADO • Sitio(s): • Prioridad de aprobación • Proyecto(s): • Rutina-C • Sin proyecto(s) introducido(s) • Sistema(s): • Subsistema(s): • Sin subsistema(s) introducido(s) • Descripción del cambio: • Actualización de software en todos los conmutadores de red óptica Cisco.

Razones del cambio: Todos nuestros multiplexores Cisco ONS SONET están sufriendo un virus de software que los lleva a salirse del sistema de forma intermitente.
Impacto de la misión: El impacto de la misión es desconocido. Aunque el virus existente no parece afectar al tráfico, aplicar la nueva actualización del software sí que podría hacerlo. Por desgracia, es imposible estar seguro. No podemos simular el virus en el laboratorio por lo que no es posible predecir con exactitud qué pasará cuando apliquemos la actualización del software. Proponemos actualizar primero uno de los nódulos de NBP-320 para determinar si la operación transcurre sin problemas.

Hace poco intentamos resetear la tarjeta gerente standby en el nódulo HOMEMAKER. Al fallar eso, tratamos de resetear físicamente. Como era la tarjeta standby, no esperábamos que ello causara problema alguno. No obstante, tras el reset de la tarjeta, falló la plataforma ONS entera y perdimos todo el tráfico. Tardamos más de una hora en recuperarnos de este contratiempo.

El peor desenlace posible es tener que cargarnos toda la configuración y empezar desde cero. Antes de iniciar la actualización, guardaremos la configuración para, si hemos de configurar desde cero, poder simplemente descargar la que hemos guardado. Calculamos que estaremos no operativos durante no más de una hora para cada nódulo del sistema.

Información adicional: 3/26/2013 8:16:13 AM [nombre censurado]
Hemos verificado la actualización en el laboratorio, y funciona bien. Sin embargo, como en el laboratorio no podemos reproducir el virus, no sabemos si nos encontraremos con problemas cuando intentemos actualizar un nódulo afectado por el virus.

Última entrada CCB: 04/10/13 16:08:11 [nombre censurado]
9 abril Blarney CCB – Aprobado consejo Blarney ECP
ECP principal: NOMBRE CENSURADO
Programas afectados: Blarney Fairview Oakstar Stormbrew

Sin tareas relacionadas

Es muy posible que las empresas chinas estén implantando mecanismos de vigilancia en sus dispositivos de red. Pero EE.UU. está haciendo lo mismo, sin duda.

Prevenir al mundo contra la vigilancia china puede haber sido uno de los motivos subyacentes a las afirmaciones del gobierno de que los dispositivos chinos no son fiables. Sin embargo, un motivo igualmente importante parece haber sido el de evitar que los aparatos chinos sustituyan a los de EE.UU., pues esto limitaría el alcance de la NSA. En otras palabras, los routers y servidores chinos suponen no solo competencia económica sino también competencia con respecto a la vigilancia: si alguien compra un dispositivo chino en vez de uno norteamericano, la NSA pierde un medio clave para espiar muchísimas actividades de comunicación.

Si la cantidad de información revelada ya era pasmosa, la misión de la NSA de recoger todas las señalas todo el tiempo ha impulsado a la agencia a expandirse y conquistar cada vez más terreno. De hecho, el volumen de datos que captura es tal que el principal problema de la agencia es cómo almacenar los inmensos montones de información acumulada de todo el globo. Un documento de la NSA preparado para la reunión SigDev de los Cinco Ojos exponía esta cuestión central:

TOP SECRET//COMINT//REL TO USA, FVEY

The Challenge

Collection is outpacing our ability to ingest, process and store to the "norms" to which we have become accustomed.

TOP SECRET//COMINT REL A EE.UU., FVEY
EL DESAFÍO
La recogida está sobrepasando nuestra capacidad para asimilar, procesar y guardar de acuerdo con las «normas» a las que hemos acabado acostumbrándonos.

La historia se remonta a 2006, cuando la agencia emprendió lo que denominó «Expansión del intercambio de metadatos de la NSA a gran escala». En ese momento, la NSA pronosticó que su recopilación de metadatos aumentaría en 600.000 millones de registros cada año, crecimiento que incluiría entre mil y dos mil millones de llamadas telefónicas nuevas recogidas a diario:

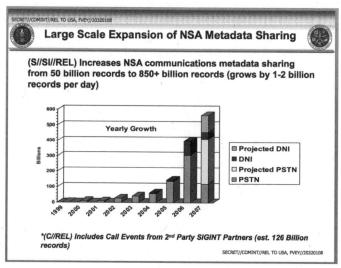

Expansión del intercambio de metadatos de la NSA a gran escala
(S//SI//REL) Incrementos de los metadatos de comunicaciones de la NSA desde 50.000 millones de registros a más de 850.000 millones (aumentos de entre 1.000 y 2.000 millones al día)
Miles de millones • Aumento anual • DNI previsto • DNI • PSTN [Public Switched Telephone Network - Red telefónica pública conmutada] prevista • PSTN • *(C//REL) Incluye llamadas desde socios SIGINT de segundas partes (est. 126.000 millones de registros)

En mayo de 2007, la expansión había dado evidentes resultados: la cantidad de metadatos telefónicos que la agencia estaba almacenando —al margen de los e-mails y otros datos de internet, y excluyendo los datos borrados por la NSA debido a la falta de espacio— había aumentado hasta alcanzar la cifra de 150.000 millones de registros:

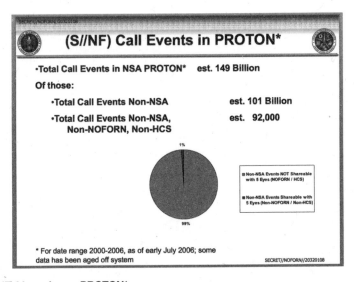

(S//NF) Llamadas en PROTON*
Llamadas totales en NSA PROTON • Estimación 149.000 millones
• De estas: • Llamadas totales no-NSA • Est. 101.000 millones
• Llamadas totales no-NSA, no-NOFORN, No-HCS • Est. 92.000
• Episodios no-NSA NO susceptibles de ser compartidos con 5 Ojos (NOFORN/HCS)
• Episodios no-NSA susceptibles de ser compartidos con 5 Ojos (no-NOFORN/no-HCS)
• *Para intervalo de fechas 2000-2006, a partir de principios de julio de 2006; algunos datos han envejecido y desaparecido del sistema

En cuanto se añadieron a la mezcla las comunicaciones basadas en internet, el número total de comunicaciones almacenadas se acercó al billón (tengamos en cuenta que este dato fue luego compartido por la NSA con otras agencias).

Para abordar su problema de almacenamiento, la NSA comenzó a construir unas inmensas instalaciones nuevas en Bluffdale, Utah, que tienen como uno de sus principales objetivos la conservación de todos los datos. Como señaló en 2012 el periodista James Bamford, la construcción de Bluffdale incrementará la capacidad de la agencia al añadir «cuatro salas de 2.300 metros cuadrados llenas de servidores, con un nivel elevado para cables y almacenaje. Además, habrá más de 84.000 metros cuadrados para administración y soporte técnico». Teniendo en cuenta las dimensiones del edificio y el hecho de que, como dice Bamford, «un terabyte de datos se puede guardar actualmente en un pen drive del tamaño de un dedo meñique», las repercusiones para la recogida de datos son tremendas.

La necesidad de instalaciones cada vez mayores es especialmente apremiante dadas las invasiones actuales de la agencia en la actividad online global, que van mucho más allá de la recogida de metadatos, pues incluyen el contenido real de e-mails, navegadores de red, historiales de búsquedas y chats. El programa clave utilizado por la NSA para recopilar, contextualizar, organizar y buscar dichos datos, introducido en 2007, es X-KEYSCORE, que permite dar un salto cualitativo radical en las capacidades de vigilancia. La agencia entiende que X-KEYSCORE es su «sistema de máximo alcance» para reunir datos electrónicos, y no le faltan razones para ello.

Según un documento de instrucciones para analistas, el programa abarca «casi todo lo que hace en internet un usuario típico», incluyendo los textos de sus e-mails, las páginas web visitadas o las búsquedas con Google. X-KEYSCORE incluso permite un seguimiento «en tiempo real» de las actividades online de una persona, gracias a lo cual la NSA puede observar correos electrónicos y actividades de navegación mientras se producen.

Aparte de recoger datos exhaustivos sobre actividades online de centenares de millones de personas, X-KEYSCORE permite a cualquier analista de la NSA buscar bases de datos del sistema mediante direcciones electrónicas, números de teléfono o ciertos rasgos identificadores (como una dirección IP). La variedad de información disponible y los medios básicos utilizados por los analistas aparecen ilustrados en esta diapositiva:

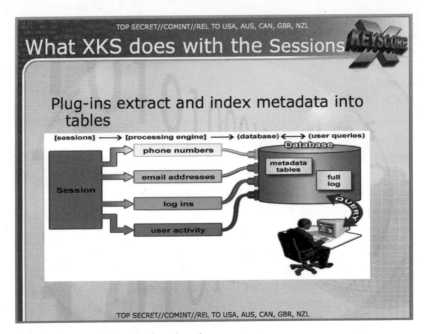

TOP SECRET//COMINT//REL TO USA, AUS, CAN, GBR, NZL

What XKS does with the Sessions

Plug-ins extract and index metadata into tables

[sessions] ⟶ [processing engine] ⟶ (database) ⟷ (user queries)

Database

Session

phone numbers

email addresses

log ins

user activity

metadata tables

full log

QUERY

TOP SECRET//COMINT//REL TO USA, AUS, CAN, GBR, NZL

De arriba abajo y de izquierda a derecha
- ¿Qué hace XKS con las sesiones?
- Extracto de complementos (plug-in, extensión) e índice de metadatos en tablas
- [sesiones] [instrumento de procesamiento] [base de datos] [consultas de usuarios]
- Sesión • números telefónicos • direcciones de e-mail • nombres de acceso • actividad de usuario • Base de datos • tablas de metadatos • «diario completo» • consulta/búsqueda

Otra diapositiva X-KEYSCORE enumera los diversos ámbitos de información donde se puede buscar mediante «plug-ins» [extensiones] del programa. Aquí se incluyen «todas las direcciones de e-mail observadas en una sesión», «todos los números telefónicos vistos en una sesión (incluyendo «entradas en libro de direcciones») y «el correo web y la actividad de chat»:

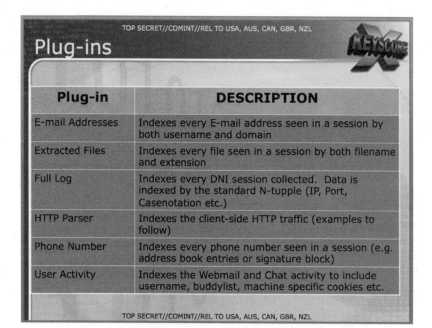

TOP SECRET//COMINT//REL TO USA, AUS, CAN, GBR, NZL

Plug-ins

Plug-in	DESCRIPTION
E-mail Addresses	Indexes every E-mail address seen in a session by both username and domain
Extracted Files	Indexes every file seen in a session by both filename and extension
Full Log	Indexes every DNI session collected. Data is indexed by the standard N-tupple (IP, Port, Casenotation etc.)
HTTP Parser	Indexes the client-side HTTP traffic (examples to follow)
Phone Number	Indexes every phone number seen in a session (e.g. address book entries or signature block)
User Activity	Indexes the Webmail and Chat activity to include username, buddylist, machine specific cookies etc.

TOP SECRET//COMINT//REL TO USA, AUS, CAN, GBR, NZL

Plug-ins • Plug-in • Descripción • Direcciones electrónicas • Indexa todas las direcciones electrónicas observadas en una sesión por el nombre de usuario y por el dominio • Archivos extraídos • Indexa todos los archivos observados en una sesión por el nombre de archivo y por la extensión • Diario completo • Indexa todas las sesiones DNI recogidas. Los datos se indexan mediante el N-tupple estándar (IP, puerto, notas de casos, etcétera) • Parser HTTP • Indexa el tráfico HTTP del lado del cliente (siguen ejemplos) • Número telefónico • Indexa todos los números telefónicos observados en una sesión (p. ej., entradas en libro de direcciones o bloque de la firma) • Actividad de usuario • Indexa el correo web y la actividad de chat para incluir nombre de usuario, lista de amigos, cookies específicas de la máquina, etcétera.

El programa también ofrece la posibilidad de buscar y recuperar imágenes y documentos insertados, que han sido creados, enviados o recibidos online por los usuarios:

TOP SECRET//COMINT//ORCON,REL TO USA, AUS, CAN, GBR and NZL//20291123

Examples of "advanced" Plug-ins

Plug-in	DESCRIPTION
User Activity	Indexes the Webmail and Chat activity to include username, buddylist, machine specific cookies etc. (AppProc does the exploitation)
Document meta-data	Extracts embedded properties of Microsoft Office and Adobe PDF files, such as Author, Organization, date created etc.

De arriba abajo y de izquierda a derecha
Ejemplos de plug-ins «avanzados» • Plug-in • Descripción • Actividad de usuario • Indexa el correo web y actividad de chat para incluir nombre de usuario, lista de amigos, cookies específicas de la máquina, etcétera (AppProc efectúa la explotación) • Metadatos de documentos • Extrae propiedades incorporadas de Microsoft Office y archivos Adobe PDF, como Autor, Organización, datos creados, etcétera.

Otras diapositivas de la NSA declaran descaradamente la ambición absolutamente global de X-KEYSCORE:

¿Por qué estamos interesados en HTTP? • Porque casi todo lo que hace un usuario típico en internet utiliza HTTP

TOP SECRET//COMINT//REL TO USA, AUS, CAN, GBR, NZL

Why are we interested in HTTP?

Almost all web-browsing uses HTTP:

- Internet surfing
- Webmail (Yahoo/Hotmail/Gmail/etc.)
- OSN (Facebook/MySpace/etc.)
- Internet Searching (Google/Bing/etc.)
- Online Mapping (Google Maps/Mapquest/etc.)

¿Por qué estamos interesados en HTTP?
- Casi toda la navegación en la red utiliza HTTP
  - Exploración en internet
  - Correo web (Yahoo/Hotmail/Gmail/etcétera)
  - OSN [Online Social Networks, Redes sociales online] (Facebook/MySpace/etcétera)
  - Búsquedas en internet (Google/Bing/etcétera)
  - Mapas online (Google Maps/Mapquest/etcétera)

Las búsquedas posibilitadas por el programa son tan específicas que cualquier analista de la NSA es capaz de encontrar no solo las páginas web visitadas por la persona en cuestión sino también exhaustivas listas de las personas que han visitado una página web determinada:

TOP SECRET//COMINT//REL TO USA, AUS, CAN, GBR, NZL

XKS HTTP Activity Search

Another common query is analysts who want to see all traffic from a given IP address (or IP addresses) to a specific website.

Búsqueda de actividad XKS HTTP
Otra pregunta o consulta habitual es la de los analistas que quieren ver todo el tráfico desde una dirección dada (o varias) IP a una página web concreta.

TOP SECRET//COMINT//REL TO USA, AUS, CAN, GBR, NZL

XKS HTTP Activity Search

- For example let's say we want to see all traffic from IP Address 1.2.3.4 to the website www.website.com
- While we can just put the IP address and the "host" into the search form, remember what we saw before about the various host names for a given website

TOP SECRET//COMINT//REL TO USA, AUS, CAN, GBR, NZL

Búsqueda de actividad XKS HTTP

- Por ejemplo, pongamos que queremos ver todo el tráfico desde direcciones IP 1.2.3.4 a la página web www.website.com
- Aunque solo podamos poner las direcciones IP y el host en la opción de búsqueda, hemos de recordar lo que vimos antes sobre los diversos nombres de host para una página web concreta

Lo más extraordinario es la facilidad con que los analistas pueden buscar cualquier cosa sin estar sometidos a control. Un analista con acceso a X-KEYSCORE no tiene por qué presentar una solicitud a un supervisor ni a ninguna otra autoridad. Lo que hace el analista es rellenar simplemente un sencillo formulario para justificar la labor de vigilancia, y luego el sistema proporciona la información solicitada.

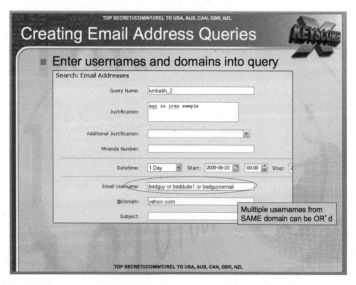

TOP SECRET//COMINT//REL TO USA, AUS, CAN, GBR, NZL

Creating Email Address Queries

■ Enter usernames and domains into query

Search: Email Addresses

Query Name:	kmkeith_2
Justification:	aqi in iran sample
Additional Justification:	
Miranda Number:	
Datetime:	1 Day Start: 2009-06-23 00:00 Stop: 2
Email Username:	badguy or baddude1 or badguysemail
@Domain:	yahoo.com
Subject:	

Mulitiple usernames from SAME domain can be OR'd

TOP SECRET//COMINT//REL TO USA, AUS, CAN, GBR, NZL

Solicitud de direcciones electrónicas
• Introducir nombres de usuarios y dominios en la solicitud • Búsqueda: direcciones de e-mail • Nombre de la búsqueda • Justificación • muestra [ilegible] • Justificación adicional • Número Miranda • Fecha y hora • 1 día • Inicio • Final • Nombre usuario e-mail • Dominio • Tema • Los múltiples nombres de usuario del MISMO dominio pueden ser OR'd

En la primera entrevista en vídeo que concedió en Hong Kong, Edward Snowden hizo una afirmación atrevida: «Yo, aquí sentado, podría interceptar a cualquiera, a usted o a su contable, a un juez federal o al mismísimo presidente si tuviera un e-mail personal.» Los funcionarios de EE.UU. negaron con vehemencia que eso fuera cierto. Mike Rogers acusó expresamente a Snowden de «mentir». Y añadió: «Le resulta imposible hacer lo que dice que podría hacer.» Sin embargo, X-KEYSCORE permite a un analista hacer exactamente lo que dijo Snowden: seleccionar a cualquier usuario para un seguimiento exhaustivo, incluyendo la lectura de sus e-mails. De hecho, el programa permite al analista buscar todos los correos electrónicos que incluyan usuarios seleccionados en la línea «cc» o aparezcan mencionados en el texto.

Las propias instrucciones de la NSA respecto a la búsqueda de e-mails ponen de manifiesto lo fácil y sencillo que es para los analistas controlar a cualquiera de quien conozcan la dirección electrónica:

Email Addresses Query:

One of the most common queries is (you guessed it) an **Email Address Query** searching for an email address. To create a query for a specific email address, you have to fill in the name of the query, justify it and set a date range then you simply fill in the email address(es) you want to search on and submit.

That would look something like this...

Búsqueda direcciones de e-mail:

Una de las búsquedas más habituales es (lo han adivinado) la de **direcciones electrónicas**. Para solicitar una dirección electrónica concreta, hay que poner el nombre de la búsqueda, justificarla y fijar un intervalo de fechas, y a continuación anotar la dirección electrónica (o direcciones) que se quieren buscar y presentar la solicitud. Sería algo así...
Búsqueda: direcciones electrónicas • Nombre de la búsqueda • Justificación • Justificación adicional • Número Miranda • Fecha y hora • 1 mes • Inicio • Nombre usuario e-mail • Dominio

Para la NSA, una de las funciones más valiosas de X-KEY-SCORE es su capacidad para vigilar las actividades en redes sociales online (OSN) como Facebook y Twitter, que, en opinión de la agencia, proporcionan un gran caudal de información y «conocimientos sobre la vida personal de los objetivos escogidos»:

What intelligence do OSN's provide to the IC?

* (S//SI//REL TO USA, FVEY) Insight into the personal lives of targets MAY include:
  * (U) Communications
  * (U) Day to Day activities
  * (U) Contacts and social networks
  * (U) Photographs
  * (U) Videos
  * (U) Personnel information (e.g. Addresses, Phone, Email addresses)
  * (U) Location and Travel Information

¿Qué información proporcionan las OSN a la IC [Comunidad de Inteligencia]?
• (S//SI//REL a EE.UU, FVEY) Entre los conocimientos sobre la vida personal de los objetivos seleccionados se pueden incluir:
  • (U) Comunicaciones
  • (U) Actividades cotidianas
  • (U) Contactos y redes sociales
  • (U) Fotografías
  • (U) Vídeos
  • (U) Información sobre personal (p. ej., domicilios, teléfonos, direcciones electrónicas)
  • (U) Ubicación e información de viajes

Los métodos para buscar actividad en los medios sociales son tan simples como una búsqueda de e-mails: el analista introduce el nombre del usuario en cuestión en, pongamos, Facebook, junto con el intervalo de fechas de actividad, y entonces X-KEYS-CORE procura toda la información acerca del usuario, incluyendo mensajes, chats y otros envíos privados:

(TS//SI//REL TO USA, FVEY)
User Activity Possible Queries

User Activity

Datetime:	1 Day	Start:	2009-09-21	00:00	Stop:	2009-09-22

Search For: username

Search Value: 12345678910

Realm: facebook

Datetime:	1 Day	Start:	2009-09-21	00:00	Stop:	2009-09-22

Search For: username

Search Value: My_Username

Realm: netlog

TS//SI//REL A EE.UU., FVEY) Posibles búsquedas de actividad de usuario
Actividad de usuario • Fecha y hora • 1 día • Inicio: • Final: • Búsqueda de:
• nombre de usuario • Valor de la búsqueda: • Ámbito:

Quizás el hecho más notable de X-KEYSCORE es la mera cantidad de datos que captura y almacena en múltiples sitios de recogida de todo el mundo. «En algunos sitios», señala un informe, «con los recursos disponibles, los numerosísimos datos recibidos cada día (más de 20 terabytes) solo se pueden guardar durante 24 horas.» En un período de 30 días con inicio en diciembre de 2012, la cantidad de registros reunidos por X-KEYSCORE —solo para una unidad (las SSO)— superó los cuarenta y un mil millones:

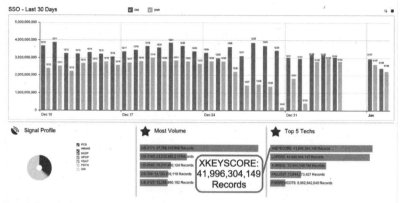

De arriba abajo y de izquierda a derecha
SSO - Últimos 30 días
Perfil de la señal • Volumen máximo • registros • 5 tecnologías principales
• XKEYSCORE 41.996.340.149 registros

X-KEYSCORE «almacena el contenido *full take* [no se pierde nada y se absorbe toda la capacidad de cada circuito] durante 3-5 días "avanzando lentamente por internet" con eficacia», lo que significa que «los analistas pueden volver y recuperar sesiones». Después, «el contenido que es "interesante" se puede sacar de X-KEYSCORE y meter en Agility o PINWALE», bases de datos de almacenamiento que proporcionan una retención más duradera.

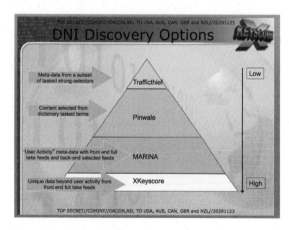

Opciones de descubrimiento de DNI
• Metadatos de un subconjunto de selectores fuertes con tareas asignadas •
Contenido seleccionado de términos del diccionario • Metadatos de «actividad de usuario» con fuentes interfaz *full take* y fuentes motor seleccionadas • Datos únicos más allá de la actividad de usuario de fuentes interfaz *full take* • Bajo • Alto

La capacidad de X-KEYSCORE para acceder a Facebook y otras redes sociales se ve incrementada por otros programas, entre los cuales se incluye BLARNEY, que permiten a la NSA hacer el seguimiento de «una amplia variedad de datos de Facebook mediante las actividades de vigilancia y búsqueda»:

```
(TS//SI//NF) BLARNEY explota las redes sociales mediante
la recogida ampliada en Facebook
Por [NOMBRE CENSURADO]  el 14 de marzo de 2011 14 0737
(TS//SI//NF) Culmen de las SSO — BLARNEY explota las
redes sociales mediante recogida ampliada en Facebook
(TS//SI//NF) El 11 de marzo de 2011, BLARNEY comenzó a
entregar contenido de Facebook sustancialmente mejorado y
más completo. Se trata de un importante salto adelante en
la capacidad de la NSA para explotar Facebook valiéndose
de las autoridades FISA Y FAA. Este esfuerzo se inició en
asociación con el FBI hace seis meses para abordar un
sistema poco fiable e incompleto de recogida en Facebook.
La NSA es actualmente capaz de acceder a una amplia
variedad de datos de Facebook mediante actividades de
vigilancia y búsqueda. La OPI [Office of Professional
Responsibility] está entusiasmada con la recepción de
muchos campos de contenidos, como los chats, sobre una
base sostenida que antes solo había estado disponible de
vez en cuando. Algunos contenidos serán totalmente
nuevos, incluidos vídeos de abonados. Tomada en su
conjunto, la nueva recopilación en Facebook proporcionará
una sólida oportunidad a SIGINT en nuestros objetivos:
desde la geolocalización basada en las direcciones IP y
los agentes de usuario hasta la recogida de todos los
mensajes privados y la información de perfiles. Múltiples
elementos de toda la NSA se han asociado para garantizar
la entrega satisfactoria de estos datos. Un representante
de la NSA en el FBI ha coordinado el rápido desarrollo
del sistema de recogida; el equipo PRINTAURA de las SSO
ha elaborado nuevo software y ha llevado a cabo cambios
en la configuración. La CES ha modificado sus sistemas de
explotación de protocolo, y la Dirección de Tecnología
actualiza por la vía rápida sus herramientas de
presentación de datos para que la OPI pueda verlos como
es debido.
```

En Reino Unido, entretanto, la división de Explotación Global de Telecomunicaciones (GTE) del GCHQ también ha dedicado considerables recursos a la tarea, lo cual aparece detallado en una exposición de 2011 en la reunión anual de los Cinco Ojos.

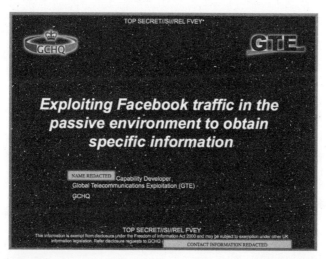

Explotar el tráfico de Facebook en el entorno pasivo para obtener información específica

NOMBRE CENSURADO promotor de capacidades en la Explotación de Telecomunicaciones Globales (GTE)
GCHQ
SECRETO//SI//REL FVEY
Esta información está exenta de revelación conforme a la Ley de Libertad de Información de 2000 y acaso esté sujeta a exención conforme a otras leyes del Reino Unido sobre información. Remítanse las solicitudes de revelación al GCHQ
INFORMACIÓN DE CONTACTO CENSURADA

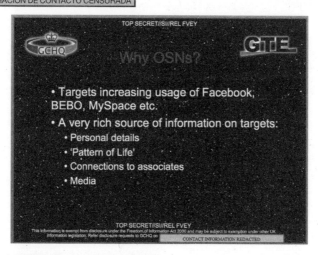

¿Por qué OSN [Redes sociales online]?
• Apunta a la mayor utilización de Facebook, BEBO, MySpace, etcétera
• Una abundantísima fuente de información sobre objetivos:
• Detalles personales
• «Patrón de vida»
• Conexiones con colegas
• Medios de comunicación

El GCHQ ha prestado especial atención a los puntos débiles del sistema de seguridad de Facebook y a la obtención del tipo de datos que los usuarios de Facebook intentan proteger:

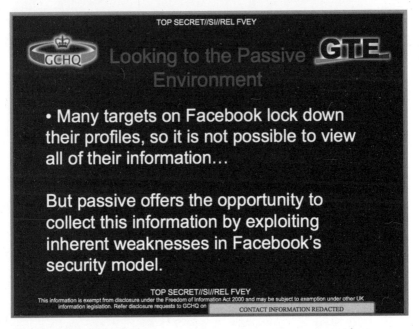

TOP SECRET//SI//REL FVEY

Looking to the Passive Environment

• Many targets on Facebook lock down their profiles, so it is not possible to view all of their information...

But passive offers the opportunity to collect this information by exploiting inherent weaknesses in Facebook's security model.

TOP SECRET//SI//REL FVEY

This information is exempt from disclosure under the Freedom of Information Act 2000 and may be subject to exemption under other UK information legislation. Refer disclosure requests to GCHQ on

CONTACT INFORMATION REDACTED

Atender al entorno pasivo
• En Facebook, muchos objetivos protegen sus perfiles, por lo que es imposible ver toda su información...
• No obstante, el entorno pasivo ofrece la oportunidad de recoger esta información explotando puntos débiles inherentes al modelo de seguridad de Facebook.

En concreto, el GCHQ ha observado, en el sistema de las redes de almacenamiento de imágenes, resquicios que pueden utilizarse para obtener acceso a cuentas de usuarios:

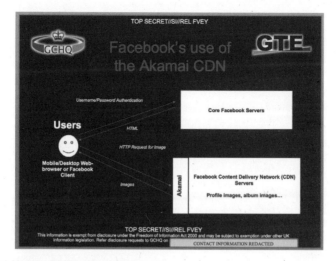

Uso del Akamai CDN en Facebook

• Nombre usuario/contraseña/autentificación • Servidores básicos de Facebook
• Usuarios • Navegador móvil/fijo de cliente de Facebook • HTML • Petición de
imagen HTTP • Imágenes • Akamai • Servidores de red de entrega de contenidos de
Facebook (Content Delivery Network, CDN) - Imágenes de perfiles, imágenes de
álbumes…

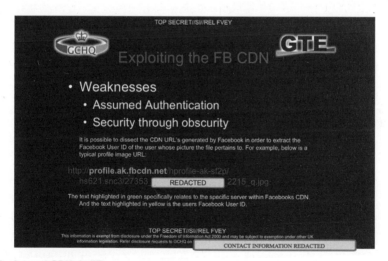

Explotar el CDN de FB

• Puntos débiles • Autentificación supuesta • Seguridad a través de la oscuridad • Es
posible analizar minuciosamente el CDN URL [Uniform Resources Locator,
Localizador de recursos uniforme] generado por Facebook para extraer el ID de
usuario de Facebook a cuya imagen pertenece el archivo. Por ejemplo, ahí tenemos
una imagen típica de perfil URL: http://profile.ak.fbcdn.net/hprofile-ak-s12p/hs621.
snc3/27353 [CENSURADO] _2215_qjpg • El texto marcado en negrita está relacionado
explícitamente con el servidor concreto dentro de Facebook's CDN. Y el marcado en
cursiva es la ID de usuario de Facebook.

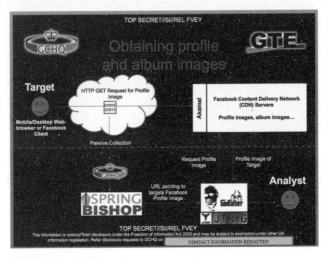

TOP SECRET//SI//REL FVEY

De arriba abajo y por columnas
Obtención de imágenes de perfiles y álbumes
• Objetivo • Navegador móvil/fijo de cliente de Facebook • HTTP GET solicita imagen de perfil • servidores de red de entrega de contenidos (CDN)-Imágenes de perfiles, imágenes de álbumes… • Recogida pasiva • URL señala como objetivos imágenes de perfiles de Facebook • Solicita imagen de perfiles • Imagen de perfil del objetivo • Analista

Más allá de las redes sociales, la NSA y el GCHQ siguen buscando cualquier brecha en su red de vigilancia, cualquier comunicación situada más allá del alcance de su vigilancia, y a continuación crean programas para llevarlo todo bajo el atento ojo de las agencias. Esto se pone de manifiesto mediante un programa aparentemente críptico.

Tanto la NSA como el GCHQ se han obsesionado con la necesidad percibida de controlar las comunicaciones telefónicas y de internet durante los vuelos de las líneas aéreas comerciales. Como son desviadas mediante sistemas de satélites independientes, son extremadamente difíciles de detectar. A las agencias de vigilancia les resulta insoportable la idea de que en algún momento alguien pueda utilizar internet en su teléfono sin ser detectado —por ejemplo, dentro de un avión—. En respuesta a ello, han dedicado considerables recursos a crear sistemas que intercepten las comunicaciones en vuelo.

En la reunión de 2012 de los Cinco Ojos, el GCHQ presentó un programa de interceptación denominado «Thieving Magpie», que se centraba en el creciente uso de teléfonos móviles durante los vuelos:

THIEVING MAGPIE

Uso de servicios GSM/GPRS [Global System for Mobile Communications/General Packet Radio Services] a bordo para localizar objetivos
Nombre e información de contacto censurados
SECRETO//COMINT//REL A EE.UU., FVEY STRAP1

Servicios GSM a bordo

• Muchas compañías aéreas están ofreciendo servicios de teléfono móvil a bordo, sobre todo en viajes largos y clase preferente (la lista está creciendo)
• Al menos British Airways solo está limitando el servicio a datos y SMS, excluyendo la voz

La solución propuesta consistía en desarrollar un sistema que garantizase una «cobertura global» completa:

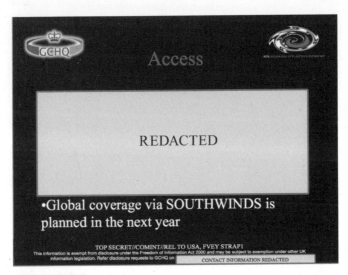

Acceso CENSURADO
• Para el año próximo está prevista la cobertura global mediante SOUTHWINDS

Se han hecho progresos sustanciales para garantizar que, en los aviones de pasajeros, ciertos dispositivos se prestan a la vigilancia:

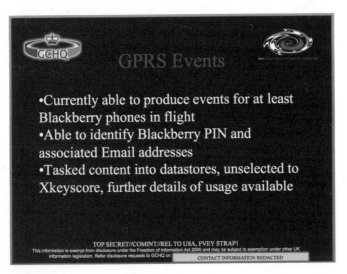

Episodios GPRS
• Actualmente capaces de producir episodios al menos para los teléfonos Blackberry en vuelo
• Capaces de identificar PIN de Blackberry y direcciones electrónicas asociadas
• Contenido de tareas en almacenes de datos, no selección para Xkeyscore, más detalles de uso disponible

Travel Tracking

•We can confirm that targets selectors are on board specific flights in near real time, enabling surveillance or arrest teams to be put in place in advance
•If they use data, we can also recover email address's, Facebook Ids, Skype addresses etc
•Specific aircraft can be tracked approximately every 2 minutes whilst in flight

TOP SECRET//COMINT//REL TO USA, FVEY STRAP1
This information is exempt from disclosure under the Freedom of Information Act 2000 and may be subject to exemption under other UK information legislation. Refer disclosure requests to GCHQ on CONTACT INFORMATION REDACTED

Localización de viajes
• Podemos confirmar que los selectores de objetivos están a bordo de vuelos específicos en tiempo casi real, lo que permite a los equipos de vigilancia o detención estar en el sitio con antelación
• Si utilizan datos, podemos también recuperar direcciones de e-mail, identificaciones de Facebook, direcciones de Skype, etcétera
• Se pueden localizar aviones concretos aproximadamente cada 2 minutos mientras están en vuelo

Un documento afín de la NSA presentado en la misma reunión, titulado «Homing Pigeon» [Paloma mensajera], también describe los esfuerzos para controlar comunicaciones en el aire, en concreto coordinando el programa de la agencia con el del GCHQ y haciendo que todo el sistema esté disponible para el grupo de los Cinco Ojos:

(U) ANALYTIC DRIVER (CONT.)

❏(S//SI//REL FVEY) Analytic Question

Given a GSM handset detected on a known aircraft flight, what is the likely identity (or identities) of the handset subscriber (and vice-versa)?

❏(TS//SI//REL FVEY) Proposed Process

Auto correlation of GSM handsets to subscribers observed on two or more flights.

(U) DRIVER ANALÍTICO (cont.)
- (S//SI//REL FVEY) Pregunta analítica
Dado un aparato GSM detectado en un vuelo conocido, ¿cuál es la probable identidad del abonado al aparato (y viceversa)?
- (TS//SI//REL FVEY) Proceso propuesto
Correlación automática de aparatos GSM con abonados observada en dos o más vuelos.

(U) GOING FORWARD

❏(TS//SI//REL FVEY) SATC will complete development once a reliable THIEVING MAGPIE data feed has been established

❏(TS//SI//REL FVEY) Once the QFD is complete, it will be available to FVEY users as a RESTful web service, JEMA component, and a light weight web page

❏ (TS//SI//REL FVEY) If the S2 QFD Review Panel elects to ask for HOMING PIGEON to be made persistent, its natural home would be incorporation into FASTSCOPE

(U) AVANZANDO)
- (TS//SI//REL FVEY) El SATC completará el desarrollo una vez que se haya establecido una fuente de datos THIEVING MAGPIE fiable
- (TS//SI//REL FVEY) En cuanto la QFD [Quality Function Development, Despliegue de la función calidad] se haya completado, estará disponible para los usuarios de FVEY como un servicio web RESTful, un componente JEMA y una página web ligera
- (TS//SI//REL FVEY) Si el panel de revisión de la S2 QFD elige pedir que HOMING PIGEON sea más persistente, el hogar natural de la «paloma mensajera» sería su incorporación a FASTSCOPE

En ciertas secciones de la NSA hay un notable candor sobre la finalidad de un sistema de vigilancia secreta de tales dimensiones. La idea aparecía reflejada sin tapujos en una exposición en PowerPoint preparada para un grupo de funcionarios de la agencia en la que se discutía la posibilidad de ciertos criterios internacionales para internet. El autor de la exposición es un «Funcionario Nacional de Inteligencia NSA/SIGINT (SINIO) para Ciencia y Tecnología», que se describe a sí mismo como «científico y *hacker* bien preparado».

El título de la exposición es contundente: «Papel de los intereses nacionales, el dinero y los egos.» Estos tres factores juntos, dice, son los principales motivos que impulsan a EE.UU. a mantener el dominio en la vigilancia global.

Oh, sí...
• Si juntas dinero, interés nacional y ego, estás hablando de moldear el mundo de manera ostensible
¿Qué país no quiere convertir el mundo en un lugar mejor... para él mismo?

El autor señala que el dominio de EE.UU. en internet ha conferido al país un poder y una influencia sustanciales y ha generado asimismo inmensos beneficios:

SECRET//REL TO USA, FVEY

What's the Threat?

- Let's be blunt – the Western World (especially the US) gained influence and made a lot of money via the drafting of earlier standards.
  - ☐ The US was the major player in shaping today's Internet. This resulted in pervasive exportation of American culture as well as technology. It also resulted in a lot of money being made by US entities.

¿Cuál es la amenaza?

• Seamos claros; el mundo occidental (sobre todo EE.UU.) ha adquirido influencia y ganado un montón de dinero mediante anteproyectos de estándares nuevos.

• EE.UU. es el principal actor en el desarrollo actual de internet. Esto se ha traducido en una omnipresente exportación tanto de cultura norteamericana como de tecnología. También ha permitido ganar mucho dinero a entidades norteamericanas.

Este poder y estos beneficios también corresponden inevitablemente a la propia industria de vigilancia, lo cual, como es lógico, aporta otra explicación de su interminable expansión. En el período posterior al 11-S se ha producido un enorme incremento de los recursos dedicados a la vigilancia. La mayoría de estos recursos han sido transferidos desde las arcas públicas (es decir, los contribuyentes norteamericanos) a los bolsillos de las empresas privadas de defensa y vigilancia.

Compañías como Booz Allen Hamilton y AT&T emplean a muchísimos ex altos funcionarios gubernamentales al tiempo que muchísimos altos funcionarios actuales de defensa son antiguos (y seguramente futuros) trabajadores de estas mismas empresas. El constante crecimiento del estado policial es una forma de garantizar la continua llegada de fondos gubernamentales, que la puerta giratoria permanezca engrasada. Es también la mejor manera de asegurarse de que la NSA y sus agencias afines conservan influencia e importancia institucional en Washington.

Si ha crecido la ambición y la escala de la industria de la vigilancia, también lo ha hecho el perfil de su adversario percibido. Tras enumerar las diversas amenazas a las que supuestamente se enfrenta EE.UU., en un documento titulado «Agencia de Seguridad Nacional: Informe General», la NSA incluye algunos puntos previsibles, como «*hackers*», «elementos criminales» o «terroristas». Sin embargo, es revelador que también vaya más lejos al incluir entre las amenazas una lista de *tecnologías*, entre ellas internet:

De arriba abajo y por columnas
LA AMENAZA ACTUAL • Hackers • Personas con acceso a información confidencial • Inteligencia extranjera tradicional • Internet • Inalámbricos • Circuitos de alta velocidad • Buscapersonas • Facsímiles • Satélites • Países en desarrollo • Elementos criminales • Terroristas

Internet lleva tiempo siendo anunciado como un instrumento de democratización y liberalización —incluso de emancipación— sin precedentes. Sin embargo, a juicio del gobierno de EE.UU., esta red global y otras tecnologías de las comunicaciones amenazan con debilitar el poder norteamericano. Contemplada desde esta perspectiva, la aspiración de la NSA de «recogerlo todo» resulta por fin coherente. Es fundamental que la NSA controle todas las partes de internet y de cualquier otro medio de comunicación para que nada escape al control del gobierno de Estados Unidos.

En última instancia, más allá de las ventajas económicas y de la manipulación diplomática, un sistema de espionaje omnipresente permite a EE.UU. seguir controlando el mundo. Cuando Estados Unidos sean capaces de saber todo lo que están haciendo, diciendo, pensando y planeando todos —sus propios ciudadanos, poblaciones extranjeras, empresas internacionales, otros dirigentes gubernamentales—, su poder sobre esos grupos y organizaciones será máximo. Lo cual es doblemente cierto si el gobierno funciona con dosis cada vez mayores de secretismo. El secretismo crea un espejo unidireccional: el gobierno de EE.UU. ve lo que hace todo el mundo incluida su propia población y nadie ve las acciones del gobierno. Es el desequilibrio supremo, el que permite la más peligrosa de las circunstancias humanas: el ejercicio de un poder ilimitado sin transparencia ni rendición de cuentas.

Las revelaciones de Edward Snowden trastocaron esta peligrosa dinámica al sacar a la luz el sistema y su funcionamiento. Por primera vez, personas de todo el mundo pudieron saber el verdadero alcance de las capacidades de vigilancia acumuladas en su contra. La noticia desencadenó un intenso y prolongado debate en todo el mundo precisamente porque la vigilancia supone una grave amenaza para la gobernanza democrática. También suscitó propuestas de reforma, una discusión global sobre la importancia de la libertad y la privacidad en internet en la era electrónica, y la consideración de una cuestión vital: ¿Qué significa la vigilancia sin límites, para nosotros como individuos, en nuestra vida?

4

EL DAÑO DE LA VIGILANCIA

Gobiernos de todo el mundo han intentado por todos los medios convencer a los ciudadanos para que desdeñen su privacidad. Gracias a un sinfín de justificaciones que ya nos resultan familiares, han conseguido que la gente tolere graves invasiones en su ámbito privado; las justificaciones han sido tan efectivas que muchos aplauden mientras las autoridades recogen inmensas cantidades de datos sobre lo que dicen, leen, compran y hacen los ciudadanos, y con quién.

Estas autoridades han intensificado su asalto a la privacidad con la ayuda de un coro de magnates de internet: los imprescindibles socios del gobierno en la vigilancia. Cuando en 2009, en una entrevista en la CNBC, preguntaron a Eric Schmidt, presidente de Google, sobre sus preocupaciones respecto a la retención de datos de usuarios por parte de la compañía, dio esta infame respuesta: «Si haces algo que no quieres que sepa nadie, quizá para empezar no deberías hacerlo.» Con la misma displicencia, Marc Zuckerberg, fundador y presidente de Facebook, en una entrevista de 2010 dijo que «la gente está realmente cómoda no solo compartiendo más información de diferentes tipos, sino también de forma más abierta y con más personas». En la era digital, la privacidad ya no es una «norma social», afirmaba, idea que viene muy bien a los intereses de una empresa tecnológica que comercia con información personal.

La importancia de la privacidad se evidencia en que quienes

la infravaloran, quienes la consideran finiquitada o prescindible, no creen en las cosas que dicen: con frecuencia se esfuerzan mucho por mantener el control frente a la notoriedad de su información y su conducta. El propio gobierno de EE.UU. ha utilizado medidas extremas para ocultar sus acciones al público, levantando un muro cada vez más alto de secretismo tras el cual opera. Como se refleja en un informe de 2011 de la ACLU, «en la actualidad, buena parte de los asuntos del gobierno se llevan a cabo en secreto». Este mundo oscuro es tan reservado, «tan grande y tan rígido», como decía el *Washington Post*, «que nadie sabe cuánto dinero cuesta, cuántas personas trabajan en él, cuántos programas existen en su seno o cuántas agencias exactamente realizan la misma labor».

Del mismo modo, estos potentados de internet tan dispuestos a menospreciar nuestra privacidad protegen la suya con gran celo. Google insistía en la política de no hablar con reporteros de CNET, la página de noticias tecnológicas, después de que publicase información personal de Eric Schmidt —incluyendo el sueldo, donaciones a campañas y el domicilio, todo obtenido a través de Google— con el fin de recalcar los peligros invasivos de su empresa.

Entretanto, Mark Zuckerberg compraba las cuatro casas adyacentes a la suya de Palo Alto, a un precio de treinta millones de dólares, para garantizar su intimidad. Como decía CNET, «tu vida personal se conoce ahora como "datos de Facebook". La vida personal del presidente se conoce ahora como "métete en tus asuntos"».

Expresan la misma contradicción muchos ciudadanos corrientes que, aunque justifican el estado vigilante, también usan contraseñas en su correo electrónico y sus cuentas en redes sociales; colocan cerraduras en la puerta del cuarto de baño, precintan los sobres que contienen sus cartas. Cuando no mira nadie, exhiben comportamientos que ni se les pasarían por la cabeza si estuvieran en público. A sus amigos, psicólogos y abogados les cuentan cosas que no quieren que nadie más sepa. Cuando están online, expresan pensamientos que no quieren ver asociados a su nombre.

Las numerosas personas favorables a la vigilancia con las que he hablado desde que Snowden diera la voz de alarma se han apresurado a hacerse eco de la opinión de Schmidt en el sentido de que la privacidad es para la gente que tiene algo que esconder. Sin embargo, curiosamente, nadie estaría dispuesto a darme las contraseñas o las cuentas de su e-mail, o a permitir la entrada de cámaras en su casa.

Cuando Dianne Feinstein, la presidenta del Comité de Inteligencia del Senado, insistía en que la recogida de metadatos no constituye vigilancia —pues no incluye el contenido de ninguna comunicación—, hubo protestas en que se le exigía que llevara sus afirmaciones a la práctica: ¿Publicaría la senadora cada mes la lista de personas a las que llamaba y mandaba e-mails, incluyendo la duración de las conversaciones y las ubicaciones físicas del origen y el destino de las llamadas? Era inconcebible que aceptara la oferta toda vez que esta clase de información es muy reveladora; hacerla pública supondría una verdadera violación del ámbito privado.

El problema no es la hipocresía de quienes menosprecian el valor de la privacidad al tiempo que protegen a fondo la propia, aun siendo algo llamativo, sino que el deseo de privacidad es algo común a todos, una parte esencial, no secundaria, de lo que significa ser humano. Todos entendemos por instinto que el terreno privado es donde podemos actuar, pensar, hablar, escribir, experimentar y decidir cómo queremos ser al margen del escrutinio ajeno. La privacidad es una condición fundamental para ser una persona libre.

Quizá la más famosa formulación de lo que significa la privacidad y de por qué es deseada de forma tan universal y absoluta se la debemos a Louis Brandeis, magistrado del Tribunal Supremo de EE.UU., que en el caso Olmstead *vs*. EE.UU. de 1928 dijo: «El derecho a que lo dejen a uno en paz es el más absoluto de los derechos, y el más valorado por las personas libres.» El valor de la privacidad, escribía, «tiene un alcance más amplio» que el de las meras libertades cívicas. Es, decía él, fundamental:

Los autores de nuestra Constitución se propusieron garantizar las condiciones favorables para la consecución de la felicidad. Reconocían la importancia de la naturaleza espiritual del hombre, de sus sentimientos y de su inteligencia. Sabían que en las cosas materiales es posible hallar solo una parte del dolor, del placer y de las satisfacciones de la vida. Querían proteger a los americanos en lo relativo a sus creencias, sus pensamientos, sus emociones y sus sensaciones. Concedían, frente al gobierno, el derecho a no ser molestado.

Antes de que fuera nombrado miembro del Tribunal, Brandeis ya era un ferviente defensor de la privacidad. Junto con el abogado Samuel Warren, en 1890 escribió en *Harvard Law Review* un artículo de gran influencia, «El derecho a la privacidad», según el cual robarle a alguien la privacidad era un delito muy diferente del robo de pertenencias materiales. «El principio que protege los escritos personales y todas las demás producciones personales, no contra el robo ni la apropiación física, sino contra cualquier forma de publicación, en realidad no es el principio de la propiedad privada, sino el de la personalidad inviolada.»

La privacidad es esencial para la libertad y la felicidad humanas por razones que casi nunca se discuten pero son incontrovertibles. Para empezar, las personas cambian radicalmente de conducta si saben que alguien las está mirando. Se esfuerzan por hacer lo que se espera de ellas. Procuran evitar la vergüenza y la repulsa. Y hacen todo esto suscribiendo firmemente las prácticas sociales aceptadas, manteniéndose dentro de los límites impuestos, evitando acciones que les den una imagen de rareza o anormalidad.

Por tanto, la variedad de opciones que las personas contemplan cuando creen ser observadas es mucho más limitada que cuando actúan en un ámbito privado. El menoscabo de la privacidad restringe gravemente la libertad de elección del individuo.

Hace unos años asistí al *bat mitzvah* de la hija de mi mejor amigo. Durante la ceremonia, el rabino hizo hincapié en que la «principal lección» que debía aprender la niña era que siempre «sería observada y juzgada». Le dijo que Dios siempre sabía lo que ella estaba haciendo, que conocía todas sus decisiones, todas sus acciones y todos sus pensamientos, con independencia de lo íntimos que fueran. «Nunca estás sola», añadió, lo cual significaba que debía acatar la voluntad de Dios.

La idea del rabino estaba clara: si nunca puedes evitar los ojos vigilantes de una autoridad suprema, la única alternativa es seguir los dictados impuestos por dicha autoridad. No se te puede ni pasar por la cabeza seguir tu propio camino al margen de las reglas: si alguien va a estar siempre observándote y juzgándote, en realidad no eres un individuo libre.

Todas las autoridades opresoras —políticas, religiosas, sociales, parentales— se basan en esta verdad esencial, de la que se valen como instrumento clave para reforzar ortodoxias, imponer adhesiones y reprimir disconformidades. Les interesa transmitir que nada de lo que hagan sus súbditos escapará al conocimiento de la autoridad. La privación de privacidad, mucho más efectiva que una fuerza policial, eliminará toda tentación de infringir las normas.

Cuando desaparece la esfera privada, lo que se pierde son muchos de los atributos típicamente asociados a la calidad de vida. La mayoría de las personas han tenido la experiencia de liberarse de restricciones gracias a la privacidad. Y, a la inversa, todos hemos tenido la experiencia de mostrar conductas privadas pensando que estábamos solos —bailar, confesar algo, explorar expresiones sexuales, formular ideas no probadas— y luego nos hemos avergonzado si otros nos han visto.

Solo cuando creemos que nadie nos observa nos sentimos realmente libres —seguros— para experimentar de veras, poner límites a prueba, indagar nuevas maneras der ser y de pensar, ser nosotros mismos. Internet era tan atractivo precisamente porque permitía hablar y actuar de forma anónima, algo de vital importancia para la exploración individual.

Por esta razón, es en la esfera de la privacidad donde germinan la creatividad, la rebeldía y los desafíos a la ortodoxia. Una sociedad en la que todo el mundo se sabe observado por el estado —donde desaparece efectivamente el ámbito privado— es una sociedad en la que estos atributos se pierden, tanto en el nivel social como en el individual.

Por tanto, la vigilancia estatal generalizada es intrínsecamente represiva, incluso en el caso improbable de no ser utilizada abusivamente por funcionarios vengativos que quieran obtener información privada sobre adversarios políticos. Al margen de si se usa la vigilancia o se abusa de ella, los límites que impone a la libertad son connaturales a su existencia.

Pese a quienes consideran *1984* de George Orwell una especie de cliché, en el estado de vigilancia de la NSA son inequívocos los ecos del mundo creado por el escritor: ambos se basan en la existencia de un sistema tecnológico con capacidad para controlar las acciones y las palabras de todos los ciudadanos. Los paladines de la vigilancia niegan la similitud —no *siempre* estamos siendo vigilados, dicen—, pero este razonamiento es erróneo: en *1984*, no estaban necesariamente controlados en todo momento; de hecho, no tenían ni idea de si los vigilaban realmente. No obstante, el estado tenía la capacidad para hacerlo en cualquier momento. Era la incertidumbre y la posibilidad de vigilancia omnipresente lo que servía para que todos obedecieran:

> La telepantalla recibía y transmitía simultáneamente. Cualquier sonido que hiciera Winston superior a un susurro era captado por el aparato. Además, mientras permaneciera dentro del radio de visión de la placa de metal, podía ser visto y oído. Por supuesto no había manera de saber si le contemplaban a uno en un momento dado. Lo único posible era figurarse la frecuencia y el plan que empleaba la Policía del Pensamiento para controlar un hilo privado. Incluso se concebía que los vigilaran a todos a la vez. Pero desde luego podían intervenir su línea cada vez que se les antojara. Tenía usted que vivir —y en esto el hábito se convertía en un instinto— con la seguridad de que cualquier sonido emitido por usted sería registrado y escuchado por alguien, y que, excepto en la oscuridad, todos sus movimientos serían observados.

Ni siquiera la NSA, con todos sus recursos, era capaz de leer todos los e-mails, escuchar todas las llamadas telefónicas o rastrear las acciones de todos los individuos. Lo que vuelve efectivo un sistema de control de la conducta humana es el hecho de saber que las palabras y acciones de uno son susceptibles de seguimiento.

Este principio era clave para entender la idea del *panóptico*, del filósofo del siglo XVII Jeremy Bentham, un edificio que, a su juicio, permitiría a las instituciones controlar la conducta humana de manera eficaz. La estructura del edificio se utilizaría, en palabras suyas, para «cualquier clase de establecimiento en el que han de ser inspeccionadas personas de toda condición». La principal innovación arquitectónica del panóptico era una gran torre central desde la que los guardias podían controlar en todo momento cualquier habitación —o celda, aula o sala—. Sin embargo, como los habitantes del edificio no podían ver dentro de la torre, no sabían nunca si estaban siendo vigilados o no.

Puesto que la institución —cualquier institución— no era capaz de observar a todas las personas durante todo el tiempo, la solución de Bentham fue crear en la mente de los residentes «la aparente omnipresencia del inspector». «Las personas a inspeccionar han de sentirse siempre como si estuvieran bajo inspección o al menos como si esta fuera muy probable.» De este modo, su proceder sería el de quienes están siempre vigilados, lo estén o no. El resultado sería docilidad, obediencia y conformidad con las expectativas. Bentham preveía que su creación se extendería más allá de las prisiones y los hospitales psiquiátricos hasta llegar a todas las instituciones de la sociedad. Inculcar en la mente de los ciudadanos que siempre pueden estar bajo control sería, a su entender, una revolución en el comportamiento humano.

En la década de 1970, Michel Foucault señaló que el principio del panóptico de Bentham era uno de los mecanismos fundacionales del estado moderno. En *Microfísica del poder*, escribió que el panoptismo es un «tipo de poder que se aplica a los individuos en forma de supervisión personal continua, en forma de control, castigo y compensación, y en forma de corrección, es decir, el moldeado y la transformación de los individuos con arreglo a ciertas normas».

En *Vigilar y castigar*, Foucault ahondó en la idea de que la vigilancia generalizada no solo habilita a las autoridades e impone conformidad, sino que también induce a los individuos a interiorizar a sus vigilantes: deciden por instinto hacer lo que se espera de ellos sin darse cuenta siquiera de que están siendo controlados. El panóptico provoca «en el interno un estado de conciencia y visibilidad permanente que garantiza el funcionamiento automático del poder». Con el control interiorizado, «el poder externo puede deshacerse del peso físico; tiende a ser no-corporal; y, cuanto más se acerca a su límite, más constantes, profundos y permanentes son sus efectos: es una gran victoria que evita todo enfrentamiento físico y que siempre está decidida de antemano».

Además, este modelo de control tiene la enorme ventaja de crear al mismo tiempo la ilusión de libertad. En la mente del individuo existe la compulsión a la obediencia. El miedo a ser vigilada, empuja a la persona a decidir por cuenta propia obedecer. Esto elimina la necesidad de todas las características visibles de la coacción, lo que posibilita el control de personas que se creen equivocadamente libres.

Por este motivo, todos los estados opresores consideran que la vigilancia es uno de sus instrumentos de control fundamentales. Cuando la comedida canciller alemana Angela Merkel se enteró de que la NSA llevaba años escuchando a escondidas su móvil personal, habló con el presidente Obama y comparó furiosa la vigilancia norteamericana con la Stasi, el famoso servicio de seguridad de Alemania Oriental, lugar en el que ella se crio. Merkel no quería decir que Estados Unidos fueran el equivalente al régimen comunista; lo que Merkel quería decir está claro: la esencia de un estado vigilante amenazador, sea a través de la NSA, la Stasi, el Gran Hermano o el panóptico, es el hecho de saber que uno puede ser observado en cualquier momento por autoridades ocultas.

No es difícil entender por qué las autoridades de Estados Unidos y otros países occidentales han sucumbido a la tentación de crear un sistema generalizado de espionaje dirigido a sus propios ciudadanos. El aumento de las desigualdades y el empeoramiento de la situación económica, convertida en una crisis en toda regla tras el colapso financiero de 2008, ha generado una grave inestabilidad interna. Se ha producido malestar notorio incluso en democracias sumamente estables. En 2011, hubo disturbios en Londres. En Estados Unidos, tanto la derecha —las protestas del Tea Party en 2008 y 2009— como la izquierda —el movimiento Occupy Wall Street— han llevado a cabo manifestaciones de protesta de ciudadanos irritados. Según diversas encuestas realizadas en estos países, los niveles de descontento con la clase política y el rumbo de la sociedad son llamativamente elevados.

Ante el descontento social, las autoridad suelen tener dos opciones: apaciguar a la población con concesiones simbólicas o reforzar el control para reducir al mínimo el daño que eso pueda causar a sus intereses. Al parecer, las élites occidentales consideran que la segunda opción —fortalecer su poder— es el mejor procedimiento, acaso el único viable, para proteger su posición. La respuesta ante el movimiento Occupy fue reprimirlo sin contemplaciones, mediante gases lacrimógenos, spray de pimienta y procesamientos. La paramilitarización de las fuerzas policiales se puso plenamente de manifiesto en diversas ciudades norteamericanas, donde los agentes utilizaron armas vistas antes en las calles de Bagdad para disolver reuniones legales y reprimir manifestaciones en su mayor parte pacíficas. La estrategia consistía en que la gente tuviera miedo de asistir a concentraciones y protestas, y surtió efecto. El objetivo general era propiciar la sensación de que, frente a una clase dirigente poderosa e impenetrable, este tipo de resistencia es inútil.

Un sistema de vigilancia omnipresente logra el mismo propósito pero con una contundencia aún mayor. La mera organización de movimientos opositores se torna difícil cuando el gobierno está observando todo lo que hace la gente. En todo caso, la vigilancia masiva acaba con la disensión también en un sitio más profundo e importante: la mente, donde el individuo se acostumbra a pensar conforme a lo que se espera de él y se le exige.

La historia deja muy claro que la finalidad de la vigilancia estatal es la coacción colectiva. El guionista de Hollywood Walter Bernstein, perseguido y en la lista negra durante la era McCarthy, obligado a escribir bajo seudónimos para seguir trabajando, ha descrito la dinámica de la opresora autocensura surgida de la sensación de estar siendo vigilado:

Todo el mundo iba con cuidado. No era cuestión de correr riesgos... Había escritores, escritores que no figuraban en la lista negra, no sé cómo los llamaríais, «gente en el filo», pero no políticos. Se alejaban de la política... Creo que imperaba la sensación general de «no arriesgarse».

Es un ambiente que no ayuda a la creatividad ni deja que la mente funcione libremente. Siempre corres el peligro de la autocensura, de decir «no, no intentaré esto porque no se va a hacer o me enfrentará con el gobierno», o cosas por el estilo.

Los comentarios de Bernstein resonaban inquietantemente en un artículo publicado por *PEN America* en noviembre de 2013 titulado: «Efectos escalofriantes: la vigilancia de la NSA empuja a los escritores norteamericanos a la autocensura.» La organización llevó a cabo una encuesta sobre los efectos de las revelaciones sobre la NSA en sus miembros, y observó que en la actualidad muchos escritores «dan por sentado que sus comunicaciones están siendo controladas» y han modificado su conducta de tal modo que «limitan su libertad de expresión y restringen el flujo libre de información». En concreto, «el 24% ha evitado adrede ciertos temas en las conversaciones telefónicas o los e-mails».

El pernicioso poder controlador de la vigilancia generalizada y la autocensura derivada se ven confirmados en una gran variedad de experimentos y se extienden mucho más allá del activismo político. Numerosos estudios ponen de manifiesto el funcionamiento de esta dinámica en los niveles personales y psicológicos más profundos.

Un equipo de investigadores que publicó sus hallazgos en *Evolutionary Psychology* presentó a varios individuos unas cuantas acciones moralmente cuestionables, como quedarse una cantidad considerable de dinero de una cartera encontrada en la calle o pasar por alto que un amigo haya añadido información falsa a su currículum. Se pedía a los participantes que evaluaran el grado de maldad. El estudio reveló que las personas a quienes se habían mostrado imágenes que daban a entender vigilancia, como un par de ojos grandes mirando fijamente, consideraban las acciones más «censurables» que aquellos a quienes se les había enseñado imágenes neutras. Los investigadores llegaron a la conclusión de que la vigilancia anima a quienes están siendo observados a «declarar su apoyo a las normas sociales imperantes» mientras intentan «gestionar activamente su reputación».

Un experimento exhaustivo llevado a cabo en 1975 por los psicólogos Philip Zimbardo y Gregory White, de la Universidad de Stanford, titulado «Los llamativos efectos de la vigilancia», pretendía evaluar si el hecho de ser vigilado ejercía algún impacto en la expresión de opiniones políticas controvertidas. El estudio tenía su justificación en las preocupaciones de los norteamericanos sobre la vigilancia gubernamental:

> El escándalo Watergate, las revelaciones sobre micrófonos ocultos en la Casa Blanca o las investigaciones del Congreso acerca del espionaje interno realizado por la Agencia Central de Inteligencia han servido para poner de relieve la obsesión cada vez mayor de la vida norteamericana: ¡El Gran Hermano está vigilándote! Las propuestas de bancos de datos nacionales, el uso de helicópteros por parte de las fuerzas policiales urbanas, la presencia de cámaras en bancos y supermercados o los registros de personas y propiedades por personal de seguridad de los aeropuertos son solo algunos signos indicativos de que nuestra vida privada está cada vez más controlada.

Se colocó a los participantes en distintos niveles de vigilancia y se les pidió que dieran su opinión sobre la legalización de la marihuana.

Resultó que los individuos «amenazados» —a quienes se había dicho que sus palabras serían transmitidas a la policía «a efectos de capacitación»— eran más susceptibles de condenar el consumo de marihuana y de utilizar en su lenguaje pronombres en segunda y tercera persona («tú», «ellos», «la gente»). Solo el 44% de los individuos sometidos a vigilancia defendió la legalización frente al 77% entre los «no amenazados». Algo muy revelador era que el 31% de los participantes vigilados buscaba espontáneamente la aprobación de los investigadores (preguntando, por ejemplo,

«¿le parece bien?»), mientras que en el otro grupo solo hacía esto el 7%. Los participantes «amenazados» también obtenían una puntuación bastante superior en sentimientos de ansiedad e inhibición.

En sus conclusiones, Zimbardo y White señalaban que la «amenaza o realidad de la vigilancia gubernamental puede inhibir psicológicamente la libertad de expresión». Y añadían que, aunque su «diseño de investigación no dejaba margen para "evitar el ensamblaje"», esperaban que la «ansiedad generada por la amenaza de vigilancia impulsaría a la gente a evitar del todo situaciones» en las que pudiera ser vigilada. «Como este tipo de suposiciones están limitadas solo por la imaginación de uno y se ven estimuladas a diario por revelaciones de invasión gubernamental e institucional de la privacidad», escribían, «las fronteras entre los delirios paranoides y las cautelas justificadas se vuelven realmente imprecisas».

Es verdad que la vigilancia puede fomentar lo que cabría denominar conducta «prosocial». En un estudio se observó que ciertos alborotos —en los campos de fútbol suecos, por ejemplo, los aficionados lanzaban botellas y mecheros— disminuyeron en un 65% tras la instalación de cámaras de seguridad. Y la inmensa bibliografía sobre salud pública relativa a la acción de lavarse las manos ha confirmado una y otra vez que para incrementar las posibilidades de que alguien se lave las manos debe haber alguien cerca.

Pero de modo abrumador, el efecto de ser vigilado es el constreñimiento severo de la capacidad individual de elección. Incluso en el escenario más íntimo, la familia, por ejemplo, la vigilancia hace que acciones insignificantes parezcan importantes solo porque han sido observadas. En un experimento realizado en Reino Unido, los investigadores dieron a los participantes unos dispositivos de localización para vigilar a miembros de su familia. En todo momento era accesible la ubicación precisa de cualquier pariente, y si se detectaba a alguien, la persona en cuestión recibía un mensaje. Cada vez que un miembro localizaba a otro, también se le enviaba un cuestionario en el que se le preguntaba por qué lo había hecho y si la respuesta recibida estaba a la altura de las expectativas.

En el informe final, los participantes decían que, aunque a veces la localización les resultaba reconfortante, también les preocupaba que, si estaban en un lugar inesperado, sus parientes «llegaran a conclusiones precipitadas» sobre su conducta. Y la opción de «volverse invisibles» —bloqueando el mecanismo de ubicación compartida— no resolvía el problema de la ansiedad: muchos participantes decían que el acto de evitar la vigilancia generaría, en sí mismo, sospecha. Los investigadores llegaron a la conclusión de que:

> En nuestra vida cotidiana hay rastros que no podemos explicar y acaso sean totalmente nimios. Sin embargo, su representación mediante un dispositivo de localización... les confiere significado, lo que al parecer exige dar una cantidad tremenda de justificaciones. Esto genera ansiedades, sobre todo en las relaciones íntimas, en las que las personas quizá sientan una mayor presión para explicar cosas que simplemente no son capaces de explicar.

En un experimento finlandés en el que se llevó a cabo una de las simulaciones más radicales de vigilancia, se colocaron cámaras en casas de ciertos individuos —excluyendo dormitorios y cuartos de baño— y se rastrearon todas sus comunicaciones electrónicas. Aunque el anuncio del estudio causó furor en las redes sociales, a los investigadores les costó conseguir que participaran siquiera diez familias.

Entre quienes se apuntaron, las quejas sobre el proyecto se centraban en la invasión de elementos corrientes de la vida diaria. A una persona le incomodaba esa desnudez en su casa; otra era consciente de las cámaras mientras se arreglaba el cabello después de ducharse, y alguien pensaba en la vigilancia mientras se inyectaba un medicamento. Al ser vigiladas, ciertas acciones inocuas adquirían capas de significación.

Al principio, los participantes decían que la vigilancia era un fastidio, aunque pronto «se acostumbraron a ella». Lo que había empezado siendo muy invasivo acabó siendo algo normalizado, asimilado en la situación habitual. Pasaba desapercibido.

Como mostraron los experimentos, las personas hacen muchísimas cosas que ansían mantener en secreto, aunque no supongan «nada malo». La privacidad es indispensable para un amplio abanico de actividades humanas. Si alguien llama a una línea de ayuda a suicidas, visita a un médico abortista, frecuenta una página web de sexo online o es un filtrador de irregularidades que llama a un reportero, sobran razones para mantener estas acciones en secreto aunque no tengan nada de ilegales.

En resumidas cuentas, todo el mundo tiene algo que ocultar. El reportero Barton Gellman lo explicaba así:

> La privacidad es relacional. Depende de tu audiencia. No quieres que tu patrón sepa que estás buscando empleo. No explicas tu vida amorosa a tu madre o a tus hijos. No cuentas secretos comerciales a tus rivales. No nos exponemos de forma indiscriminada, y la exposición es lo bastante importante para llegar a mentir como norma. Entre ciudadanos cabales, los investigadores han observado de forma sistemática que mentir es «una interacción social cotidiana» (dos veces al día entre universitarios, una en el Mundo Real)... La transparencia total es una pesadilla... Todos tienen algo que ocultar.

La justificación de la vigilancia —que es por el bien de la población— se basa en la proyección de una idea del mundo que encuadra a los ciudadanos en dos categorías: buenas personas y malas personas. Según este enfoque, las autoridades utilizan su capacidad de vigilancia solo contra los malos, los que están «haciendo algo incorrecto», los únicos que tienen motivos para temer la invasión de su privacidad. Es una táctica vieja. En 1969, en un artículo de la revista *Time* sobre la creciente preocupación de los norteamericanos respecto de la capacidad de vigilancia del gobierno de EE.UU., John Mitchell, fiscal general de Nixon, aseguraba a los lectores que «cualquier ciudadano de Estados Unidos que no esté implicado en ninguna actividad ilegal no tiene absolutamente nada que temer».

La cuestión fue remarcada de nuevo por un portavoz de la Casa Blanca al terciar en la controversia de 2005 sobre el programa de escuchas ilegales de Bush: «Esto no tiene que ver con controlar llamadas telefónicas concebidas para organizar un entrenamiento de la Little League de béisbol o lo que hay que llevar a una cena de cooperación. Están pensadas para controlar llamadas de personas muy malas a personas muy malas.» Por otro lado, cuando en agosto de 2013, en *The Tonight Show*, Jay Leno preguntó el presidente Obama sobre las revelaciones de la NSA, este dijo: «No tenemos ningún programa de espionaje interno. Lo que sí tenemos son algunos mecanismos mediante los cuales es posible seguir la pista de un número de teléfono o una dirección electrónica que guarden relación con un atentado terrorista.»

El razonamiento funciona. La percepción de que la vigilancia invasiva se limita a un grupo marginal de «malhechores» merecedores de la misma garantiza que la mayoría consienta el abuso de poder e incluso lo aplauda.

Sin embargo, esta idea malinterpreta de arriba abajo cuál es la fuerza motriz de todas las instituciones ligadas a la autoridad. Para estas instituciones, «hacer algo malo» abarca mucho más que las acciones ilegales, la conducta violenta o las tramas terroristas: incluye también los desacuerdos coherentes y los cuestionamientos genuinos. Por naturaleza, la autoridad —gubernamental, religiosa, familiar— equipara la discrepancia con el delito, cuando menos con la amenaza de delito.

La historia está llena de ejemplos de grupos e individuos que han sufrido vigilancia gubernamental debido a su activismo o a sus opiniones discrepantes: Martin Luther King, el movimiento de los derechos civiles, los activistas antibelicistas, los ecologistas. Para el gobierno y el FBI de J. Edgar Hoover, todos estaban «haciendo algo malo»: actividades políticas que amenazaban el orden establecido.

Nadie entendió mejor que J. Edgar Hoover el poder de la vigilancia para aplastar a los descontentos, enfrentado como estaba al desafío de impedir el ejercicio de las libertades de expresión y asociación recogidas en la Primera Enmienda cuando el estado tiene prohibido detener a personas por manifestar opiniones impopulares. A partir de la década de 1960 se incrementaron muchísimo los dictámenes del Tribunal Supremo que establecían protecciones rigurosas de la libertad de expresión, lo que culminó en la decisión unánime de 1969 sobre el caso Brandenburg *vs.* Ohio: se anulaba la condena de un dirigente del Ku Klux Klan que en un discurso había amenazado con actuar violentamente contra funcionarios políticos. Según el Tribunal, la Primera Enmienda es tan clara que las garantías de la libertad de expresión y la libertad de prensa «no permiten al estado prohibir o proscribir la apología del uso de la fuerza».

Habida cuenta de estas garantías, Hoover instituyó un sistema para evitar, de entrada, el desarrollo de la disidencia.

El programa de contraespionaje interno del FBI, COINTELPRO, fue dado a conocer por un grupo de activistas antibelicistas convencidos de que en el movimiento contrario a la guerra había agentes infiltrados, de que los habían vigilado y los habían señalado para hacerles toda clase de jugarretas. Como carecían de pruebas documentales para demostrarlo y no habían conseguido persuadir a los periodistas para que escribiesen sobre sus sospechas, irrumpieron en una sucursal del FBI en Pennsylvania y se llevaron miles de documentos.

Los expedientes relacionados con COINTELPRO ponían de manifiesto que el FBI había puesto en el punto de mira a individuos y grupos políticos que consideraba subversivos y peligrosos, entre ellos la NAACP [Asociación nacional para el avance de las personas de color], movimientos nacionalistas negros, organizaciones socialistas y comunistas, manifestantes antibelicistas y diversos grupos derechistas. El FBI había infiltrado a agentes que, entre otras cosas, intentaban manipular a los miembros del grupo con la finalidad de que accedieran a cometer acciones criminales para que entonces pudieran ser detenidos y encausados.

El FBI consiguió convencer al *New York Times* para que ignorase los documentos e incluso se los devolviera, pero el *Washington Post* publicó una serie de artículos. Estas revelaciones desembocaron en la creación en el Senado del Comité Church, que llegó a la conclusión de que, a lo largo de quince años, el FBI llevó a cabo una sofisticada operación de vigilancia dirigida de lleno a impedir el ejercicio de las libertades de expresión y de prensa de la Primera Enmienda, basándose en la teoría de que, al obstaculizar el desarrollo de grupos peligrosos y la propagación de ideas peligrosas, se protegía la seguridad nacional y se prevenía la violencia.

Muchas de las técnicas utilizadas serían inaceptables en una sociedad democrática aunque todos los objetivos hubieran estado involucrados en alguna actividad violenta, pero COINTELPRO fue mucho más allá. La principal premisa tácita de los programas era que el organismo encargado de imponer el cumplimiento de la ley tiene la obligación de hacer todo lo necesario para combatir amenazas percibidas contra el orden político y social existente.

Un memorándum clave de COINTELPRO explicaba que se podía observar «paranoia» entre los activistas contra la guerra haciéndoles creer que «había un agente del FBI tras cada buzón». De esta manera, los opositores, seguros de estar vigilados, acabarían teniendo tanto miedo que abandonarían todo activismo.

No es de extrañar que esta táctica surtiera efecto. En un documental de 2013 titulado *1971*, varios de los activistas explicaban que el FBI de Hoover actuaba «en todos los ámbitos» del movimiento de los derechos civiles con infiltrados y vigilancia, gente que asistía a las reuniones e informaba al respecto. Este seguimiento impidió al movimiento organizarse y crecer.

Para entonces, hasta las más cerriles instituciones de Washington entendían que la mera existencia de una vigilancia gubernamental, sin importar el uso que se hiciera de ella, suprimía de hecho toda posibilidad de disenso. El *Washington Post*, en un editorial de marzo de 1975, advertía precisamente sobre esta dinámica opresiva:

El FBI nunca ha mostrado la mínima sensibilidad ante los efectos perniciosos que esta clase de vigilancia, y en especial su dependencia de informantes anónimos, tiene sobre el proceso democrático y sobre la práctica de la libertad de expresión. Pero está claro que cualquier discusión y controversia acerca de la política gubernamental y sus programas está destinada a inhibirse si es sabido que el Gran Hermano, oculto bajo un disfraz, los escucha y presenta informes al respecto.

COINTELPRO no era ni mucho menos el único abuso de vigilancia descubierto por el Comité Church. En su informe final declaraba que «de 1947 a 1975, la Agencia de Seguridad Nacional obtuvo millones de telegramas privados enviados desde, a, o a través de Estados Unidos en virtud de un acuerdo secreto con tres empresas de telégrafos del país». Por otra parte, durante una operación de la CIA, CHAOS (1967-1973), unos «300.000 individuos fueron clasificados en un sistema informático de la CIA, y se crearon expedientes separados sobre aproximadamente 7.200 norteamericanos y más de 100 grupos nacionales». Además, «se calcula que había unos 100.000 norteamericanos incluidos en los expedientes de inteligencia del Ejército de Estados Unidos elaborados entre mediados de la década de 1960 y 1971» al tiempo que unos 11.000 individuos eran investigados por el Servicio de Impuestos Internos «basándose en criterios más políticos que fiscales». El FBI también se valió de escuchas telefónicas para descubrir aspectos vulnerables, como la actividad sexual, susceptibles de ser utilizados para «neutralizar» a sus objetivos.

Estos incidentes no eran anomalías. Durante la era Bush, por ejemplo, ciertos documentos obtenidos por la ACLU revelaban, tal como explicó el grupo en 2006, «nuevos detalles de la vigilancia del Pentágono sobre ciudadanos norteamericanos contrarios a la guerra de Irak, entre ellos grupos cuáqueros y estudiantiles». El Pentágono «vigilaba a manifestantes no violentos recopilando información y almacenándola en una base de datos militar antiterrorista». Según la ACLU, un documento «etiquetado como "actividad terrorista potencial" enumera episodios como la concentración "¡Parad la guerra AHORA!" de Akron, Ohio».

Las pruebas demuestran que las afirmaciones de que la vigilancia solo va destinada a quienes «han hecho algo malo» no tranquilizan demasiado, toda vez que un estado considerará «malo» cualquier cuestionamiento de su poder.

La posibilidad de quienes ostentan el poder de calificar a los adversarios políticos de «amenazas para la seguridad nacional» o incluso de «terroristas» ha demostrado ser una y otra vez irresistible. En la última década, el gobierno, haciéndose eco del FBI de Hoover, ha designado formalmente así a sectores ecologistas, amplias franjas de grupos derechistas antigubernamentales, activistas contra la guerra o asociaciones defensoras de los derechos de los palestinos. Algunos individuos de estas categorías acaso merezcan el calificativo, pero no la mayoría, desde luego, culpable tan solo de sostener opiniones políticas contrarias. A pesar de ello, la NSA y sus socios suelen vigilar a estos grupos de manera rutinaria.

De hecho, después de que las autoridades británicas detuvieran a mi compañero David Miranda en el aeropuerto de Heathrow en aplicación de la ley antiterrorista, el gobierno del Reino Unido equiparó explícitamente mis reportajes sobre vigilancia con el terrorismo basándose en que la publicación de los documentos de Snowden «está concebida para influir en un gobierno y se lleva a cabo con la finalidad de fomentar una causa ideológica o política. En consecuencia, esto se encuadra en la definición de "terrorismo"». Es la declaración más clara posible para asemejar el terrorismo con la amenaza a los intereses del poder.

Nada de esto tomó por sorpresa a la comunidad musulmana norteamericana, donde el miedo a la vigilancia debido al terrorismo es profundo y generalizado. Y por buenas razones. En 2012, Adam Goldberg y Matt Apuzzo, de Associated Press, sacaron a la luz un plan conjunto CIA/Departamento de Policía de Nueva York, consistente en someter a comunidades musulmanas enteras de Estados Unidos a vigilancia física y electrónica aun sin tener el menor indicio de que aquellas estuvieran haciendo nada malo. Los musulmanes norteamericanos describen como rutina el efecto del espionaje en su vida: cada persona nueva que aparece en una mezquita es observada con recelo, como si fuera un informante del FBI; los amigos y familiares reprimen las conversaciones por miedo a ser controlados, siendo conscientes de que cualquier opinión considerada hostil a Norteamérica puede ser utilizada como pretexto para investigar o incluso procesar a las personas en cuestión.

Un documento de los archivos de Snowden fechado el 3 de octubre de 2012 recalca esta cuestión de forma alarmante. En él revela que la agencia ha estado controlando las actividades online de individuos que, a su juicio, expresan ideas «radicales» y tienen en otros una influencia «radicalizadora». El informe analiza a seis individuos concretos, todos musulmanes, aunque subraya que son simplemente «ejemplos».

La NSA declara de forma explícita que ninguno de los individuos seleccionados es miembro de ninguna organización terrorista ni está implicado en complot terrorista alguno. Sus «delitos» son las opiniones que expresan, consideradas «radicales», término que justifica vigilancia generalizada y campañas destructivas para «aprovecharse de aspectos vulnerables».

Entre la información recogida sobre los individuos, uno de los cuales al menos es una «persona de EE.UU.», hay detalles de sus actividades sexuales online y de «promiscuidad online» —las páginas porno que visitan y los chats sexuales furtivos con mujeres que no son sus esposas—. La agencia estudia maneras de sacar partido de esta información con el fin de arruinar su reputación y su credibilidad.

ANTECEDENTES (U)

(TS//SI//REL A EE.UU., FVEY) Una evaluación previa de SIGINT sobre radicalización indicaba que los radicalizadores parecen ser especialmente vulnerables en el área de la autoridad cuando sus conductas privadas y públicas no son coherentes. (A) Algunas de las vulnerabilidades, si se evidenciaran, probablemente pondrían en entredicho la lealtad del radicalizador a la causa yihadista, lo que conllevaría la degradación o pérdida de su autoridad. Entre los ejemplos de estas vulnerabilidades se cuentan:

- Ver online material sexualmente explícito o usar lenguaje persuasivo sexualmente explícito al comunicarse con chicas inexpertas;
- Utilizar una parte de las donaciones recibidas del conjunto de personas susceptibles para sufragar gastos propios;
- Cargar una cantidad exorbitante de dinero por sus conferencias y mostrarse particularmente atraído por las oportunidades de incrementar su estatus, o
- Ser conocido por fundamentar su mensaje público en fuentes cuestionables o utilizar un lenguaje de naturaleza contradictoria, lo que menoscaba su credibilidad.

(TS//SI//REL A EE.UU., FVEY) Las cuestiones de confianza y reputación son importantes cuando tienen en cuenta la validez y el atractivo del mensaje. Parece razonable que explotar las vulnerabilidades del carácter, la credibilidad, o ambas, del radicalizador y su mensaje puede resultar potenciado si se conocen los medios que utiliza él para difundir el mensaje entre las personas susceptibles y sus aspectos vulnerables en cuanto al acceso.

Como señala Jameel Jaffer, subdirector de asuntos jurídicos de la ACLU, las bases de datos de la NSA «almacenan información sobre las opiniones políticas de uno, su historial médico, sus relaciones íntimas y sus actividades online». La agencia asegura que esta información personal no será objeto de abuso, «pero estos documentos ponen de manifiesto que la definición de "abuso" de la NSA es con toda probabilidad muy limitada». Jaffer explica que, históricamente y a petición del presidente de turno, la NSA «ha utilizado los frutos de la vigilancia para desprestigiar a adversarios políticos, periodistas o activistas de los derechos humanos». Sería «ingenuo», decía, pensar que la agencia no puede seguir «usando así su poder».

Otros documentos describen la atención del gobierno no solo a WikiLeaks y su fundador, Julian Assange, sino también a lo que la agencia denomina «red humana de apoyo a WikiLeaks». En agosto de 2010, la administración Obama instó a varios aliados a presentar demandas penales contra Assange por la publicación de los diarios de guerra de Afganistán. La discusión sobre la presión a otros países para que procesaran a Assange aparece en un archivo de la NSA, que se conoce como «Cronología de la persecución» y que detalla, país a país, los esfuerzos de EE.UU. y sus aliados para localizar, capturar y/o matar a diversos individuos, entre ellos supuestos terroristas, narcotraficantes o líderes palestinos. Existe una cronología para cada año comprendido entre 2008 y 2012.

(U) Cronología de la persecución 2010

SECRETO//SI//TK//NOFORN

Salta a: *navegación, búsqueda*
   Artículo principal: Persecución
   Véase también: Cronología de la persecución 2011
   Véase también: Cronología de la persecución 2009
   Véase también: Cronología de la persecución 2008

(U) Las siguientes operaciones de persecución tuvieron lugar en el año civil 2010

[editar] (U) Noviembre

[editar] (U) Estados Unidos, Australia, Gran Bretaña, Alemania, Islandia

(U) El 10 de agosto, Estados Unidos instó a otros países con fuerzas en Afganistán, entre ellos Australia, Reino Unido y Alemania, a que se plantearan la posibilidad de presentar una demanda criminal contra Julian Assange, fundador de la destructiva página web de WikiLeaks y responsable de la publicación no autorizada de más de 70.000 documentos confidenciales relativos a la guerra de Afganistán. Los documentos quizá los proporcionó a WikiLeaks el soldado del ejército Bradley Manning. El llamamiento ilustra el inicio de un esfuerzo internacional por centrar la atención en el elemento legal del poder nacional frente el actor no estatal Assange y la red humana que apoya a WikiLeaks.[16]

Un documento aparte contiene un resumen de una conversación de julio de 2011 sobre si WikiLeaks, así como la página web Pirate Bay de uso compartido de archivos, podrían ser designados «"actores extranjeros malintencionados" a efectos de selección». La designación permitiría la vigilancia electrónica exhaustiva de estas páginas web, incluidos usuarios de EE.UU. La discusión aparece en una lista actualizada de «Preguntas y respuestas» en que agentes de la oficina de Control y Cumplimiento (NOC) de la NTOC [National Transportation Operations Coalition] y de la oficina del Consejo General (OGC) de la NSA responden a las cuestiones planteadas.

[editar] (TS//SI//REL) Actor extranjero malintencionado == ¿divulgador de datos de EE.UU.?

¿Podemos tratar a un servidor extranjero que almacena, o potencialmente divulga, datos norteamericanos filtrados o robados como «un actor extranjero malintencionado» con el fin de seleccionarlo sin rechazos? Ejemplos: WikiLeaks, thepiratebay.org, etc.

RESPUESTA NOC/OGC: Les responderemos. (Fuente #001)

Una conversación así de 2011 revelaba la indiferencia de la NSA ante la violación de las normas de vigilancia. En el documento, un operador dice «la he fastidiado», tras haber seleccionado a una persona de EE.UU. en vez de a un extranjero. La respuesta del consejo general y de la oficina de supervisión de la NSA es «no hay por qué preocuparse».

[editar] (TS//SI//REL) Seleccionar a una persona de EE.UU. sin darse cuenta

La he fastidiado... el selector tenía una indicación errónea de condición de extranjero, pero ha resultado ser de EE.UU., ¿ahora, qué?

RESPUESTA NOC/OGC: Con tantas preguntas, si se descubre que es realmente norteamericano, hay que incluirlo en el informe trimestral al OGC... «pero no hay por qué preocuparse». (Fuente #001)

El trato a Anonymous, así como a la imprecisa categoría de las personas conocidas como «hacktivistas», es especialmente perturbador y extremo. Ello se debe a que en realidad Anonymous no es un grupo estructurado sino una laxa filiación de personas en torno a una idea: alguien está afiliado a Anonymous en virtud de las posturas que mantiene. Peor aún, la categoría de los «hacktivistas» no tiene un significado estricto: puede aludir al uso de destrezas de programación para debilitar la seguridad y el funcionamiento de internet, pero también puede referirse a cualquiera que utilice instrumentos online para promover ideales políticos. El hecho de que la NSA ponga en el punto de mira a estas categorías tan amplias equivale a espiar en cualquier parte, también en EE.UU., a cualquiera cuyas ideas el gobierno considere amenazadoras.

Según Gabriella Coleman, de la Universidad McGill, especialista en Anonymous, el grupo «no es una entidad definida» sino más bien «una idea que moviliza activistas para emprender acciones colectivas y expresar el descontento político. Es un movimiento global social de amplia base sin una estructura de liderazgo centralizada ni organizada de forma oficial. Algunos se han juntado en torno al nombre para participar en acciones digitales de desobediencia civil, pero nada ni remotamente parecido al terrorismo». La mayoría de quienes han abrazado la idea lo han hecho «ante todo por razones de expresión política común y corriente. Seleccionar a Anonymous y los hacktivistas equivale a seleccionar a los ciudadanos por manifestar sus opiniones políticas, lo que se traduce en la represión de la disidencia legítima», alegaba Coleman.

En todo caso, Anonymous ha sido objeto de las tácticas más controvertidas y radicales conocidas por el espionaje: «operaciones de bandera falsa», «trampas de miel», virus y otros ataques, estrategias de engaño y «operaciones informativas para dañar la reputación».

Una diapositiva en PowerPoint, presentada por agentes de vigilancia del GCHQ en la Reunión SigDev de 2012, describe dos formas de ataque: «operaciones informativas (influencia o desbaratamiento)» y «desbaratamiento técnico». El GCHQ se refiere a estas medidas como «Acción Encubierta Online», con la que se pretende conseguir lo que el documento denomina «las cuatro D: *Deny/Disrupt/Degrade/Deceive* [negar, desbaratar, degradar, engañar].

EFFECTS: Definition

- "Using online techniques to make something happen in the real or cyber world"

- Two broad categories:
  - Information Ops (influence or disruption)
  - Technical disruption

- Known in GCHQ as Online Covert Action

- The 4 D's: Deny / Disrupt / Degrade / Deceive

TOP SECRET//COMINT//REL TO USA, AUS, CAN, GBR, NZL

EFECTOS: definición
- «Utilizar técnicas online para que pase algo en el mundo real o en el mundo cibernético»
- Dos categorías amplias:
  – Operaciones informativas (influencia o desbaratamiento)
  – Desbaratamiento técnico
- En el GCHQ, conocidas como «Acción Online Encubierta»
- Las 4 D: negar/desbaratar/degradar/engañar

Otra diapositiva describe las tácticas utilizadas para «desacreditar un objetivo», entre las que se incluyen «tender trampas de miel», «cambiar fotos en redes sociales», «afirmar en blogs ser una de sus víctimas» o «mandar e-mails/mensajes de texto a colegas, vecinos, amigos, etcétera».

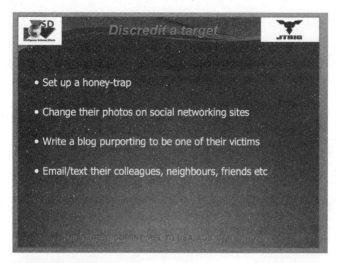

Desacreditar a un objetivo
• Tender una trampa de miel
• Cambiar sus fotos en redes sociales
• Afirmar en un blog ser una de sus víctimas
• Mandar e-mails/mensajes de texto a sus colegas, vecinos, amigos, etcétera

En unas notas adjuntas, el GCHQ explica que la «trampa de miel» —una vieja táctica de la guerra fría consistente en utilizar a una mujer atractiva para llevar a objetivos masculinos a situaciones comprometedoras y deslegitimadoras— ha sido actualizada para la era digital: ahora se atrae a un objetivo a una página web o a un encuentro online delicado. Leemos también el siguiente comentario: «Una gran opción. Muy efectiva cuando funciona.» Del mismo modo, ciertos métodos tradicionales de infiltración en grupos se llevan actualmente a cabo online:

SECRETO//COMINT//REL A EE.UU., AUS, CAN, GBR, NZL

CK

Trampa de miel: una gran opción. Muy efectiva cuando funciona.
– Logra que alguien vaya a cierto sitio de internet o a una ubicación física para encontrarse con un «rostro agradable».
– JTRIG [Joint Threat Research Intelligence Group] tiene la capacidad de «moldear» el entorno de vez en cuando.

Cambio de fotografías; has sido avisado, «¡JTRIG ronda cerca!»
Puede llevar la paranoia a un nivel superior.

E-mails/mensajes de texto
– Labor de infiltración.
– Ayuda a JTRIG a ganar credibilidad entre grupos online, etcétera.
– Ayuda a juntar SIGINT y los efectos.

Otra técnica consiste en impedir que «alguien pueda comunicarse». A tal fin, la agencia «bombardea el teléfono con mensajes de texto», «acribilla el teléfono con llamadas», «elimina la presencia online» o «bloquea el fax».

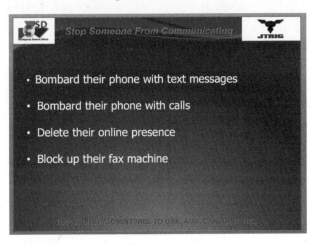

Impedir las comunicaciones de alguien
• Bombardear su teléfono con mensajes de texto
• Bombardear su teléfono con llamadas
• Eliminar su presencia online
• Bloquearle el fax

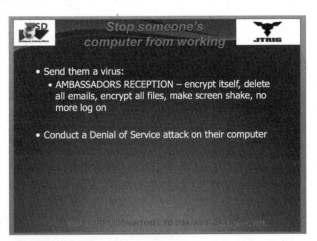

Impedir que funcione el ordenador de alguien
• Enviarle un virus:
  • AMBASSADORS RECEPTION: se encripta a sí mismo, borra todos los e-mails, encripta todos los archivos, provoca el temblor de la imagen de pantalla, impide entrar en el sistema
  • Llevar a cabo un ataque de Denegación de Servicio en el ordenador

Al GCHQ también le gusta usar técnicas de «desbaratamiento» en vez de lo que denomina «tradicional imposición del cumplimiento de la ley», donde intervienen la recogida de pruebas, los tribunales y los procesamientos. En un documento titulado «Sesión ciberofensiva: rebasar los límites de la acción contra el hacktivismo», el GCHQ analiza su persecución de los «hacktivistas» con, curiosamente, ataques de «denegación de servicio», una táctica habitualmente ligada a los *hackers*:

Why do an Effects Operation?

- Disruption v Traditional Law Enforcement

- SIGINT discovered the targets

- Disruption techniques could save time and money

TOP SECRET//COMINT//REL AUS/CAN/NZ/UK/US

¿Por qué hacer una operación sobre efectos?
- Desbaratamiento *vs.* Imposición tradicional del cumplimiento de la ley
- SIGINT descubre los objetivos
- Las técnicas de desbaratamiento pueden ahorrar tiempo y dinero

Effects on Hacktivisim

- Op WEALTH – Summer 2011
  - Intel support to Law Enforcement – identification of top targets
  - Denial of Service on Key Communications outlets
  - Information Operations

TOP SECRET//COMINT//REL TO USA, AUS, CAN, GBR, NZL

Efectos en el hacktivismo
- Operación WEALTH – verano 2011
- Apoyo de Intel a la imposición del cumplimiento de la ley – Identificación de objetivos de máximo nivel
- Denegación de servicio en elementos de comunicación clave
- Operaciones informativas

La agencia británica de vigilancia también se vale de un equipo de científicos sociales, incluidos psicólogos, para desarrollar técnicas de «UMINT (inteligencia humana) online» y «desbaratamiento de influencia estratégica». El documento «El arte del engaño: instrucciones para una nueva generación de operaciones encubiertas online» está dedicado a estas tácticas. Elaborado por la HSOC (Human Science Operation Cell, Célula de funcionamiento de las ciencias humanas) de la agencia, asegura inspirarse en la sociología, la antropología, la neurociencia y la biología, entre otras disciplinas, para potenciar al máximo las técnicas de engaño online del GCHQ.

Una diapositiva muestra cómo implicarse en «Encubrimiento: ocultar lo real», al tiempo que se propaga la «Simulación: enseñar lo falso». Analiza asimismo «los componentes psicológicos básicos del engaño» y el «mapa de tecnologías» utilizado para llevar a cabo los engaños, entre ellas Facebook, Twitter, LinkedIn y «página web».

Haciendo hincapié en que «la gente toma decisiones por razones emocionales, no racionales», el GCHQ sostiene que la conducta online está impulsada por el «reflejo» («las personas se copian unas a otras en la interacción social»), la «conveniencia» y el «mimetismo» («adopción de rasgos sociales específicos del otro participante por parte del comunicador»).

A continuación, el documento plantea lo que denomina «cuaderno de estrategias operativas del desbaratamiento», en el que se incluyen «operaciones de infiltración», «operaciones artimaña», «operaciones de bandera falsa» y «operaciones encubiertas». Promete además un funcionamiento completo del programa de desbaratamiento «a principios de 2013», cuando «más de 150 personas estarán totalmente adiestradas para dicho cometido».

SECRET//SI//REL TO USA, FVEY

DISRUPTION Operational Playbook	Cuaderno de estrategias operativas de desbaratamiento
• Infiltration Operation • Ruse Operation • Set Piece Operation • False Flag Operation • False Rescue Operation • Disruption Operation • Sting Operation	• Operación de infiltración • Operación artimaña • Operación de laboratorio • Operación bandera falsa • Operación de falso rescate • Operación de desbaratamiento • Operación encubierta

Bajo el título «Técnicas y experimentos mágicos», el documento hace referencia a la «Legitimación de la violencia», a la «Creación, en la mente de los objetivos, de experiencias que deben aceptar sin darse cuenta» y a la «Optimización de los canales de engaño».

Estos tipos de planes gubernamentales para controlar e influir en las comunicaciones en internet y difundir información falsa online llevan tiempo siendo fuente de especulaciones. Cass Sunstein, profesor de derecho de Harvard, asesor íntimo de Obama, antiguo responsable de la Oficina de Información y Asuntos Regulatorios e integrante de la comisión de la Casa Blanca encargada de revisar las actividades de la NSA, en 2008 escribió un polémico artículo en el que proponía que el gobierno de EE.UU. contara con equipos de agentes encubiertos y abogados «seudoindependientes» cuya tarea sería una «infiltración cognitiva» en grupos online, salas de chat, redes sociales y páginas web, así como en grupos de activistas offline —no conectados a ordenadores o redes de ordenadores.

Estos documentos del GCHQ ponen por primera vez de manifiesto que estas controvertidas técnicas para engañar y arruinar reputaciones han pasado de la fase de propuesta a la de ejecución práctica.

Todos los indicios hacen hincapié en la propuesta dirigida a los ciudadanos: si te portas bien, no tienes por qué preocuparte. Métete en tus asuntos y respalda, o al menos tolera, lo que hacemos, y no te pasará nada. Dicho de otro modo; debes abstenerte de provocar a la autoridad que ejerce los poderes de vigilancia si quieres tener un expediente libre de fechorías. Es un trato que invita a la pasividad, la obediencia y la conformidad. El medio más seguro de conseguir que a uno «le dejen en paz» es estar callado, mostrarse inofensivo, obedecer.

Para muchos, el acuerdo es bueno: se les ha inculcado que la vigilancia es inofensiva y hasta beneficiosa. Son demasiado aburridos para atraer la atención del gobierno, dicen. Se suelen oír ciertas frases: «Dudo seriamente que la NSA tenga interés en mí», «si quieren enterarse de mi monótona vida, bienvenidos», o «a la NSA no le interesa si tu abuela está hablando de sus recetas o de si tu padre está preparándose para su partida de golf».

Son personas que han acabado convencidas de que no van a ser seleccionadas personalmente, por lo que o bien niegan que esto esté pasando, pues les da igual, o bien están dispuestas a respaldarlo sin ambages.

En una entrevista que me hizo poco después de que se publicaran mis artículos sobre la NSA, Lawrence O'Donnell, presentador de la MSNBC, se mofó de la idea de que la NSA fuera «un enorme y feroz monstruo de la vigilancia». Resumiendo su parecer, llegó a esta conclusión:

Hasta ahora, mi sensación es... no tengo miedo... el hecho de que el gobierno esté recogiendo datos a este nivel masivo, gigantesco, significa que para el gobierno es incluso más difícil encontrarme... y además no tiene ningún aliciente para ello. Por esto, en este momento concreto, no me siento en absoluto amenazado.

Hendrik Hertzberg, del *New Yorker*, también dejaba sentada una especie de idea benigna del sistema de la NSA, admitiendo que «hay razones para preocuparse del gran alcance de la agencia de inteligencia, el excesivo secretismo y la falta de transparencia», pero «también hay razones para estar tranquilos»; en concreto, la amenaza a «las libertades civiles, tal cual, es abstracta, indeterminada, conjetural». Y Ruth Marcos, columnista del *Washington Post*, menospreciando la preocupación por el poder de la NSA, anunciaba de forma absurda lo siguiente: «Casi seguro que mis metadatos no han sido inspeccionados.»

O'Donnell, Hertzberg y Marcus atinan en un aspecto importante. Es cierto que el gobierno de EE.UU. «no tiene ningún estímulo en absoluto» para poner en el punto de mira a personas como ellos, para quienes la amenaza de un estado vigilante es poco más que «abstracta, indeterminada, conjetural». Y ello se debe a que los periodistas cuya actividad consiste en venerar al funcionario más poderoso del país —el presidente, también comandante en jefe de la NSA— y en defender a su partido político raras veces, si acaso alguna vez, se arriesgan a enemistarse con quienes ostentan el poder.

Desde luego, los partidarios leales y diligentes del presidente y sus políticas, los buenos ciudadanos que no hacen nada por atraer la atención negativa de los poderosos, no tienen por qué temer la vigilancia del estado. Pasa lo mismo en todas las sociedades: quienes no muestran oposición no son objeto casi nunca de medidas represoras y, en su fuero interno, pueden convencerse a sí mismos de que la represión no existe realmente. Sin embargo, el verdadero grado de la libertad de un país se refleja en el modo de tratar a sus disidentes y otros grupos marginados, no en el modo de tratar a los partidarios del régimen. Incluso en las peores tiranías del mundo, los adeptos están a salvo de los abusos del poder estatal. En el Egipto de Mubarak, los detenidos, torturados y tiroteados fueron quienes habían tomado las calles para intentar derrocarlo; no pasó lo mismo con los seguidores de Mubarak y la gente que se había quedado en casa. En Estados Unidos, fueron los dirigentes de la NAACP, los comunistas y los activistas antibelicistas y de los derechos civiles quienes padecieron la vigilancia de Hoover, no los ciudadanos correctos y obedientes que habían permanecido mudos ante las injusticias sociales.

Para sentirnos seguros respecto de la vigilancia estatal, no tenemos por qué ser fieles partidarios del régimen. La inmunidad no debe lograrse al precio de silenciar nuestras críticas. No hemos de querer una sociedad en la que rige la norma de que le dejarán a uno tranquilo solo si sigue la conducta acomodaticia y las opiniones ortodoxas de un columnista del *establishment*.

En todo caso, la sensación de inmunidad de cualquier grupo es sin duda ilusoria. Esto queda claro al observar el modo en que la filiación política partidista determina la sensación de peligro de la gente respecto a la vigilancia estatal: las *cheerleaders* de ayer pueden convertirse rápidamente en los disidentes de hoy.

Cuando la controversia de 2005 sobre las escuchas sin orden judicial de la NSA, los liberales y los demócratas consideraron en su inmensa mayoría que la vigilancia de la agencia suponía una amenaza. Naturalmente, esto era en parte la verborrea típica de los partidos: el presidente era George W. Bush, y para los demócratas se presentaba una oportunidad para que él y su partido sufrieran desgaste político. De todos modos, el miedo tenía también algo de verdad: como consideraban a Bush malicioso, percibían que la vigilancia estatal en sus manos era peligrosa y que ellos corrían especial peligro como adversarios políticos. Por su lado, los republicanos tenían una idea más benigna y favorable de las acciones de la NSA. Sin embargo, en diciembre de 2013, los demócratas y los progresistas se habían convertido en los principales defensores de la Agencia Nacional de Seguridad.

Este cambio aparece reflejado en abundantes datos de encuestas. A finales de julio de 2013, el Centro de Investigación Pew hizo público un estudio según el cual la mayoría de los norteamericanos no se creía las justificaciones de las acciones de la NSA. En concreto, «una mayoría de norteamericanos (56%) dice que los tribunales federales no habían impuesto límites suficientes a los datos telefónicos y de internet que está reuniendo el gobierno como parte de sus esfuerzos antiterroristas», y «un porcentaje todavía mayor (70%) cree que el gobierno utiliza estos datos para fines que nada tienen que ver con las investigaciones sobre terrorismo». Además, «el 63% opina que el gobierno también está recogiendo información sobre el contenido de las comunicaciones».

Lo más curioso es que actualmente los norteamericanos consideran más preocupante el peligro de la vigilancia que el del terrorismo:

En términos generales, el 47% dice que su preocupación por las políticas antiterroristas del gobierno es mayor porque estas han ido demasiado lejos en la restricción de las libertades civiles de las personas corrientes, mientras que el 35% afirma estar más preocupado por el hecho de que estas políticas no han sido suficientes para proteger el país. Es la primera vez que, en una encuesta del Centro de Investigación Pew, aparece más gente preocupada por las libertades civiles que por la protección frente al terrorismo desde que en 2004 se formulara la pregunta por primera vez.

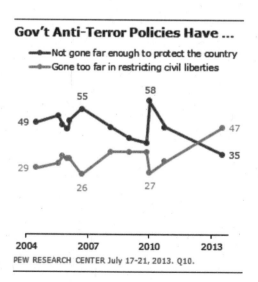

Gov't Anti-Terror Policies Have ...
— Not gone far enough to protect the country
— Gone too far in restricting civil liberties

55
58
49
47
35
29
26
27

2004   2007   2010   2013
PEW RESEARCH CENTER July 17-21, 2013. Q10.

Políticas antiterroristas del gobierno...
• No han sido suficientes para proteger el país
• Han ido demasiado lejos en la restricción de las libertades civiles
• Centro de Investigación Pew 17-21 de julio de 2013. Q10.

Estos datos del estudio suponían una buena noticia para cualquier persona preocupada por el uso excesivo de poder gubernamental y la exageración crónica de la amenaza terrorista. No obstante, ponían de relieve una inversión reveladora: los republicanos, defensores de la NSA bajo el mandato de Bush, habían sido sustituidos por los demócratas en cuanto el control del sistema de vigilancia hubo pasado a manos de Obama, uno de los suyos. «A escala nacional hay más respaldo al programa gubernamental de recogida de datos entre los demócratas (57%) que entre los republicanos (44%).

Según datos similares del *Washington Post*, a los conservadores les preocupaba el espionaje de la NSA mucho más que a los liberales. Cuando se preguntaba «¿hasta qué punto está usted preocupado por la recogida y el uso de su información personal por parte de la Agencia de Seguridad Nacional?, el 48% de los conservadores se mostraban «muy preocupados» en comparación con solo el 26% de los liberales. Como señaló el profesor de derecho Orin Kerr, eso suponía un cambio fundamental: «Se trata de un interesante cambio de tendencia desde 2006, cuando el presidente era republicano, no demócrata. Entonces, en una encuesta del Pew se observó que la vigilancia de la NSA era aprobada por el 75% de los republicanos, pero solo por el 37% de los demócratas.»

Un gráfico del Pew deja claro el cambio:

Partisan Shifts in Views of NSA Surveillance Programs

Views of NSA surveillance programs
(See previous table for differences in question wording)

	January 2006 Acceptable %	January 2006 Unacceptable %	June 2013 Acceptable %	June 2013 Unacceptable %
Total	51	47	56	41
Republican	75	23	52	47
Democrat	37	61	64	34
Independent	44	55	53	44

PEW RESEARCH CENTER June 6-9, 2013. Figures read across. Don't know/Refused responses not shown.

De arriba abajo y de izquierda a derecha
Cambios partidistas en las opiniones sobre los programas de vigilancia de la NSA
• *Ideas sobre los programas de vigilancia de la NSA (Véase tabla anterior para diferencias en la formulación de la pregunta)*
• Enero 2006
• Junio 2013
• Aceptable
• Inaceptable
• Total
• Republicanos
• Demócratas
• Independientes
• Centro de Investigación Pew, 6-9 de junio de 2013. Leer mediante cifras. No se muestra la respuesta «no sabe/no contesta».

Del mismo modo, los argumentos a favor y en contra de la vigilancia han pasado de unos a otros dependiendo del partido en el poder. En 2006, un senador denunció así en *The Early Show* la recogida masiva de metadatos por la NSA:

No tengo por qué escuchar tus llamadas telefónicas para saber lo que estás haciendo. Si conozco todas y cada una de tus llamadas, soy capaz de determinar todas y cada una de las personas con las que has hablado. Puedo conseguir una pauta de tu vida mediante una acción muy indiscreta... Pero la verdadera pregunta es: ¿Qué hago con esta información que no tiene nada que ver con Al Qaeda?... ¿Vamos a confiar en que el presidente y el vicepresidente hagan lo correcto? No contéis conmigo para eso.

El senador que con tanta dureza criticaba la recogida de metadatos era Joe Biden, quien, como vicepresidente, formó parte de una administración demócrata que defendía los mismos razonamientos que en otro tiempo él había ridiculizado.

Aquí lo importante no es solo que los políticos suelen ser hipócritas sin escrúpulos sin otra convicción que la búsqueda del poder, aun siendo ello indudablemente cierto. Lo más importante es lo revelado por estas declaraciones sobre el modo en que contempla uno la vigilancia estatal. Como sucede con muchas injusticias, las personas están dispuestas a rechazar el miedo a las extralimitaciones gubernamentales cuando creen que quienes están al mando son benevolentes y fiables. Por otra parte, consideran que la vigilancia es peligrosa o preocupante solo cuando ellas mismas son percibidas como hostiles o amenazadoras.

Las expansiones radicales del poder suelen implantarse así: convenciendo a la gente de que afectan solo a un grupo concreto, diferenciado. Dejando a un lado sus obvios puntos débiles —no nos oponemos al racismo porque va dirigido a una minoría, o nos da igual el hambre porque disfrutamos de abundante comida—, la postura refleja casi siempre cortedad de miras.

La indiferencia, o incluso el respaldo, de quienes se consideran al margen del abuso del poder estatal permiten invariablemente que este vaya más allá de su aplicación original hasta que sea imposible controlarlo; lo que resultará inevitable. Hay muchísimos ejemplos, pero quizás el más reciente y convincente es la utilización de la Patriot Act. Tras el 11 de Septiembre, el Congreso aprobó casi por unanimidad un enorme incremento de los poderes de detención y vigilancia, convencido de que eso detectaría y evitaría ataques futuros.

El supuesto implícito era que los poderes se utilizarían sobre todo contra musulmanes vinculados al terrorismo —una expansión clásica de poder limitada a un grupo concreto involucrado en un tipo concreto de actividad—, razón por la cual la medida recibió un respaldo abrumador. Sin embargo, lo que ocurrió fue algo muy distinto: la Patriot Act se ha llevado bastante más lejos de lo que era su intención inicial. De hecho, desde su promulgación se ha utilizado muchísimo en casos que no guardaban relación alguna con el terrorismo ni la seguridad nacional. Según la revista *New York*, de 2006 a 2009, la disposición *sneak and peek* de la ley (autorización para ejecutar un registro sin informar al afectado) se utilizó en 1.618 casos relacionados con drogas, 122 ligados a estafas y solo 15 conectados con el terrorismo.

Tan pronto los ciudadanos se someten al nuevo poder creyendo que no va a afectarles, este queda institucionalizado y legitimado y la protesta se vuelve imposible. De hecho, la principal lección aprendida por Frank Church en 1975 fue la dimensión del peligro planteado por la vigilancia masiva. En una entrevista en *Meet the Press*, decía lo siguiente:

> Esta capacidad podría, en cualquier momento, volverse en contra del pueblo norteamericano, y a ningún ciudadano norteamericano le quedaría privacidad alguna, tal es la capacidad de controlarlo todo... conversaciones telefónicas, telegramas, lo que sea. No habría dónde esconderse. Si este gobierno llegara a ser tiránico... la capacidad tecnológica que la comunidad de inteligencia ha proporcionado al gobierno le permitiría imponer una tiranía absoluta, y no habría modo de luchar contra eso, pues el gobierno conocería siquiera el esfuerzo conjunto de resistencia más sutil. Tal es la capacidad de esta tecnología.

En 2005, James Bamford señalaba en el *New York Times* que la amenaza de la vigilancia estatal es mucho más nefasta actualmente que en la década de 1970: «Como las personas expresan sus pensamientos más íntimos en e-mails, cuelgan sus historiales médicos y financieros en internet y hablan continuamente por el móvil, la agencia es capaz prácticamente de entrar en su cabeza.»

La preocupación de Church, que cualquier capacidad de vigilancia «pudiera volverse en contra del pueblo norteamericano», es precisamente lo que ha hecho la NSA desde el 11 de Septiembre. Pese a actuar con arreglo a la Ley de Vigilancia de Inteligencia Extranjera y a la prohibición de espiar dentro de las fronteras, buena parte de las actividades de vigilancia, incrustadas en la misión de la agencia desde el principio, se centran ahora en ciudadanos norteamericanos en suelo norteamericano.

Aunque no haya abusos y una persona no esté personalmente en el punto de mira, un estado vigilante que «lo recoge todo» perjudica a la sociedad y a la libertad política en general. Solo se ha conseguido progresar, tanto en EE.UU. como en otros países, gracias a la capacidad de desafiar al poder y a las ortodoxias, y de promover nuevas maneras de pensar y vivir. Todos, incluso los no implicados en la disidencia ni el activismo político, sufren cuando la libertad resulta reprimida por el miedo a ser vigilado. Hendrik Hertzberg, que quitaba importancia a las preocupaciones sobre los programas de la NSA, reconocía, no obstante, que «el daño ya está hecho. El daño es cívico. El daño es colectivo. El daño se ha producido en la arquitectura de la confianza y la rendición de cuentas, un sostén de las sociedades abiertas y los sistemas democráticos».

Las *cheerleaders* de la vigilancia presentan un solo argumento: la vigilancia masiva se lleva a cabo únicamente para combatir el terrorismo y dar seguridad a la gente. El gobierno de EE.UU. lleva más de una década invocando el miedo al terrorismo para justificar un sinfín de acciones extremas, desde las torturas hasta la invasión de Irak. De hecho, recurrir a una amenaza exterior es una clásica táctica de elección para mantener a la gente sumisa ante los poderes gubernamentales. No obstante, en el caso de la vigilancia, los datos evidencian que las afirmaciones sobre su eficacia son más que discutibles.

Para empezar, gran parte de la recogida de datos llevada a cabo por la NSA no tiene evidentemente nada que ver con el terrorismo ni la seguridad nacional. Interceptar las comunicaciones de la gigante petrolera Petrobras, espiar en las negociaciones de una cumbre económica o seleccionar como objetivos a líderes de países aliados no guarda relación alguna con el terrorismo. La propia agencia establece que parte de su misión conlleva espiar para obtener ventajas económicas y diplomáticas. Viendo lo que hace realmente la NSA, la lucha contra el terrorismo es a todas luces un pretexto.

Además, el argumento de que la vigilancia de la NSA ha evitado complots terroristas —afirmación hecha por el presidente

Obama y diversas figuras de la seguridad nacional— ha demostrado ser falsa. Como señalaba en diciembre de 2013 el *Washington Post* en un artículo titulado «La defensa "oficial" del programa de escuchas telefónicas de la NSA puede ser clarificadora», un juez federal declaró «casi seguro» inconstitucional el programa de recogida de metadatos, diciendo al mismo tiempo que el Departamento de Justicia «no cita un solo ejemplo en el que el análisis de metadatos masivo por parte de la NSA haya impedido de veras un atentado inminente».

Ese mismo mes, el seleccionadísimo equipo de asesores de Obama (compuesto, entre otros, por un antiguo subdirector de la CIA y un exconsejero de la Casa Blanca, y reunido para estudiar el programa de la NSA mediante acceso a información confidencial) llegó a la conclusión de que los metadatos «no eran esenciales para evitar atentados y habrían podido obtenerse en forma oportuna mediante una orden (judicial) convencional».

Cito otra vez el *Post*: «En declaraciones ante el Congreso, [Keith] Alexander ha atribuido al programa el mérito de haber ayudado a detectar montones de tramas en Estados Unidos y en el extranjero», pero el informe del equipo de asesores «rebajó muchísimo la credibilidad de esas afirmaciones».

Por otra parte, tal como manifestaron en el *New York Times* los senadores demócratas Ron Wyden, Mark Udall y Martin Heinrich —todos ellos miembros del Comité de Inteligencia—, la recogida masiva de registros telefónicos no ha incrementado la protección de los norteamericanos contra la amenaza del terrorismo.

> La utilidad de la recogida masiva de datos se ha exagerado mucho. Todavía no disponemos de ninguna prueba de que tenga valor real, específico, para proteger la seguridad nacional. Pese a nuestras reiteradas solicitudes, la NSA no ha procurado pruebas de ninguna clase cuando ha utilizado este programa para analizar registros telefónicos que se habrían podido obtener mediante una orden judicial normal o una autorización de emergencia.

Según un estudio realizado por la centrista Fundación por la Nueva América, en el que se evaluaba la veracidad de las justificaciones oficiales de la recogida masiva de metadatos, el programa «no ha tenido un impacto perceptible en la prevención de acciones terroristas». En vez de ello, tal como señalaba el *Washington Post*, en la mayoría de los casos en que se desbarataron complots, el estudio observaba que «la imposición del cumplimiento de la ley y los métodos investigadores tradicionales proporcionaban el consejo o el indicio para iniciar el caso».

De hecho, el registro es bastante pobre. El sistema «recogerlo todo» no hizo nada para detectar, ya no digamos impedir, el atentado de 2012 en el Maratón de Boston. No descubrió el intento de atentado en un reactor de pasajeros sobre Detroit el día de Navidad, ni los planes para poner una bomba en Times Square o para realizar un ataque en el metro de Nueva York: se evitó todo eso gracias a transeúntes atentos o a agentes de policía tradicionales. Y desde luego no hizo nada para impedir las masacres de Aurora o Newtown. Los principales ataques terroristas internacionales, desde Londres a Bombay o Madrid se dieron sin detección, a pesar de estar implicadas docenas de operativos.

Y pese a las declaraciones en contra, el gran alcance de la NSA no habría brindado a los servicios de inteligencia mejores instrumentos para evitar los atentados del 11 de Septiembre. En su intervención ante el Senado, Keith Alexander dijo: «Me gustaría estar aquí discutiendo» el programa «en vez de explicar en qué hemos fallado para prevenir otro 11-S». (El mismo razonamiento, literal, aparecía en «temas a tratar» que los empleados de la NSA debían utilizar para esquivar preguntas.)

Las consecuencias son en extremo engañosas y alarmistas. Como ha revelado Peter Bergen, analista de seguridad de la CNN, la CIA contaba con múltiples informes sobre un complot de Al Qaeda y «bastante información sobre dos de los secuestradores y su presencia en Estados Unidos», que «la agencia no compartió con otras agencias gubernamentales hasta que fue demasiado tarde para hacer nada al respecto».

Lawrence Wright, experto en Al Qaeda del *New Yorker*, también ridiculizó la idea de que la recogida de metadatos hubiera podido impedir el 11 de Septiembre, explicando que la CIA «ocultó inteligencia crucial al FBI, que es la autoridad máxima para investigar terrorismo en EE.UU. y ataques contra norteamericanos en el extranjero». A su juicio, el FBI habría podido evitar el 11-S.

Contaba con autorización judicial para vigilar a todas las personas relacionadas con Al Qaeda en Norteamérica. Podía seguirlas, intervenir sus teléfonos, clonar sus ordenadores, leer sus correos electrónicos y requerir sus historiales médicos, bancarios y de las tarjetas de crédito. Tenía derecho a exigir registros de las compañías telefónicas sobre cualquier llamada efectuada. No hacía falta ningún programa de recogida de metadatos. Lo que hacía falta era cooperación con otras agencias federales, pero, por razones a la vez nimias y poco claras, esas agencias decidieron ocultar a los investigadores pistas fundamentales que muy probablemente habrían evitado los atentados.

El gobierno estaba en posesión de los datos de inteligencia necesarios, pero no los había entendido ni había obrado en consecuencia. La solución en la que se embarcó después —recogerlo todo, en masa— no ha hecho nada para subsanar ese fracaso.

Una y otra vez, y desde múltiples ámbitos, el recurso a la amenaza terrorista para justificar la vigilancia se ha presentado como una farsa.

De hecho, la vigilancia masiva ha tenido el efecto opuesto: dificulta la detección y la prevención de las acciones terroristas. Rush Holt, congresista demócrata y físico —uno de los pocos científicos del Congreso—, ha dejado claro que recogerlo todo sobre las comunicaciones de todos solo impide ver complots reales que están siendo organizados por terroristas reales. La vigilancia directa, no indiscriminada, generaría información más útil y precisa. El enfoque actual aporta tantos datos que las agencias de inteligencia son incapaces de revisarlos de forma efectiva.

Además de suministrar demasiada información, los planes de vigilancia de la NSA acaban volviendo el país más vulnerable: debido a los esfuerzos de la agencia por anular los métodos de encriptación que protegen las transacciones habituales de internet —como la actividad bancaria y comercial, los historiales médicos—, ahora es más fácil que los *hackers* y otras entidades hostiles se infiltren en esos sistemas.

En enero de 2014, Bruce Schneier, experto en seguridad, señalaba lo siguiente en *The Atlantic*:

> No es solo que la vigilancia generalizada sea ineficaz, es también costosísima... Inutiliza nuestros sistemas técnicos, los mismos protocolos de internet terminan siendo poco fiables... Hemos de preocuparnos no solo del abuso interno, sino también del resto del mundo. Cuanto más escuchemos a escondidas en internet y otras tecnologías de la comunicación, menos seguros estaremos de no estar siendo escuchados por otros. La opción no se plantea entre un mundo digital donde la NSA pueda escuchar ilegalmente y otro en el que la NSA tenga prohibida esta práctica, sino entre un mundo digital vulnerable a todos los ataques, y otro seguro para todos los usuarios.

Quizá lo más destacable sobre la explotación ilimitada de la amenaza del terrorismo es que se ha exagerado muchísimo. El riesgo de que un norteamericano muera en un atentado terrorista es infinitesimal, considerablemente menor al de ser abatido por un rayo. John Mueller, profesor de la Universidad del Estado de Ohio, que ha escrito ampliamente sobre el equilibrio entre la amenaza terrorista y el gasto en la lucha contra el terrorismo, lo explicaba en 2011: «El número de personas de todo el mundo asesinadas por terroristas de "tipo islamista", aspirantes a miembros de Al Qaeda, son tal vez unos centenares fuera de las zonas de guerra. En esencia, el mismo número de personas que mueren al año ahogadas en la bañera.»

En el extranjero han muerto «indudablemente» más norteamericanos «en accidentes de tráfico o de enfermedades intestinales», informaba la agencia de noticias McClatchy, «que en actos terroristas».

La idea de que debemos desmantelar las protecciones básicas de nuestro sistema político para erigir un estado de vigilancia omnipresente debido a ese riesgo es el colmo de la irracionalidad. Aun así, no deja de oírse la apelación a la amenaza. Poco antes de los Juegos Olímpicos de Londres de 2012, estalló la polémica sobre una supuesta falta de seguridad. La empresa encargada de la misma no había contratado el número de personas requerido por contrato, y un estridente coro de voces de todo el mundo se empeñó en que, por esa razón, los juegos eran vulnerables a un atentado terrorista.

Tras los Juegos, que transcurrieron sin complicaciones, Stephen Walt señaló en *Foreign Policy* que la protesta se había debido, como de costumbre, a una exageración de la amenaza. Citaba al respecto un artículo de John Mueller y Mark G. Stewart, publicado en *International Security*, en el que los autores analizaban cincuenta casos de supuestos «complots terroristas islámicos» contra Estados Unidos y llegaban a la conclusión de que «prácticamente todos los perpetradores eran "incompetentes, ineficaces, tontos, idiotas, ignorantes, irracionales, inexpertos, bobos, fantasiosos, imbéciles e insensatos, y estaban desorganizados, equivocados y hechos un lío"». Mueller y Stewart citaban a Glenn Carle, ex director adjunto de inteligencia nacional para amenazas transnacionales —«hemos de ver a los yihadistas como los adversarios pequeños, letales, inconexos y miserables que son»— y señalaban que las «capacidades de Al Qaeda son muy inferiores a sus deseos».

De todos modos, el problema es que hay demasiadas facciones del poder con intereses particulares en el miedo al terrorismo: el gobierno, que quiere justificar sus acciones; las industrias de vigilancia y armamentística, a rebosar de financiación pública; o los bandos permanentes del poder en Washington, dispuestos a establecer sus prioridades sin que nadie les cuestione. Stephen Walt lo dejó claro así:

> Mueller y Stewart calculan que el gasto en seguridad interna (es decir, sin contar las guerras de Irak o Afganistán) ha aumentado en más de un billón de dólares desde el 11-S, aunque las probabilidades anuales de morir en un atentado terrorista dentro del país son aproximadamente una entre tres millones y medio. Mediante supuestos conservadores y metodología convencional de evaluación de riesgos, estiman que, para que ese gasto fuera rentable, «debería impedir, prevenir, frustrar o proteger cada año contra 333 atentados muy importantes, que, de lo contrario, tendrían éxito». Por último, les preocupa que esta exagerada sensación de peligro haya acabado

«interiorizada»: incluso cuando los políticos y los «expertos en terrorismo» no están publicitando el peligro a bombo y platillo, la gente sigue percibiendo la amenaza como algo real e inminente.

Como el miedo al terrorismo ha sido manipulado, se han infravalorado gravemente los comprobados peligros de permitir al estado aplicar un sistema de vigilancia secreta generalizada.

Aunque la amenaza terrorista fuera del nivel que dice el gobierno, seguirían estando injustificados los programas de vigilancia de la NSA. Aparte de la seguridad física, hay otros valores igual de importantes, si no más. Este reconocimiento, que está arraigado en la cultura política norteamericana desde el nacimiento de la nación, no es menos crucial en otros países.

Los países y los individuos toman continuamente decisiones que colocan los valores de la privacidad, e implícitamente de la libertad, por encima de otros objetivos, como la seguridad física. De hecho, la finalidad de la Cuarta Enmienda de la Constitución de EE.UU. es prohibir ciertas acciones policiales aunque pudieran reducir la delincuencia. Si la policía fuera capaz de irrumpir en cualquier casa sin orden judicial, sería más fácil detener a los asesinos, los violadores y los secuestradores. Si se permitiera al estado instalar monitores en los hogares, seguramente el índice de criminalidad descendería de manera apreciable (esto es sin duda cierto en los robos con allanamiento de morada, si bien la mera idea pone en guardia a la mayoría de la gente). Si el FBI estuviera autorizado a escuchar nuestras conversaciones y apoderarse de nuestras comunicaciones, se evitarían y resolverían una amplia variedad de crímenes.

Sin embargo, la Constitución fue escrita para prevenir invasiones sospechosas por parte del estado. Al poner límites a esas acciones, permitimos a sabiendas una mayor criminalidad. Aun así, marcamos igualmente esa frontera, exponiéndonos a un mayor grado de peligro, pues alcanzar la seguridad física absoluta no ha sido nunca una prioridad social.

Por encima incluso de nuestro bienestar físico, un valor esencial es mantener al estado fuera del ámbito privado —nuestras «personas, casas, papeles y efectos», como dice la Cuarta Enmienda. Y lo hacemos precisamente porque esta esfera es el crisol de muchos de los atributos habitualmente asociados a la calidad de vida: la creatividad, la exploración, la intimidad.

Renunciar a la privacidad a cambio de la seguridad absoluta es dañino tanto para la salud física y mental de un individuo como para la salud de la cultura política. En el plano individual, «la seguridad primero» equivale a una vida de parálisis y miedo, no subir nunca a un coche ni a un avión, no realizar actividades que conlleven riesgos, valorar menos la calidad de vida que la cantidad, o pagar algún precio por evitar el peligro.

El alarmismo es una de las tácticas preferidas por las autoridades precisamente por la forma tan persuasiva en que el miedo racionaliza la expansión del poder y los recortes de derechos. Desde el principio de la Guerra contra el Terror, a los norteamericanos se les ha dicho con frecuencia que, si quieren mantener alguna esperanza de evitar la catástrofe, deben renunciar a sus derechos políticos fundamentales. Por ejemplo, Pat Roberts, presidente del Comité de Inteligencia del Senado ha dicho: «Soy un firme defensor de la Primera Enmienda, de la Cuarta Enmienda y de las libertades civiles. Pero no tienes libertades civiles si estás muerto»; o John Cornyn, senador republicano, que se había presentado a la reelección en Tejas con un vídeo de sí mismo en el que aparecía disfrazado de tipo duro con sombrero de *cowboy*: «Una vez muerto, ninguna de tus libertades civiles importa demasiado.»

Demostrando su desconocimiento de la historia al hablar con su audiencia, el locutor de radio Rush Limbaugh echaba más leña al fuego: «¿Cuándo fue la última vez que oísteis al presidente declarar la guerra basándose en la protección de las libertades civiles? Yo no me acuerdo... ¡Si estás muerto, las libertades civiles no valen nada! Si estás criando malvas, si estás chupando tierra dentro de un ataúd, ¿sabes lo que valen tus libertades civiles? Cero, nada de nada.»

Una población, un país, que sitúa la seguridad física por encima de otros valores renunciará al final a su libertad y aceptará cualquier poder autoritario a cambio de la promesa, al margen de lo ilusoria que sea, de la seguridad total. Sin embargo, la seguridad absoluta es en sí misma una quimera, se busca pero no se alcanza nunca. Esta búsqueda degrada tanto a quienes participan en ella como a cualquier país que la adopte como santo y seña.

El peligro de un estado que aplica un sistema de vigilancia secreta masiva es un augurio mucho peor ahora que en cualquier otro momento de la historia. Mientras, gracias a la vigilancia, el gobierno sabe cada vez más sobre lo que hacen sus ciudadanos, estos saben cada vez menos sobre lo que hace su gobierno, protegido como está por un muro de secretismo.

Salta a la vista lo mucho que esta situación trastoca la definición de una sociedad sana o en qué grado esencial altera el equilibrio de poder en favor del estado. El panóptico de Bentham, concebido para conferir un poder incuestionable a las autoridades, se basaba precisamente en esta inversión: «La esencia», escribió, se apoya en «la centralidad de la situación del inspector» combinada con las «artimañas más efectivas para ver sin ser visto».

En una democracia de buena salud sucede lo contrario. La democracia requiere rendición de cuentas y consentimiento de los gobernados, algo que solo es posible si los ciudadanos saben qué está haciéndose en su nombre. Se supone que, con raras excepciones, ven todo lo que hacen sus funcionarios políticos, razón por la cual estos se denominan «servidores públicos», que trabajan en el sector público, en los servicios públicos, en agencias públicas. A la inversa, se supone que el gobierno, con raras excepciones, no sabe nada de lo que hacen los ciudadanos respetuosos de la ley. Es por eso por lo que recibimos el nombre de «individuos privados», que obramos con arreglo a nuestra capacidad privada. La transparencia es para quienes tienen obligaciones públicas y ejercen el poder público. La privacidad es para todos los demás.

5

EL CUARTO ESTADO

Una de las principales instituciones en principio dedicadas al control y la inspección de los abusos de poder por parte del estado' son los medios de comunicación políticos. La teoría del «cuarto estado» habla de garantizar transparencia gubernamental y procurar un freno a las extralimitaciones, de las cuales la vigilancia secreta de poblaciones enteras seguramente se cuenta entre los ejemplos más notorios. Sin embargo, este control solo es efectivo si los periodistas actúan con actitud combativa ante quienes ejercen el poder político. Lamentablemente, los medios norteamericanos han renunciado a menudo a este papel, supeditándose a los intereses del gobierno, amplificando incluso, más que examinando, sus mensajes y llevando a cabo su trabajo sucio.

En este contexto, yo sabía que sería inevitable la hostilidad de los medios hacia mi cobertura de las revelaciones de Snowden. El 6 de junio, el día después de que apareciera el primer artículo sobre la NSA en el *Guardian*, el *New York Times* planteó la posibilidad de llevar a cabo una investigación criminal. «Tras haber escrito durante años de manera vehemente, incluso obsesiva, sobre la vigilancia del gobierno y la persecución de periodistas, de repente Glenn Greenwald se ha colocado directamente en la intersección de estas dos cuestiones, y tal vez en el punto de mira de los fiscales federales», declaraba el periódico en una reseña sobre mí. De mis informaciones sobre la NSA, añadía, «se espera que susciten una investigación del Departamento de Justicia, que ha perseguido con afán a los filtradores». El perfil citaba al neoconservador Gabriel Schoenfeld, del Instituto Hudson, que lleva tiempo defendiendo el procesamiento de los periodistas que publiquen información secreta y me calificaba de «apologista muy profesional de cualquier clase de antiamericanismo que puede alcanzar un grado extremo».

La prueba más reveladora de las intenciones del *Times* se debió al periodista Andrew Sullivan, citado en la misma reseña, cuando decía que «... en cuanto entabla uno un debate con Greenwald, puede ser difícil tener la última palabra» y «creo que él no conoce bien lo que significa realmente dirigir un país o librar una guerra». Molesto por la utilización de sus comentarios fuera de contexto, más adelante Andrew me hizo llegar la conversación completa con la reportera del *Times*, Leslie Kaufman, en la que se incluían elogios a mi trabajo que el periódico había decidido omitir adrede. De todos modos, lo más revelador eran las preguntas originales que le había mandado Kaufman:

- «Se ve a las claras que tiene opiniones firmes, pero ¿cómo es en su condición de periodista? ¿Fiable? ¿Honrado? ¿Te cita con precisión? ¿Describe con exactitud tus posturas? ¿O es más abogado que periodista?»
- «Dice que eres un amigo, ¿no? Pues me da la sensación de que es una especie de solitario y que mantiene la clase de opiniones inflexibles que alejan la posibilidad de hacer amigos, aunque podría equivocarme.»

La segunda —que soy «una especie de solitario» con dificultades para tener amigos— era, en cierto modo, más significativa que la primera. Si se trata de denuncias de malas prácticas, desacreditar al mensajero calificándolo de inadaptado social para desacreditar el mensaje es una vieja treta que suele funcionar.

El intento de desprestigiarme personalmente se evidenció más si cabe cuando recibí un e-mail de un periodista del *New York Daily News*, en el que me decía que estaba investigando varios aspectos de mi pasado, incluyendo deudas, obligaciones tributarias o la participación en una empresa de distribución de vídeos para adultos mediante una sociedad de la que yo había tenido acciones ocho años atrás. Como el *Daily News* es un tabloide que a menudo trafica con escándalos y corruptelas personales, decidí que no había razón alguna para atraer más atención hacia esos asuntos y no respondí.

Sin embargo, ese mismo día recibí un e-mail de Michael Schmidt, reportero del *Times* interesado también en escribir sobre mis pasadas deudas fiscales. Resultaba de veras extraño que los dos periódicos se hubieran enterado al mismo tiempo de esos detalles oscuros, pero al parecer el *Times* había decidido que mi vieja deuda tenía interés periodístico; si bien se negaba a dar ninguna explicación del porqué.

Estas cuestiones eran claramente triviales y solo pretendían difamar. Al final el *Times* no publicó nada, a diferencia del *Daily News*, que llegó a incluir pormenores de un conflicto que había tenido yo diez años atrás en mi edificio de apartamentos sobre una demanda judicial según la cual mi perro superaba el peso límite permitido por las leyes de propiedad horizontal.

Aunque la campaña de desprestigio era previsible, no ocurría lo mismo con el esfuerzo por negarme el estatus de periodista, que tenía ramificaciones potencialmente graves. Esta campaña fue iniciada por el *New York Times* también en su perfil del 6 de junio. En el titular, el periódico se desvivía por concederme cierto título no periodístico: «Bloguero dedicado a la vigilancia, en el centro del debate.» El titular era malo, pero el online original era aún peor: «Activista antivigilancia protagonista de una nueva filtración.»

La editora pública del periódico, Margaret Sullivan, criticó el titular calificándolo de «desdeñoso». Y añadía: «Ser bloguero no tiene nada de malo, desde luego, yo también lo soy. Pero cuando el estamento mediático utiliza el término, de algún modo parece decir "tú no eres de los nuestros".»

El artículo pasaba a considerarme una y otra vez cosas distintas de «periodista» o «reportero». Yo era, por lo visto, «abogado y bloguero de toda la vida» (llevo seis años sin dedicarme al derecho, y hace varios años que trabajo como columnista en importantes medios, aparte de haber publicado cuatro libros).

Y si había llegado a trabajar «como periodista», decía el artículo, mi experiencia era «inusual», no debido a mis «opiniones claras» sino porque «casi nunca había estado bajo las órdenes de un director».

A continuación, los medios en pleno se enzarzaron en un debate sobre si yo era realmente «periodista» u otra cosa. La alternativa más habitual era la de «activista». Nadie se tomó la molestia de precisar ninguna de esas palabras; se limitaban a basarse en tópicos mal definidos, como suelen hacer los medios, sobre todo cuando el objetivo es demonizar. A partir de entonces, se aplicó como rutina la vacía e insustancial etiqueta.

La calificación tenía un significado real en varios niveles. Para empezar, quitar el marbete de «periodista» reduce la legitimidad de la cobertura. Además, convertirme en «activista» podía tener consecuencias legales, es decir, criminales. Los periodistas cuentan con protecciones jurídicas formales y tácitas a las que otros no pueden recurrir. Por ejemplo, aunque por lo general se considera legítimo que un periodista publique secretos gubernamentales, no sucede lo mismo con alguien que actúe en calidad de otra cosa.

Adrede o no, quienes defendían la idea de que yo no era periodista —pese al hecho de estar escribiendo para uno de los periódicos más antiguos e importantes del mundo— estaban ayudando al gobierno a criminalizar mis informaciones. Después de que el *New York Times* proclamara mi condición de activista, Sullivan, la editora pública, reconocía que «estos asuntos han adquirido más trascendencia en el ambiente actual, y para el señor Greenwald podrían ser cruciales».

La alusión al «ambiente actual» era una forma de referirse a dos importantes controversias relacionadas con el trato a los periodistas por parte de la administración. La primera giraba en torno a la adquisición secreta por el Departamento de Justicia (DOJ) de registros de llamadas telefónicas y e-mails de reporteros y editores de Associated Press para averiguar las fuentes de las historias.

El segundo incidente, más peliagudo, se refería a los esfuerzos del DOJ por conocer la identidad de una fuente que había filtrado información secreta. A tal fin, el departamento solicitó al tribunal federal una orden judicial para poder leer los correos electrónicos de James Rosen, jefe de la oficina de Fox News en Washington.

En la solicitud de la orden judicial, los abogados del gobierno tildaban a Rosen de «co-conspirador» en relación con los delitos de la fuente en virtud del hecho de haber obtenido material confidencial. La petición era escandalosa porque, como decía el *New York Times*, «ningún periodista norteamericano ha sido procesado jamás por reunir y publicar información reservada, por lo que el lenguaje planteaba la posibilidad de que la administración Obama estuviera llevando la ofensiva contra las filtraciones a un nuevo nivel».

La conducta mencionada por el DOJ para justificar la calificación de Rosen como «co-conspirador» —trabajar con la fuente para conseguir documentos, establecer un «plan de comunicación encubierto» para eludir la detección al hablar, o «utilizar halagos y jugar con la vanidad y el ego [de la fuente] para convencerle de que filtrase información— se componía de montones de cosas que los periodistas de investigación hacen de forma rutinaria.

Como dijo Olivier Knox, veterano reportero de Washington, el DOJ había «acusado a Rosen de violar la ley antiespionaje con comportamientos que —tal como aparecen descritos en la propia declaración del agente— se inscriben perfectamente en la categoría de cobertura tradicional de las noticias». Considerar que el proceder de Rosen es un delito grave era criminalizar el periodismo como tal.

Este movimiento quizá sorprendió menos de lo que cabía esperar teniendo en cuenta el amplio contexto de ataques de la administración Obama contra las fuentes y las denuncias de malas prácticas. En 2011, el *New York Times* reveló que, al intentar descubrir la fuente de un libro escrito por James Risen, el DOJ había «obtenido abundantes registros de sus llamadas telefónicas, su situación económica y su historial de viajes», incluyendo «datos bancarios y de la tarjeta de crédito, así como información de su agencia de viajes y tres informes crediticios acerca de su contabilidad financiera».

El DOJ también intentaba obligar a Risen a revelar la identidad de su fuente, con la amenaza de mandarlo a la cárcel si se negaba. Los periodistas del país entero estaban pasmados por el trato dado a Risen: si uno de los reporteros de investigación más capaces y protegidos desde el punto de vista institucional sufría un ataque de tal magnitud, a cualquier otro podía pasarle eso y más.

En la prensa, muchos reaccionaron con inquietud. Un artículo de *USA Today* señaló que «la administración del presidente Obama se enfrenta a acusaciones de haber emprendido una verdadera guerra contra los periodistas», y citaba a Josh Meyer, antiguo reportero de seguridad nacional de *Los Angeles Times*: «Hay una línea roja a la que ninguna otra administración se había acercado antes de que la administración Obama la haya cruzado con creces.» Jane Mayer, la admiradísima reportera de investigación del *New Yorker*, ya avisó en el *New Republic* de que la campaña del DOJ de Obama contra las denuncias de corrupción estaba convirtiéndose en un ataque al propio periodismo: «Es un tremendo impedimento para la cobertura informativa, y no "enfría" exactamente, sino que más bien paraliza el conjunto del proceso hasta desactivarlo.»

La situación impulsó al Comité para la Protección de los Periodistas —organización internacional que hace un seguimiento de los ataques del estado a la libertad de prensa— a hacer público su primer informe sobre Estados Unidos. Redactado por Leonard Downie, Jr., antiguo redactor ejecutivo del *Washington Post*, el informe, publicado en octubre de 2012, concluía que:

> La guerra de la administración contra las filtraciones y otros esfuerzos para controlar la información es lo más agresivo... desde la administración Nixon... Los treinta experimentados periodistas de Washington en diversas organizaciones de noticias... entrevistados con motivo de este informe no recuerdan nada igual.

La dinámica se extendió más allá de la seguridad nacional para constituir, como dijo un jefe de oficina, un esfuerzo «con la finalidad de frustrar las coberturas sobre rendición de cuentas de las agencias gubernamentales».

Muchos periodistas de EE.UU., prendados de Barack Obama durante años, hablaban ahora de él habitualmente en estos términos: una grave amenaza para la libertad de prensa, el líder más represivo al respecto desde Richard Nixon. Era un cambio más que notable tratándose de un político que había accedido al poder jurando crear «la administración más transparente de la historia de Estados Unidos».

Para neutralizar el creciente escándalo, Obama ordenó al fiscal general, Eric Holder, que se reuniera con representantes de los medios y examinara con ellos las normas que rigen el trato del DOJ a los periodistas. Obama afirmaba estar «preocupado por la posibilidad de que ciertas investigaciones sobre filtraciones pudieran poner trabas al periodismo de investigación que exige cuentas al gobierno», como si él no hubiera sido durante cinco años responsable precisamente de esta clase de agresiones contra el proceso de obtención de información.

En una sesión del Senado, el 6 de junio de 2013 (al día siguiente de que el *Guardian* publicara la primera historia de la NSA), Holder juró que el DOJ nunca encausaría «a ningún reportero por hacer su trabajo». El objetivo del DOJ, añadió, es simplemente «identificar y procesar a funcionarios gubernamentales que hagan peligrar la seguridad nacional al violar sus juramentos, no perseguir a miembros de la prensa o disuadirlos de que lleven a cabo su esencial labor».

Hasta cierto punto, fue un acontecimiento grato: al parecer, la administración había notado la suficiente reacción para crear al menos la apariencia de que encaraba el asunto de la libertad de prensa. Sin embargo, en el juramento de Holder había un enorme boquete: en el caso de Rosen y Fox News, el DOJ había establecido que trabajar con una fuente para «robar» información confidencial trascendía el ámbito de «actuación del periodista». De este modo, las garantías de Holder dependían de la idea del DOJ sobre qué era periodismo y qué rebasaba los límites de la cobertura informativa legítima.

Con este telón de fondo, los intentos de algunas figuras de

los medios de expulsarme del «periodismo» —insistiendo en que yo no informaba, sino que hacía «activismo», por tanto, algo criminal— se tornaban potencialmente peligrosos.

La primera petición para procesarme llegó del congresista republicano de Nueva York Peter King, que había sido presidente del Subcomité de la Cámara sobre Terrorismo y había convocado sesiones macartistas sobre la amenaza terrorista planteada «desde dentro» por la comunidad musulmana norteamericana (curiosamente, King había apoyado durante mucho tiempo al IRA). King confirmó a Anderson Cooper, de la CNN, que los reporteros que se ocuparan de cuestiones de la NSA debían ser procesados «si sabían y aceptaban que se trataba de información confidencial... en especial sobre algo de esta magnitud». «A mi entender, existe una obligación», añadía, «tanto moral como legal, de actuar contra un reportero cuyas revelaciones pongan en peligro la seguridad nacional».

Más adelante, King aclaró en Fox News que estaba hablando concretamente de mí:

> Estoy hablando de Greenwald... no solo reveló esta información, ha dicho que tiene nombres de agentes de la CIA y activos de todo el mundo, y amenaza con sacarlo todo a la luz. La última vez que pasó algo así en este país, hubo un jefe de base de la CIA asesinado en Grecia... Creo que [el procesamiento de periodistas] debería ser específico, muy selectivo y desde luego excepcional. No obstante, en este caso, en el que alguien desvela secretos como este y amaga con dar a conocer otros, sí, hay que emprender acciones legales contra él.

Eso de que yo había amenazado con hacer públicos nombres de agentes y activos de la CIA era una descarada mentira inventada por King. De todos modos, sus comentarios abrieron las compuertas, y los comentaristas se metieron a empujones. Marc Thiessen, del *Washington Post*, antiguo redactor de discursos de Bush y autor de un libro en el que justificaba el programa de torturas de EE.UU., defendía a King bajo este titular: «Sí, publicar secretos de la NSA es un crimen.» Tras acusarme de «violar el

18 USC [US Code, código de EE.UU.] 798, que considera un acto criminal publicar información confidencial reveladora de criptografía gubernamental o inteligencia de comunicaciones», añadía que «Greenwald ha infringido claramente esta ley» (como hizo el *Post*, si vamos a eso, cuando publicó detalles secretos del programa PRISM de la NSA).

Alan Dershowitz habló para la CNN y declaró lo siguiente: «A mi juicio, Greenwald ha cometido un delito gravísimo.» Pese a ser un conocido defensor de los derechos civiles y de la libertad de prensa, Dershowitz dijo que mi cobertura informativa «no bordea la criminalidad, sino que entra de lleno en la categoría de crimen».

Al creciente coro se sumó el general Michael Hayden, que había dirigido tanto la NSA como la CIA bajo el mandato de George Bush y puesto en marcha el programa de la agencia de escuchas ilegales sin orden judicial. «Edward Snowden», escribió en *CNN.com*, «probablemente será el filtrador de secretos norteamericanos más gravoso de la historia de la república», para añadir más adelante que «Glenn Greenwald merece mucho más el calificativo de co-conspirador por el Departamento de Justicia que en su día James Rosen, de Fox».

Al principio limitado a personajes de derechas de quienes cabía esperar que considerasen el periodismo como un crimen, el coro de voces que planteaba la cuestión del procesamiento creció durante una infame aparición en *Meet the Press* [Encuentro con la prensa].

La propia Casa Blanca ha elogiado *Meet the Press* al considerarlo un lugar cómodo para que las figuras políticas y otras élites transmitan su mensaje sin demasiada dificultad. El programa semanal de la NBC fue aclamado por Catherine Martin, antigua directora de comunicaciones del vicepresidente Dick Cheney, diciendo que tenía «nuestro mejor formato» porque Cheney era capaz de «controlar el mensaje». Llevar al vicepresidente a *Meet the Press* era, decía ella, una «táctica utilizada con frecuencia». De hecho, un vídeo del presentador del programa, David Gregory, bailando en el escenario en la cena de corresponsales de la Casa Blanca, con torpeza a la par que entusiasmo, detrás de un rapero, Karl Rove, causó sensación al simbolizar vívidamente lo que es el programa: un sitio donde el poder político va a ser amplificado y halagado, donde solo se oyen los comentarios convencionales más aburridos, donde solo se permite una reducidísima gama de opiniones.

Fui invitado al programa en el último momento y por necesidad. Unas horas antes, se había sabido que Snowden había abandonado Hong Kong e iba en avión camino de Moscú, un espectacular giro de los acontecimientos que inevitablemente dominaría el ciclo informativo. A *Meet the Press* no le quedó más remedio que empezar con la historia, y, como yo era una de las pocas personas que estaba en contacto con Snowden, me pidieron que acudiera al programa como principal invitado.

A lo largo de los años, había criticado yo con dureza a Gregory y preveía una entrevista hostil. Pero no esperaba esta pregunta del presentador: «Teniendo en cuenta que ha ayudado y secundado a Snowden, incluso en sus movimientos actuales, ¿por qué no se le podría acusar a usted, señor Greenwald, de haber cometido delito?» En el enunciado había tantas cosas erróneas, que tardé un minuto en procesar lo que me había preguntado realmente.

El problema más notorio era la cantidad de suposiciones infundadas implícitas en la pregunta. Eso de «teniendo en cuenta» que yo había «ayudado y secundado a Snowden, incluso en sus movimientos actuales» no difiere mucho de «teniendo en cuenta que el señor Gregory ha asesinado a sus vecinos...». Era solo un llamativo ejemplo de la formulación: «¿Cuándo dejó usted de pegar a su esposa?»

Sin embargo, más allá de la falacia retórica, un periodista de televisión acababa de dar crédito a la idea de que otros periodistas podían y debían ser procesados por hacer periodismo, una afirmación insólita. La pregunta de Gregory daba a entender que cualquier reportero de investigación de Estados Unidos que trabajara con fuentes y recibiera información confidencial era un delincuente. Y era precisamente esa teoría y ese ambiente lo que había vuelto tan precaria la cobertura informativa de investigación.

Como era de esperar, Gregory me describió una y otra vez

como algo distinto de un «periodista». Prologó una pregunta con la siguiente proclamación: «Usted es un polemista, tiene una opinión, es un columnista.» Para luego anunciar: «La cuestión de quién es periodista acaso merezca un debate con respecto a lo que usted está haciendo.»

De todos modos, Gregory no era el único en utilizar estos razonamientos. Ninguno de los presentes en *Meet the Press*, convocados para analizar mi conversación con Gregory, pusieron objeciones a la idea de que un periodista pudiera ser encausado por haber trabajado con una fuente. Chuck Todd, de la NBC, reafirmó esa teoría formulando inquietantes «preguntas» sobre lo que él denominaba mi «papel» en «el complot»:

> Glenn Greenwald... ¿hasta qué punto estaba implicado en el complot?... ¿Tenía algún papel aparte de simple receptor de esta información? ¿Y va a responder a estas preguntas? Es, bueno, una cuestión de derecho.

Un programa de la CNN, *Reliable Sources* [Fuentes fiables], debatió el asunto mientras en la pantalla aparecía sobreimpresionada esta pregunta: «¿Hay que procesar a Glenn Greenwald?»

Walter Pincus, periodista del *Washington Post* que en la década de 1960 había espiado a estudiantes norteamericanos en el extranjero por cuenta de la CIA, escribió una columna en que sugería que Laura, Snowden y yo formábamos parte de una conspiración planeada y organizada por Julian Assange, fundador de WikiLeaks. En la columna había tantos errores de hecho (documentados en una carta abierta a Pincus), que el *Post* se vio obligado a añadir un artículo de tres párrafos excepcionalmente largo que reconocía y corregía múltiples errores.

En su propio programa de la CNBC, el columnista económico Andrew Ross Sorkin decía lo siguiente:

> Me da la sensación, primero, de que la hemos cagado, dejando [a Snowden] que se fuera a Rusia. Segundo, sin duda los chinos nos odian por haberle siquiera dejado salir del país... Yo lo detendría,

y ahora casi detendría también a Glenn Greenwald, el periodista que al parecer quiere ayudarle a llegar a Ecuador.

El hecho de que un reportero del *Times*, que había llegado hasta el Tribunal Supremo con el fin de publicar los Papeles del Pentágono, abogara por mi detención era una clarísima señal de la lealtad que muchos periodistas consagrados profesaban al gobierno de Estados Unidos: pese a todo, criminalizar el periodismo de investigación tendría un serio impacto en ese periódico y sus trabajadores. Más adelante, Sorkin me pidió disculpas, pero sus comentarios pusieron de manifiesto la velocidad y la facilidad con que esas afirmaciones consiguen aceptación.

Por suerte, esta idea distaba de ser unánime entre la profesión periodística norteamericana. De hecho, el fantasma de la criminalización impulsó a muchos periodistas a manifestarse en apoyo de mi trabajo, y en varios programas televisivos de masas los presentadores mostraron más interés en lo esencial de las revelaciones que en demonizar a los implicados. Durante la semana que siguió a la entrevista de Gregory, se oyeron muchas opiniones de repulsa hacia su pregunta. En el *Huffington Post* leemos: «Aún no acabamos de creernos lo que David Gregory le preguntó a Glenn Greenwald.» Toby Harnden, jefe de la oficina de Washington del *Sunday Times* del Reino Unido, tuiteó: «En el Zimbabue de Mugabe fui encarcelado por "practicar periodismo". ¿Está diciendo David Gregory que la Norteamérica de Obama debe hacer lo mismo?» Numerosos reporteros y columnistas del *New York Times*, el *Post* y otros medios han salido en mi defensa en público y en privado. No obstante, por mucho apoyo que reciba nada va a contrarrestar el hecho de que los propios reporteros habían aceptado la posibilidad de peligro legal.

Diversos abogados y asesores coincidían en que, si yo volvía a EE.UU., había verdadero peligro de detención. Intenté encontrar una persona de fiar que me dijera lo contrario, que no había riesgo alguno, que era inconcebible una demanda del DOJ contra mí. No me lo dijo nadie. La opinión general era que el DOJ no actuaría contra mí explícitamente por mi labor informativa, pues intentaría evitar la imagen de perseguidor de periodistas.

Existía más bien la preocupación de que el gobierno improvisaría la teoría de que mis supuestos crímenes habían sido cometidos fuera del ámbito del periodismo. A diferencia de Barton Gellman, del *Washington Post*, yo había viajado a Hong Kong a verme con Snowden antes de que se publicaran las historias, había hablado regularmente con él en cuanto hubo llegado a Rusia, y había escrito historias sobre la NSA como *free-lance* en periódicos de todo el mundo. El DOJ podía afirmar que yo había «ayudado y secundado» a Snowden en sus filtraciones o había ayudado a un «fugitivo» a huir de la justicia, o que mi colaboración con periódicos extranjeros constituía cierto tipo de espionaje.

Además, mis comentarios sobre la NSA y el gobierno de EE.UU. habían sido deliberadamente agresivos y desafiantes. Sin duda, el gobierno se moría de ganas de castigar a alguien por lo que se consideraba la filtración más perjudicial de la historia del país, si no para aliviar la furia institucional sí al menos para disuadir a otros. Como la cabeza más buscada para clavarla en una pica residía tranquilamente en Moscú bajo el escudo protector del asilo político, Laura y yo éramos una oportuna segunda opción.

Durante meses, varios abogados con contactos de alto nivel en el Departamento de Justicia trataron de obtener garantías informales de que yo no sería procesado. En octubre, cinco meses después de que se publicase la primera historia, el congresista Alan Grayson escribió al fiscal general Holder señalando que destacadas figuras políticas habían exigido mi detención y que yo había declinado una invitación a testificar en el Congreso sobre la NSA debido a la preocupación por un posible procesamiento. Terminaba la carta diciendo lo siguiente:

> Considero esto lamentable porque (1) el ejercicio del periodismo no es un crimen; (2), por el contrario, está protegido de manera explícita por la Primera Enmienda; (3) de hecho, las crónicas del señor Greenwald relativas a estos asuntos nos han informado a mí, a otros miembros del Congreso y al público en general, de violaciones graves y generalizadas de la ley y los derechos constitucionales cometidas por agentes del gobierno.

La carta preguntaba al Departamento de Justicia si tenía intención de presentar cargos contra mí, y si, en caso de entrar yo en Estados Unidos, «el Departamento de Justicia, el Departamento de Seguridad Nacional o cualquier otro organismo gubernamental intentará retener, interrogar, arrestar o encausar». El periódico de la ciudad de Grayson, el *Orlando Sentinel*, publicó la carta en diciembre, pero el congresista no recibió respuesta alguna.

A finales de 2013 y ya entrados en 2014, la amenaza de procesamiento fue tomando forma mientras los funcionarios del gobierno mantenían un ataque claramente coordinado con el objetivo de criminalizar mi trabajo. A finales de octubre, el jefe de la NSA, Keith Alexander, en una obvia referencia a mis coberturas informativas *free-lance* en todo el mundo, se quejaba de que «los reporteros de periódicos tuvieran todos esos documentos, los 50.000... los que tengan y están vendiendo», y exigía de forma inquietante que «nosotros» —el gobierno— «hemos de encontrar la manera de parar esto». En una sesión de febrero, el presidente del Comité de Inteligencia de la Cámara, Mike Rogers, le dijo una y otra vez al director del FBI, James Comey, que algunos periodistas estaban «vendiendo bienes robados», tachándolos de «peristas» y «ladrones», y a continuación especificó que hablaba de mí. Cuando empecé a informar en la CBC sobre el espionaje canadiense, el portavoz parlamentario del gobierno conservador de Stephen Harper me denunció calificándome de «espía porno» y acusó a la CBC de comprarme documentos robados. En EE.UU., James Clapper, director de Inteligencia Nacional, comenzó a utilizar el término criminal «cómplices» para referirse a los periodistas que hablaban de temas relacionados con la NSA.

Yo creía que, aunque solo fuera por razones de imagen y controversia mundial, las posibilidades de ser detenido si regresaba a EE.UU. eran inferiores al 50%. La potencial mancha en el legado de Obama, que sería el primer presidente en procesar a un periodista por ejercer el periodismo, era, suponía yo, impedimento suficiente. No obstante, si el pasado reciente demostraba algo, era que el gobierno de EE.UU. estaba dispuesto a hacer toda clase de cosas censurables con la excusa de la seguridad nacional, sin tener en cuenta cómo se percibiera eso en el resto del mundo. Caso de equivocarme, las consecuencias —acabar esposado y acusado conforme a las leyes de espionaje, ser juzgado por una judicatura federal que se había mostrado descaradamente deferente para con Washington en estos asuntos— eran demasiado importantes para rechazarlas alegremente. Estaba decidido a volver a EE.UU., pero solo en cuanto tuviera más claro el riesgo que comportaba. Entretanto, quedarían lejos la familia, los amigos y toda clase de oportunidades importantes para hablar en Estados Unidos sobre mi labor.

El hecho de que para diversos abogados y un congresista el riesgo fuera real era en sí mismo extraordinario, una convincente señal de la erosión de la libertad de prensa. Y el hecho de que muchos periodistas se hubieran sumado a la idea de considerar mis coberturas un delito grave era un considerable triunfo propagandístico para los poderes gubernamentales, que contaban con profesionales cualificados que les hacían el trabajo y equiparaban el periodismo de investigación crítico con la actividad criminal.

Los ataques contra Snowden eran mucho más virulentos, desde luego, y también extrañamente idénticos en cuanto al tema. Destacados comentaristas que no sabían absolutamente nada de Snowden adoptaron enseguida el mismo guion de tópicos para menospreciarlo. Apenas unas horas después de haberse aprendido su nombre, ya marchaban hombro con hombro para denostar su persona y sus motivaciones. Snowden estaba impulsado, recitaban, no por ninguna convicción real, sino por el «narcisismo que busca notoriedad».

Bob Schieffer, presentador de *CBS News*, calificó a Snowden de «joven narcisista» que se cree «más listo que nadie». Jeffrey Toobin, del *New Yorker*, diagnosticó que Snowden era «un narcisista fatuo que merece estar en la cárcel». Richard Cohen, del *Washington Post*, dictaminó que Snowden «no es un paranoico, sino solo un narcisista»; haciendo referencia al informe según el cual Snowden se tapaba con una manta para evitar que sus contraseñas fueran captadas por cámaras en el techo, Cohen añadía que Snowden «se desinflará como una Caperucita Roja transformista» y «su supuesto deseo de fama se verá desbaratado».

Salta a la vista que estas caracterizaciones son ridículas. Snowden decía estar decidido a desaparecer, a no conceder entrevistas. Comprendía que a los medios les encantaba personalizar las historias, y quería que el centro de atención fuera la vigilancia de la NSA, no él. Fiel a su promesa, Snowden rechazaba todas las invitaciones de los medios. Durante muchos meses, yo recibí a diario llamadas y e-mails de casi todos los programas de televisión norteamericanos, de personalidades de los noticiarios y de periodistas famosos que suplicaban hablar con Snowden. Matt Lauer, presentador del *Today Show*, llamó varias veces para intentar convencerme; los de *60 Minutes* eran tan implacables en sus peticiones que dejé de cogerles las llamadas; Brian Williams envió a diversos representantes para explicar su postura. Si hubiera querido, Snowden se habría podido pasar día y noche en los programas televisivos más influyentes y tener al mundo entero pendiente de él.

Sin embargo, Edward se mostraba firme. Yo le transmitía las solicitudes y él las rechazaba para no desviar la atención de las revelaciones. Curioso comportamiento para un narcisista que busca notoriedad.

Hubo más denuncias sobre la personalidad de Snowden. David Brooks, columnista del *New York Times*, se burlaba de él alegando que «no había logrado abrirse paso con éxito en el colegio comunitario». Snowden es, decretaba Brooks, «el colmo del hombre aislado», símbolo de «la creciente marea de desconfianza, la corrosiva propagación del cinismo, el desgaste del tejido social y la proliferación de personas tan individualistas en sus enfoques que no saben realmente cómo unirse a los demás y buscar el bien común».

Para Roger Simon, de *Politico*, Snowden era «un perdedor» porque «abandonó la secundaria». La congresista demócrata Debbie Wasserman Schultz, que también preside el Comité Nacional

Demócrata, condenó a Snowden, que acababa de echar a perder su vida al hacer las revelaciones sobre la NSA, calificándolo de «cobarde».

Como era de prever, se ponía en entredicho el patriotismo de Snowden. Si había ido a Hong Kong, es que probablemente espiaba para el gobierno chino. «No es ningún disparate pensar que Snowden ha sido un agente doble chino y que pronto desertará», anunció Matt Mackowiak, veterano asesor de campañas electorales del Partido Republicano.

Sin embargo, cuando Snowden salió de Hong Kong para ir a Latinoamérica a través de Rusia, pasó de ser espía chino a ser espía ruso por arte de magia. Congresistas como Mike Rogers hacían esta acusación sin prueba ninguna, y pese al hecho evidente de que Snowden estaba en Rusia solo porque las autoridades de EE.UU. le habían invalidado el pasaporte y habían intimidado a países como Cuba para que revocasen su concesión de derecho de tránsito. Además, ¿qué clase de espía ruso iría a Hong Kong, colaboraría con periodistas y se identificaría públicamente en vez de pasar el material a sus jefes de Moscú? La afirmación no tenía sentido ni se basaba en hecho alguno, pero eso no impidió su difusión.

Entre las calumnias más insensatas e infundadas vertidas sobre Snowden había una del *New York Times*, según el cual habían sido las autoridades chinas, no las de Hong Kong, las que le habían permitido irse; el periódico añadía una especulación repugnante y malintencionada: «Dos expertos occidentales en inteligencia, que habían trabajado para importantes agencias de espionaje gubernamentales, decían que, a su juicio, el gobierno chino se las había ingeniado para vaciar los cuatro portátiles que el señor Snowden había llevado consigo a Hong Kong.»

El *New York Times* no tenía ninguna prueba de que el gobierno chino hubiera obtenido los datos de Snowden sobre la NSA. El periódico simplemente inducía a los lectores a llegar a esa conclusión basándose en dos «expertos» anónimos que «creían» que tal cosa había podido suceder.

Mientras pasaba todo esto, Snowden estaba bloqueado en el aeropuerto de Moscú sin poder conectarse online. En cuanto regresó a la superficie, negó con vehemencia, mediante un artículo que publiqué yo en el *Guardian*, que hubiera pasado dato alguno a China ni a Rusia. «Nunca he dado ninguna información ni a un gobierno ni al otro, y ellos tampoco han cogido nada de mis ordenadores», dijo.

Al día siguiente de haberse publicado el desmentido de Snowden, Margaret Sullivan criticó al *Times* por su artículo. Entrevistó también a Joseph Kahn, editor de asuntos internacionales del periódico, quien dijo que «es importante ver este episodio de la historia como lo que es: una exploración sobre lo que habría podido pasar partiendo de unos expertos que no aseguran tener un conocimiento directo». Sullivan observó que «dos frases en medio de un artículo del *Times* sobre un asunto tan delicado —aunque puedan apartarse del tema central— tienen la capacidad de influir en el análisis o dañar una reputación». Sullivan terminaba mostrándose de acuerdo con un lector que se había quejado por la historia y decía: «Leo el *Times* en busca de la verdad. Si quiero especulaciones, puedo leerlas casi en todas partes.»

A través de Janine Gibson, la directora ejecutiva del *Times*, Jill Abramson —en una reunión en la que pretendía convencer al *Guardian* para que colaborase en ciertos reportajes sobre la NSA— envió un mensaje: «Por favor, díganle personalmente a Glenn Greenwald que coincido totalmente con él en que nunca teníamos que haber publicado eso de que China había "vaciado" los portátiles de Snowden. Fue una irresponsabilidad.»

Al parecer, Gibson creía que yo me sentiría complacido, pero de eso nada: ¿Cómo podía una directora ejecutiva de un periódico llegar a la conclusión de que un artículo obviamente lesivo había sido una irresponsabilidad sin retractarse ni publicar al menos una nota editorial?

Aparte de la falta de pruebas, la afirmación de que los portátiles de Snowden habían sido «vaciados» era una contradicción en sus propios términos. La gente lleva años sin utilizar los portátiles para transportar grandes cantidades de datos. Antes de que los ordenadores portátiles llegaran a ser comunes, si había muchos documentos se guardaban en discos; ahora en pen drives. Es verdad que en Hong Kong Snowden tenía consigo cuatro portátiles, cada uno para una cosa, pero esto no guarda ninguna relación con la cantidad de documentos. Estos estaban en pen drives, encriptados mediante sofisticados métodos criptográficos: tras haber trabajado como *hacker* de la NSA, Snowden sabía que la agencia sería incapaz de descifrarlos, no digamos ya las agencias de inteligencia chinas o rusas.

Utilizar el número de portátiles de Snowden era una manera muy tramposa de jugar con la ignorancia y los temores de la gente: *¡había cogido tantos documentos que necesitaba cuatro ordenadores para guardarlos todos!* Por otro lado, si los chinos los hubieran extraído por algún medio, no habrían obtenido nada de valor.

Igualmente absurda era la idea de que Snowden intentaría salvarse revelando secretos. Se había complicado la vida y se arriesgaba a ir a la cárcel por decirle al mundo que había que poner fin a un sistema clandestino de vigilancia. La posibilidad de que, para evitar la cárcel, diera marcha atrás y ayudara a China o Rusia a mejorar sus capacidades de espionaje era simplemente una estupidez.

La afirmación sería un disparate, pero, como era de prever, el daño fue considerable. En cualquier discusión en la televisión sobre la NSA había siempre alguien que aseguraba, sin que nadie le contradijera, que ahora China estaba en posesión, gracias a Snowden, de los secretos norteamericanos más delicados. Bajo el encabezamiento «Por qué China dejó ir a Snowden», el *New Yorker* explicaba a sus lectores que «su utilidad estaba casi agotada. A juicio de ciertos expertos en inteligencia citados por el *Times*, el gobierno chino "había conseguido extraer el contenido de los cuatro portátiles que el señor Snowden dijo haber llevado consigo a Hong Kong"».

Demonizar la personalidad de cualquiera que desafíe al poder político ha sido una vieja táctica de Washington, medios de comunicación incluidos. Uno de los primeros y acaso más llamativos ejemplos de esta táctica fue el trato que la administración Nixon dio al filtrador de los Papeles del Pentágono, Daniel Ellsberg: llegaron a irrumpir por la fuerza en la consulta de su psicoanalista para robar su expediente y husmear en su historial sexual. Por absurdo que pueda parecer este sistema —¿por qué la revelación de información personal embarazosa va a contrarrestar pruebas de engaño gubernamental?—, Ellsberg lo entendió con claridad: la gente no quiere que se la vincule a alguien que ha sido desacreditado o humillado públicamente.

Se usó el mismo método para dañar la reputación de Julian Assange mucho antes de ser acusado de delitos sexuales en Suecia por dos mujeres. Cabe señalar que los ataques contra Assange fueron llevados a cabo por los mismos periódicos que habían trabajado con él y habían sacado provecho de las revelaciones de Chelsea Manning, posibilitadas por Assange y WikiLeaks.

Cuando el *New York Times* publicó lo que denominó «Los diarios de la guerra de Irak», miles de documentos confidenciales que detallaban atrocidades y otros abusos durante la guerra protagonizados por los militares norteamericanos y sus aliados iraquíes, el periódico sacó un artículo de primera plana —tan prominente como las propias revelaciones—, escrito por el reportero belicista John Burns, con la exclusiva finalidad de describir a Assange como un personaje extraño y paranoico sin apenas contacto con la realidad.

El artículo describía el modo en que Assange «se registra en los hoteles con nombres falsos, se tiñe el pelo, duerme en sofás o en el suelo, y en vez de tarjetas de crédito utiliza dinero en metálico, a menudo prestado por amigos suyos». Señalaba lo que definía como su «conducta irregular e imperiosa» y sus «delirios de grandeza», y decía que sus detractores «lo acusan de organizar una *vendetta* contra Estados Unidos». Añadía asimismo este diagnóstico psicológico de un voluntario descontento de WikiLeaks: «No está en su sano juicio.»

Calificar a Assange de loco e iluminado llegó a ser un ingrediente básico del discurso político de EE.UU. en general y de la estrategia del *New York Times* en particular. En un artículo, Bill Keller citaba a un reportero del *Times* que describía a Assange como alguien «alborotado, una especie de mujer sin techo que deambulara por la calle con una chaqueta clara y pantalones cargo, una camisa blanca sucia, zapatillas andrajosas y calcetines blancos mugrientos caídos sobre los tobillos. Y apestando como si llevara días sin ducharse».

El *Times* también inició la cobertura del asunto Manning, insistiendo en que lo que impulsó a Manning a ser un filtrador masivo no fue la conciencia ni las convicciones sino los trastornos de personalidad y la inestabilidad psicológica. Numerosos artículos daban a entender, sin fundamento alguno, que diversos aspectos de su vida, desde los conflictos de género hasta las intimidaciones antigay en el ejército pasando por los enfrentamientos con su padre, habían sido móviles importantes en la decisión de sacar a la luz aquellos documentos.

Atribuir la discrepancia a ciertos trastornos de personalidad no es ni mucho menos un invento norteamericano. Los disidentes soviéticos eran internados como rutina en hospitales psiquiátricos, y los opositores chinos aún reciben a menudo tratamiento psiquiátrico forzoso. Hay razones evidentes para lanzar ataques personales contra los críticos del *statu quo*. Como se ha indicado, una es restarle efectividad a la crítica: pocas personas quieren juntarse con alguien loco o raro. Otra es la disuasión: si se expulsa a los disidentes de la sociedad y se les degrada calificándolos de emocionalmente desequilibrados, los demás reciben un fuerte incentivo para no ser como ellos.

Sin embargo, el motivo clave es la necesidad lógica. Para los custodios del *statu quo*, no hay nada genuina o básicamente erróneo en el orden imperante y sus instituciones, pues todo se considera justo. En consecuencia, quien afirme otra cosa —sobre todo si es alguien lo bastante motivado para emprender acciones radicales— será emocionalmente inestable y estará psicológicamente discapacitado por definición.

Dicho de otro modo, en líneas generales hay dos alternativas: obediencia a la autoridad institucional o disconformidad absoluta. La primera es una opción sensata y válida solo si la segunda es irracional e ilegítima. Para los defensores del *statu quo*, la mera *correlación* entre enfermedad mental y oposición radical a la ortodoxia predominante no basta. La disidencia radical es indicio, incluso prueba, de trastorno grave de la personalidad.

En el núcleo de esta formulación hay un engaño esencial: que la discrepancia respecto de la autoridad institucional conlleva una elección moral o ideológica, no siendo así en el caso de la obediencia. Partiendo de esta premisa falsa, la sociedad presta gran atención a los motivos de los disidentes, pero ninguna a quienes se someten a las instituciones, sea asegurándose de que sus acciones permanecen ocultas, sea por cualquier otro medio. Se considera que la obediencia a la autoridad es el estado natural.

De hecho, tanto cumplir las normas como infringirlas conlleva opciones morales, y ambas maneras de actuar revelan algo importante sobre el individuo en cuestión. Contrariamente a la premisa aceptada —que la disidencia radical es indicativa de trastorno de personalidad—, puede ser verdad lo contrario: ante una injusticia grave, negarse a disentir indica debilidad de carácter o insuficiencia moral.

El profesor de filosofía Peter Ludlow deja muy clara esta cuestión en un artículo publicado en el *New York Times* sobre lo que él llama «las fugas, las filtraciones y el hacktivismo, que ha irritado a los militares de EE.UU. y a las comunidades de inteligencia privadas y gubernamentales»; actividades asociadas a un grupo que él denomina «generación W», con Snowden y Manning como ejemplos destacados:

> El deseo de los medios de psicoanalizar a los miembros de la generación W es lógico. Quieren saber por qué estas personas están actuando de una manera que a ellos, los miembros de las corporaciones mediáticas, les resulta inaceptable. Pero lo que vale para uno vale para todos; si las fugas, las filtraciones y el hacktivismo tienen motivaciones psicológicas, habrá también motivaciones psicológicas para cerrar filas con la estructura de poder de un sistema, en este caso, un sistema en el que las corporaciones mediáticas desempeñan un papel importante.
>
> Del mismo modo, es posible que el sistema propiamente dicho esté enfermo, aunque los protagonistas en el seno de la organización se comporten con arreglo a la etiqueta organizativa y respeten los lazos internos de confianza.

Esta discusión es una de las que las autoridades institucionales tienen más ganas de evitar. Esta demonización interna de los filtradores es un procedimiento mediante el cual el estamento mediático de Estados Unidos protege los intereses de quienes ejercen el poder. Esta sumisión es tan profunda que muchas reglas del periodismo se elaboran, o cuando menos se aplican, con la finalidad de potenciar el mensaje del gobierno.

Tomemos por ejemplo la idea de que filtrar información confidencial es una especie de acto criminal o malintencionado. Los periodistas de Washington que nos aplicaron esta idea a Snowden y a mí no lamentan las revelaciones de información secreta, sino las revelaciones que contrarían o debilitan al gobierno.

La realidad es que Washington está siempre con el agua al cuello de filtraciones. El reportero más famoso y venerado de D.C., Bob Woodward, ha afianzado su posición recibiendo regularmente información reservada de fuentes de alto nivel y luego publicándola. Ciertos funcionarios de Obama han ido una y otra vez al *New York Times* a distribuir información sobre temas como el uso de drones o el asesinato de Osama bin Laden. Leon Panetta, exsecretario de Defensa, y varios agentes de la CIA proporcionaron información secreta al director de *La noche más oscura*, esperando que la película pregonaría a bombo y platillo el mayor triunfo político de Obama. (Al mismo tiempo, los abogados del Departamento de Justicia decían a los tribunales federales que, para proteger la seguridad nacional, no podían dar a conocer información sobre el ataque contra Bin Laden.)

Ningún periodista del estamento oficial propondría el procesamiento de ninguno de los agentes responsables de esas filtraciones ni de los reporteros que las recibieron y que escribieron acerca de las mismas. Se reirían ante la insinuación de que Bob Woodward —que lleva años revelando secretos— y sus fuentes gubernamentales de alto nivel pudieran ser delincuentes.

Ello se debe a que estas filtraciones son consentidas por Washington y responden a los intereses del gobierno de EE.UU., por lo cual se consideran aceptables y apropiadas. Las únicas fugas condenadas por los medios de Washington son las que contienen información que los funcionarios preferirían ocultar.

Veamos lo que pasó justo momentos antes de que David Gregory sugiriese en *Meet the Press* que yo debería ser detenido por mi cobertura informativa sobre la NSA. Al principio de la entrevista hice referencia a una resolución judicial secreta dictada en 2011 por el tribunal FISA, según la cual partes sustanciales del programa de vigilancia doméstica eran inconstitucionales y violaban los estatutos reguladores del espionaje. Yo conocía la resolución porque había leído al respecto en los documentos de la NSA que me había entregado Snowden. En *Meet the Press*, había pedido que se hicieran públicos.

Sin embargo, Gregory intentó defender que el tribunal FISA decía otra cosa:

> Con respecto a esta opinión concreta del FISA, no es el caso; basándome en personas con las que he hablado, dicha opinión, apoyada en la petición del gobierno, es que ellos dijeron «bueno, puedes tener esto, pero eso otro no, pues se saldría realmente de tu esfera de competencias...», lo cual significa que la solicitud fue modificada o denegada, que es lo que el gobierno deja claro: hay una verdadera inspección judicial, ningún abuso.

Aquí la cuestión no son los detalles del dictamen del tribunal FISA (aunque cuando fue hecho público, ocho semanas después, quedó claro que la resolución concluía efectivamente que la NSA había actuado de forma ilegal). Lo más importante es que Gregory aseguró conocer la resolución porque sus fuentes le habían informado sobre la misma, y luego transmitió la información al mundo.

Así pues, momentos antes de plantear la amenazadora posibilidad de que me detuvieran debido a mis reportajes, él mismo había filtrado lo que consideraba información secreta procedente de fuentes gubernamentales. Sin embargo, a nadie se le pasaría jamás por la cabeza que hubiera que criminalizar el trabajo de Gregory. Aplicar la misma lógica al presentador de *Meet the Press* y su fuente se habría considerado ridículo.

De hecho, Gregory probablemente sería incapaz de aceptar que su revelación y la mía eran siquiera comparables, pues la suya se producía a instancias de un gobierno que pretendía defender y justificar sus acciones, mientras que la mía se realizaba buscando el enfrentamiento, contra los deseos de los círculos oficiales.

Desde luego, esto es precisamente lo contrario de lo que debe conseguir la libertad de prensa. La idea subyacente al «cuarto estado» es que quienes ejercen el poder en su grado máximo deben ser cuestionados por una oposición crítica y la insistencia en la transparencia; el cometido de la prensa consiste en rebatir las falsedades que el poder difunde invariablemente para protegerse. Sin esta clase de periodismo, los abusos son inevitables. No hacía ninguna falta la libertad de prensa garantizada en la Constitución de EE.UU. para que los periodistas apoyaran, reforzaran y ensalzaran a los líderes políticos; la garantía era necesaria para que los periodistas hiciesen justo lo contrario.

El doble criterio aplicado a la publicación de información confidencial es aún más acusado cuando se trata del requisito tácito de la «objetividad periodística». Era la supuesta violación de esta norma lo que hacía de mí un «activista» más que un «periodista». Como se nos dice hasta la saciedad, los periodistas no expresan opiniones, solo informan de los hechos.

Esto es una ficción obvia, una presunción. Las percepciones y las declaraciones de los seres humanos son intrínsecamente subjetivas. Cada artículo es fruto de muchísimos supuestos culturales, nacionalistas y políticos muy subjetivos. Y el periodismo siempre atiende a los intereses de una facción u otra.

La distinción pertinente no es entre los periodistas que tienen opiniones y los que no las tienen, categoría que no existe, sino entre los periodistas que revelan sinceramente sus opiniones y quienes las ocultan pretendiendo no tener ninguna.

La misma idea de que los reporteros deben carecer de opiniones dista mucho de ser un requisito tradicional de la profesión; de hecho, es una invención relativamente nueva que tiene el efecto, si no la intención, de neutralizar el periodismo.

Como señalaba el columnista de Reuters Jack Shafer, esta reciente perspectiva norteamericana refleja una «triste lealtad al ideal corporativista de lo que debe ser el periodismo», así como una «lamentable falta de conocimientos históricos». Desde la fundación de EE.UU., el periodismo mejor y de mayor trascendencia ha incluido reporteros luchadores, con incidencia política y dedicados a luchar contra las injusticias. El patrón del periodismo sin opinión, sin color, sin alma, ha vaciado la actividad de sus atributos más valiosos, lo que ha vuelto intrascendente al estamento mediático: una amenaza para nadie, exactamente lo que se quería.

De todos modos, aparte de la falacia intrínseca de la información objetiva, quienes afirman creer en la regla casi nunca la aplican de forma coherente. Los periodistas del *establishment* expresan continuamente sus opiniones sobre una amplia gama de temas controvertidos sin verse privados por ello de su estatus profesional. Si además esas opiniones son consentidas por los círculos oficiales de Washington, se perciben como legítimas.

Durante la polémica sobre la NSA, Bob Schieffer, presentador de *Face the Nation* [Frente al país], criticó a Snowden y defendió la vigilancia de la NSA; lo mismo que Jeffrey Toobin, reportero en asuntos legales del *New Yorker* y la CNN. John Burns, enviado especial del *New York Times* que había cubierto la guerra de Irak, admitió a posteriori que apoyaba la invasión, llegando a describir las tropas norteamericanas como «mis liberadores» y «ángeles del Señor». Christiane Amanpour, de la CNN, se pasó el verano de 2013 defendiendo el uso de la fuerza militar norteamericana en Siria. Sin embargo, estas posturas no fueron descalificadas como «activismo», porque, pese a todas las reverencias a la objetividad, en realidad nada prohíbe a los periodistas tener opiniones.

Igual que la supuesta regla contra las filtraciones, la «regla» de la objetividad no es una regla ni nada, sino más bien un medio para favorecer los intereses de la clase política dominante. De ahí que «la vigilancia de la NSA es legal y necesaria», «la guerra de Irak es acertada» o «EE.UU. de invadir tal país» sean opiniones aceptables en boca de los periodistas, que las emiten continuamente.

La «objetividad» consiste tan solo en reflejar las preferencias y en atender a los intereses del atrincherado Washington. Las opiniones son problemáticas solo cuando se apartan del marco aceptable de la ortodoxia oficial.

La hostilidad hacia Snowden es fácil de explicar. La hostilidad hacia los reporteros que publican la noticia —yo mismo—

es quizá más compleja. En parte por rivalidad y en parte por venganza tras años de críticas profesionales mías a estrellas mediáticas norteamericanas, también había, a mi juicio, enfado e incluso vergüenza ante la verdad que el periodismo de confrontación había desvelado: esa cobertura informativa enojaba al gobierno y revelaba el papel de los periodistas tolerados por Washington, es decir, el de reforzar al poder.

No obstante, la razón más significativa del enfrentamiento era, con mucho, que ciertas figuras del estamento mediático han aceptado la función de portavoces diligentes del poder político, sobre todo en lo concerniente a la seguridad nacional. De lo que se deduce que, al igual que los funcionarios políticos, muestran desdén hacia quienes desafían o debilitan los centros de poder de Washington.

El reportero icónico del pasado era el *outsider* total, el francotirador. Muchos de los que entraban en la profesión tendían a oponerse al poder y no a estar a su servicio, no solo por ideología sino también por personalidad y disposición. Escoger la carrera de periodista garantizaba prácticamente el estatus de *outsider*: los reporteros ganaban poco dinero, tenían poco prestigio profesional y normalmente eran algo enigmáticos.

Esto ha cambiado. Tras la adquisición de las empresas mediáticas por las mayores corporaciones del mundo, la mayoría de las estrellas de los medios son bien remunerados trabajadores de conglomerados, sin diferencia alguna respecto a otros empleados. En vez de vender servicios bancarios o instrumentos financieros, trapichean con productos mediáticos en nombre de la empresa en cuestión. Su camino profesional está determinado por la misma métrica que define el éxito en este tipo de entorno: la medida en que complacen a sus jefes y satisfacen los intereses de la compañía.

Los que prosperan en la estructura de corporaciones grandes suelen ser expertos en agradar al poder institucional más que en ponerlo en entredicho. Por tanto, quienes triunfan en el periodismo corporativo tienen madera para complacer al poder. Se identifican con la autoridad institucional y están cualificados para ponerse a su servicio, no para combatirla.

Hay pruebas de sobra. Conocemos la disposición del *New York Times* a suprimir, a instancias de la Casa Blanca, el descubrimiento de James Risen, en 2004, del programa de escuchas telefónicas ilegales de la NSA; en su momento, la editora pública del periódico describió las excusas para la supresión como «lamentablemente insuficiente». En un incidente parecido en *Los Angeles Times* acaecido en 2006, el redactor Dean Baquet echó abajo una crónica de reporteros suyos sobre la colaboración secreta entre AT&T y la NSA, basada en una información proporcionada por el filtrador Mark Klein. Este había ofrecido montones de documentos que revelaban la construcción, en la oficina de San Francisco de AT&T, de una habitación secreta donde la NSA podía instalar divisores de banda para desviar tráfico telefónico y de internet desde los clientes de las empresas de telecomunicaciones a almacenes de la agencia.

Como decía Klein, los documentos ponían de manifiesto que la NSA estaba «husmeando en las vidas personales de millones de norteamericanos inocentes». Sin embargo, según contó él mismo a *ABC News* en 2007, Baquet impidió la publicación de la historia «a petición de John Negroponte, a la sazón director de Inteligencia Nacional, y del general Michael Hayden, entonces director de la NSA». Poco después, Baquet llegó a ser responsable del *New York Times* en Washington y más adelante fue ascendido al cargo de director editorial del periódico.

El hecho de que el *Times* se mostrara tan dispuesto a defender los intereses del gobierno no debería sorprender. Su editora pública, Margaret Sullivan, señaló que el periódico quizá debería mirarse al espejo y reconocer sus errores si los editores quisieran entender por qué las fuentes de importantes revelaciones sobre la seguridad nacional, como las de Chelsea Manning o Edward Snowden, no se sentían lo bastante seguras o motivadas para procurarles información. Es verdad que el *New York Times* había publicado valiosísimos documentos conjuntamente con WikiLeaks, pero poco después, el antiguo director ejecutivo, Bill Keller, puso todo su afán para distanciar el periódico de su socio: contrastó públicamente el enfado de la administración Obama con WikiLeaks y su agradecimiento al *Times* y sus coberturas «responsables».

Keller aireó orgullosamente la relación de su periódico con Washington también en otras ocasiones. En 2010, durante una aparición en la BBC en la que analizaba los telegramas obtenidos por WikiLeaks, explicó que el *Times* seguía directrices del gobierno de EE.UU. sobre lo que debía publicar y lo que no. Incrédulo, el presentador preguntó: «¿Está diciendo más o menos que ustedes van antes al gobierno y dicen "qué tal esto, qué tal lo otro, está bien esto, está bien aquello" y luego consiguen autorización?» El otro invitado, el antiguo diplomático británico Carne Ross, dijo que, tras oír los comentarios de Keller, «a su juicio nadie debería ir al *New York Times* a leer esos telegramas. Es asombroso que el periódico busque el visto bueno del gobierno sobre lo que debe decir al respecto».

Sin embargo, esta clase de colaboración de los medios con Washington no tiene nada de asombroso. Por ejemplo, es algo rutinario que los reporteros adopten la postura oficial de EE.UU. en controversias con adversarios extranjeros y tomen decisiones editoriales basándose en lo que más favorece «los intereses de Estados Unidos», tal como los define el gobierno. Jack Goldsmith, abogado del Departamento de Justicia, aclamó lo que denominaba «fenómeno subestimado: el patriotismo de la prensa norteamericana», lo que significa que los medios nacionales tienden a mostrar lealtad a la agenda de su gobierno. Goldsmith citaba al director de la CIA y la NSA con Bush, Michael Hayden, quien señalaba que los periodistas norteamericanos exhiben «cierta disposición a trabajar con nosotros», pero con la prensa extranjera, añadía, «es muy, muy difícil».

Esta identificación del estamento mediático con el gobierno se fundamenta en varios factores, uno de ellos socioeconómico. Muchos de los periodistas influyentes de EE.UU. son en la actualidad multimillonarios. Viven en los mismos barrios que las figuras políticas y las élites financieras para las que aparentemente ejercen la función de perros guardianes, asisten a las mismas recepciones, comparten círculos de amigos y colegas, sus hijos van a las mismas escuelas privadas de élite.

Esta es una de las razones por las que los periodistas y los funcionarios gubernamentales se intercambian los puestos con tanta facilidad. La puerta giratoria lleva a las figuras de los medios a empleos de alto nivel en Washington, del mismo modo que los funcionarios a menudo abandonan su cargo con la recompensa de un lucrativo contrato en los medios. Jay Carney y Richard Stengel, de *Time Magazine*, están actualmente en el gobierno, mientras que David Axelrod y Robert Gibbs, asesores de Obama, son comentaristas de la MSNBC. Se trata más de traslados laterales que de cambios profesionales: el movimiento es tan aerodinámico precisamente porque el personal sigue al servicio de los mismos intereses.

El *establishment* mediático norteamericano no tiene nada que ver con *outsiders*. Está plenamente integrado en el poder político dominante del país: desde el punto de vista cultural, emocional y socioeconómico, son la misma cosa. Los periodistas ricos, famosos y con acceso a información privilegiada no quieren trastocar el *statu quo* que tan generosamente les recompensa. Como todos los cortesanos, anhelan defender el sistema que les concede privilegios y desprecian a todo aquel que ponga este sistema en entredicho.

Para llegar a la plena identificación con las necesidades de los funcionarios políticos, apenas hay un paso. De ahí que la transparencia sea inoportuna, que el periodismo de confrontación sea maligno, quizás incluso criminal. A los dirigentes políticos hay que dejarles ejercer el poder en la oscuridad.

En septiembre de 2013, Seymour Hersh, reportero ganador del premio Pulitzer que desvelara la masacre de My Lai y el escándalo de Abu Ghraib, dejó claras estas cuestiones de forma convincente. En una entrevista en el *Guardian*, Hersh clamaba contra lo que él llamaba «la timidez de los periodistas en Norteamérica, su nula disposición a desafiar a la Casa Blanca y a ser mensajeros impopulares de la verdad». Decía también que el *New York Times* pasaba demasiado tiempo «al servicio de Obama». Pese a que la administración miente de manera sistemática, sostenía, «ninguno de los leviatanes de los medios norteamericanos, las cadenas televisivas o los grupos editoriales» se plantea hacerle frente.

La propuesta de Hersh «para arreglar el periodismo» consistía en «cerrar las oficinas de prensa de NBC y ABC, despedir al

90% de los redactores y volver a la tarea fundamental de los periodistas», que es ejercer de *outsiders*. «Hay que promover a redactores a los que no se pueda controlar», recomendaba Hersh. «Los alborotadores no son ascendidos», decía, en vez de lo cual los periodistas y «redactores cobardes» están acabando con la profesión porque la mentalidad general es la de no atreverse a ser un francotirador, un *outsider*.

Tan pronto un reportero es etiquetado como activista, en cuanto su trabajo está empañado por la acusación de actividad delictiva y es expulsado del círculo de protección, es vulnerable al trato criminal. Esto me quedó claro inmediatamente después de que se hiciera pública la historia de la NSA.

Al cabo de unos minutos de regresar a Río tras mi estancia en Hong Kong, David me explicó que le había desaparecido el portátil. Sospechando que la desaparición estaba relacionada con una conversación que habíamos mantenido estando yo fuera, me recordó que le había llamado mediante Skype para hablar sobre un importante archivo de documentos encriptados que yo pretendía enviarle por correo electrónico. En cuanto lo recibiese, tenía que guardarlo en un lugar seguro. Para Snowden era esencial que alguien de absoluta confianza tuviera un juego completo de los documentos por si mi archivo se perdía o resultaba dañado, o alguien lo robaba.

«Yo quizá no esté disponible mucho más tiempo», dijo. «Y quién sabe cómo evolucionará tu relación profesional con Laura. Alguien ha de tener un juego al que tú siempre tengas acceso, pase lo que pase.»

La opción obvia era David. Sin embargo, no llegué a enviarle el archivo. Una de las cosas para las que no tuve tiempo mientras estaba en Hong Kong.

«Menos de veinticuatro horas después de que me dijeras eso», me dijo David, «entraron en casa y me robaron el portátil.» Me parecía inconcebible la posibilidad de que el robo tuviera que ver con nuestra conversación por Skype. Expliqué a David que no podíamos volvernos como esos paranoicos que atribuyen a la

CIA cualquier episodio extraño de su vida. Quizás el ordenador se había extraviado o alguien de visita en la casa se lo había llevado; o a lo mejor sí que se había producido un robo, pero al margen de lo demás.

David rebatió mis teorías una a una: nunca sacaba el portátil de la casa; lo había puesto todo patas arriba y no estaba en ninguna parte; ninguna otra cosa había desaparecido ni se había movido de sitio. Le daba la impresión de que, al negarme a considerar lo que parecía la única explicación, yo estaba siendo irracional.

Llegados a este punto, diversos reporteros habían señalado que la NSA no tenía prácticamente ni idea de lo que Snowden me había dado, ni los documentos concretos ni la cantidad. Era lógico que el gobierno de EE.UU. (o quizás incluso otros gobiernos) quisiera saber urgentemente qué tenía yo. Si el ordenador de David iba a darles información, ¿por qué no robarlo?

Para entonces también sabía que una conversación con David a través de Skype era cualquier cosa menos segura, tan vulnerable al control de la NSA como cualquier otra forma de comunicación. Así pues, el gobierno tenía la capacidad de saber que yo había planeado mandar los documentos a David y un claro motivo para apoderarse de su ordenador.

Gracias a David Schultz, abogado del *Guardian*, me enteré de que había motivos para creer en la teoría del robo de David. Ciertos contactos en los servicios de inteligencia de EE.UU. le habían permitido saber que la presencia de la CIA era más sólida en Río casi que en ningún otro lugar del mundo y que el jefe de la base «tenía fama de agresivo». Partiendo de esto, Shultz me dijo: «Deberías hacerte a la idea de que van a controlar de cerca prácticamente todo lo que digas, todo lo que hagas y todos los sitios a los que vayas.»

Acepté que ahora mis posibilidades para comunicarme se verían gravemente limitadas. Me abstenía de usar el teléfono para nada que no fueran comentarios banales. Enviaba y recibía e-mails solo mediante engorrosos sistemas de encriptación. Confiné mis conversaciones con Laura, Snowden y otras fuentes en programas de chat online codificados. Pude trabajar en artículos con redactores del *Guardian* y otros periodistas solo haciéndoles viajar a Río para vernos en persona. Incluso me mostraba cauteloso con David en casa o en el coche. El robo del ordenador había dejado clara la posibilidad de que estuvieran vigilados incluso los espacios más íntimos.

Si necesitaba más pruebas del ambiente amenazador en el que estaba yo ahora trabajando, estas llegaron en forma de informe sobre una conversación escuchada casualmente por Steve Clemons, un respetado y bien relacionado analista político de D.C. que trabajaba como editor colaborador para el *Atlantic*.

El 8 de junio, estando Clemons en el aeropuerto de Dulles, en la sala de espera de United Airlines, oyó por casualidad a cuatro agentes de inteligencia de EE.UU. decir en voz alta que el filtrador y el reportero del rollo de la NSA tenían que «desaparecer». Grabó algo de la conversación con el móvil. Le pareció que se trataba solo de «bravatas», pero igualmente decidió publicarla.

Aunque Clemons es bastante creíble, no me tomé la noticia demasiado en serio. De todos modos, esa cháchara frívola entre tipos del *establishment* sobre «hacer desaparecer» a Snowden —y a los periodistas con quienes trabajaba— era inquietante.

En los meses siguientes, la posible criminalización de la cobertura informativa sobre la NSA dejó de ser una idea abstracta para pasar a ser una realidad. Este cambio drástico fue impulsado por el gobierno británico.

Primero, gracias a Janine Gibson y a través del chat encriptado, me enteré de un hecho notable que había tenido lugar a mediados de julio en las oficinas de Londres del *Guardian*. Gibson describió lo que denominaba «cambio radical» en el desarrollo de las conversaciones entre el periódico y el GCHQ, iniciadas desde hacía varias semanas. Lo que al principio habían sido «conversaciones muy civilizadas» sobre la cobertura informativa del periódico había degenerado en una serie de exigencias cada vez más agresivas y al final en amenazas en toda regla por parte de la agencia de espionaje británica.

En un momento dado, más o menos de repente, me contó Gibson, el GCHQ anunció que no «permitiría» al periódico publicar un solo artículo más sobre documentos secretos. Y a tal fin exigió al *Guardian* de Londres que le entregara todas las copias de los archivos recibidos de Snowden. Si el periódico rehusaba, una orden judicial prohibiría cualquier reportaje futuro.

La amenaza no era vana. En Reino Unido no hay garantías constitucionales para la libertad de prensa. Los tribunales británicos son tan complacientes con las exigencias gubernamentales de «censura previa» que los medios pueden ser clausurados por publicar cualquier cosa considerada una amenaza para la seguridad nacional.

De hecho, en la década de 1970, Duncan Campbell, el reportero que desveló la existencia del GCHQ y escribió al respecto, fue detenido y procesado. Los tribunales británicos podían clausurar el *Guardian* en cualquier momento y requisarle todo su material y su equipo. «Ningún juez diría que no, si se lo pidieran», dijo Janine. «Lo sabemos, y ellos saben que lo sabemos.»

Los documentos en posesión del *Guardian* eran una pequeña parte del archivo completo pasado por Snowden, que tenía clarísimo que debían ser los periodistas británicos quienes informaran específicamente sobre el GCHQ, por lo cual uno de los últimos días en Hong Kong entregó una copia de los documentos a Ewen MacAskill.

En nuestra conversación, Janine me explicó que ella y el editor Alan Rusbridger, junto con otros miembros de la plantilla, el fin de semana anterior habían estado recluidos en cierto lugar de un área remota en las afueras de Londres. De repente supieron que varios agentes del GCHQ iban camino de la sala de redacción, donde pretendían incautarse de los discos duros en los que estaban guardados los documentos. «Ya os habéis divertido bastante», dijeron a Rusbridger, como más tarde contó este, «ahora queremos el material». El grupo llevaba en el campo solo dos horas y media cuando se enteraron de lo del GCHQ. «Tuvimos que volver a Londres a toda prisa para defender el edificio. Fue espeluznante», dijo Janine.

El GCHQ exigía al *Guardian* que le entregara todas las copias del archivo. Si el periódico hubiera obedecido, el gobierno habría conocido el material pasado por Snowden, cuya situación legal habría peligrado aún más. En vez de ello, el *Guardian* accedió a destruir todos los discos duros pertinentes mientras diversos agentes del GCHQ supervisaban el proceso para asegurarse de que se efectuaba a su entera satisfacción. En palabras de Janine, lo que se produjo fue «un baile muy complejo de rodeos y evasivas, diplomacia, trapicheos y "destrucción demostrable" cooperativa».

El término «destrucción demostrable» lo inventó el GCHQ para describir lo sucedido. Los agentes acompañaron al personal del *Guardian*, incluido el redactor jefe, al sótano de la sala de redacción y estuvieron observando mientras los otros hacían añicos los discos duros, exigiendo incluso que rompieran más algunas partes concretas «solo para asegurarse de que en los fragmentos de metal destrozados no quedara nada de interés para eventuales agentes chinos», contaba Rusbridger. «Podemos olvidarnos de los helicópteros negros», parece que dijo bromeando un agente de seguridad, mientras el personal del *Guardian* «barría los restos de un MacBook Pro».

La imagen de un gobierno que envía agentes a un periódico para forzar la destrucción de sus ordenadores es intrínsecamente escandalosa, esas cosas que a los occidentales nos hacen creer que solo pasan en sitios como China, Irán o Rusia. Pero también es increíble que un periódico de prestigio se someta voluntaria y mansamente a órdenes así.

Si el gobierno amenazaba con clausurar el periódico, ¿por qué no desafiarlo a que lo hiciera a plena luz del día? Como dijo Snowden tras enterarse de la amenaza, «la única respuesta adecuada es "¡adelante, cerradnos!"». Obedecer voluntariamente en secreto es permitir al gobierno ocultar su verdadero carácter ante el mundo: un estado que impide violentamente a los periodistas informar sobre una noticia de máximo valor para la gente.

Peor aún: la acción de destruir material que una fuente ha revelado arriesgando la libertad e incluso la vida choca de frente con la finalidad del periodismo.

Aparte de la necesidad de sacar a la luz esta conducta despótica, tiene un indiscutible interés periodístico el hecho de que un gobierno irrumpa en una sala de redacción y obligue a un periódico a destruir información. Sin embargo, al parecer el *Guardian* procuró guardar silencio, lo que pone poderosamente de relieve la precariedad de la libertad de prensa en Reino Unido.

En cualquier caso, Gibson me aseguró que el *Guardian* conservaba una copia del archivo en sus oficinas de Nueva York. Y luego me dio una noticia sorprendente: ahora el *New York Times* tenía en su poder otro juego de los documentos, entregados por Alan Rusbridger al director ejecutivo Jill Abramson para garantizar que el periódico conservase acceso a los archivos aunque un tribunal británico intentara obligar al *Guardian* de EE.UU. a destruir su copia.

Esto tampoco era una buena noticia. El *Guardian* no solo había accedido en secreto a destruir sus documentos, sino que, sin consultarnos ni avisarnos a Snowden o a mí, además se los había dado al mismo periódico descartado por Snowden porque no confiaba en su relación estrecha y servil con el gobierno de EE.UU.

Desde su perspectiva, el *Guardian* no podía tomarse a la ligera las amenazas del gobierno británico teniendo en cuenta la falta de protección constitucional, los cientos de empleados y un periódico centenario que había que salvaguardar. Y destruir los ordenadores era mejor que entregar el archivo al GCHQ. No obstante, a mí me molestaba su conformidad con las exigencias del gobierno y, más todavía, su evidente decisión de no publicar los documentos.

Aun así, tanto antes de la destrucción de los discos duros como después, el *Guardian* siguió siendo agresivo e intrépido en el modo de publicar las revelaciones de Snowden... más, creo yo, de lo que lo habría sido ningún otro periódico comparable en tamaño e importancia. Pese a la táctica intimidatoria de las autoridades, que incluso se intensificó, los editores continuaron publicando un artículo tras otro sobre la NSA y el GCHQ, lo que habla muy bien de ellos.

Sin embargo, a Laura y Snowden les indignaba que el *Guardian* hubiera claudicado ante la intimidación del gobierno y que luego hubiera guardado silencio ante lo sucedido, y que el archivo del GCHQ hubiera acabado en el *New York Times*. Snowden estaba particularmente furioso. Él consideraba que eso era un incumplimiento de su acuerdo con el *Guardian* y de su deseo de que trabajaran con los documentos británicos solo periodistas británicos y sobre todo que al *NYT* no se le dieran copias. Al final, la reacción de Laura provocó consecuencias tremendas.

Desde el principio de nuestra labor informativa, la relación de Laura con el *Guardian* había sido incómoda, y ahora la tensión se desató. Mientras estábamos trabajando en Río, descubrimos que parte de uno de los archivos de la NSA que me había entregado Snowden el día que fue a Hong Kong a esconderse (pero no había tenido ocasión de darle a Laura) estaba corrompido. Durante la semana que permaneció en Río, Laura fue incapaz de arreglarlo, pero pensó que quizá podría hacerlo cuando estuviera de nuevo en Berlín.

Al cabo de una semana de haber regresado a Berlín, Laura me comunicó que tenía el archivo listo para devolvérmelo. Dispusimos que un empleado del *Guardian* volara a Berlín, cogiera el archivo y me lo llevara a Río. Sin embargo, tras el dramático episodio del GCHQ, el empleado del periódico, presa del miedo, sugirió a Laura que, en vez de darle a él personalmente el archivo, me lo mandara mediante FedEx.

Esto alteró e irritó a Laura como nunca. «¿Ves lo que están haciendo?», me dijo. «Quieren poder decir "no tuvimos nada que ver con el transporte de estos documentos, fueron Glenn y Laura quienes se los pasaron uno a otro".» Añadió que utilizar FedEx para mandar documentos secretos por el mundo —y mandarlos desde Berlín a Río equivalía a colgarles un letrero de neón bien visible para las partes interesadas— era la peor violación imaginable de las normas de seguridad operativa.

«No volveré a confiar en ellos», declaró.

De todos modos, yo seguía necesitando ese archivo, pues contenía documentos fundamentales relacionados con artículos en los que estaba trabajando amén de muchos otros pendientes de publicación.

Janine insistía en que era un malentendido, en que el empleado había entendido mal los comentarios de su supervisor, en que actualmente algunos responsables de Londres se mostraban asustadizos ante la idea de transportar documentos entre Laura y yo. No había problema alguno, decía. Ese mismo día, alguien del *Guardian* iría a Berlín a recoger el archivo.

Era demasiado tarde. «Jamás en la vida daré estos documentos al *Guardian*», dijo Laura. «Ya no confío en ellos, eso es todo.»

El tamaño y la confidencialidad del archivo disuadían a Laura de enviármelo por correo electrónico. Debía entregarlo en persona alguien de nuestra confianza. Ese alguien era David, quien, al enterarse del problema, se ofreció enseguida voluntario a ir a Berlín. Ambos vimos que era la solución ideal. David estaba al corriente de la historia, Laura lo conocía y confiaba en él, y en cualquier caso él tenía planeado visitarla para hablar con ella de posibles nuevos proyectos. Janine aceptó encantada la idea y accedió a que el *Guardian* costeara el viaje de David.

La agencia de viajes del *Guardian* le reservó el vuelo en British Airways y le mandó el itinerario por e-mail. Nunca se nos pasó por la cabeza que en el viaje pudiera surgir algún problema. Diversos periodistas del *Guardian* que han escrito artículos sobre los archivos de Snowden, así como empleados que han llevado documentos de un lado a otro, han despegado y aterrizado muchas veces en el aeropuerto de Heathrow sin incidentes. La misma Laura había volado a Londres solo unas semanas antes. ¿Cómo iba nadie a pensar que David —una figura mucho más periférica— corría peligro?

David salió rumbo a Berlín el domingo 11 de agosto; tenía que estar de regreso una semana después con el archivo de Laura. Sin embargo, la mañana de su llegada prevista, me despertó una llamada tempranera. La voz, con marcado acento británico, se identificó como «agente de seguridad del aeropuerto de Heathrow» y me preguntó si conocía a David Miranda. «Le llamamos para informarle», prosiguió, «de que tenemos retenido al señor Miranda en aplicación de la Ley Antiterrorista de 2000, Anexo 7».

Tardé en asimilar la palabra «terrorismo»; me sentía confuso más que nada. Lo primero que pregunté fue cuánto tiempo llevaba retenido, y cuando oí «tres horas» supe que no se trataba de un cribado estándar de inmigración. El hombre explicó que Reino Unido tenía el «derecho legal» de retenerle durante un total de nueve horas, y a partir de ahí un tribunal podía ampliar el período. También podían arrestarle. «Todavía no sabemos lo que vamos a hacer», dijo el agente de seguridad.

Tanto Estados Unidos como Reino Unido han dejado claro que, cuando aseguran estar actuando contra el «terrorismo», no respetan ninguna clase de límites, sean éticos, legales o políticos. Ahora David estaba bajo custodia con arreglo a la Ley Antiterrorista. Ni siquiera había intentado entrar en Reino Unido: cruzaba la zona de tránsito del aeropuerto. Las autoridades del país habían entrado en lo que ni siquiera es territorio británico y lo habían pillado invocando para ello las razones más opacas y escalofriantes.

Los abogados del *Guardian* y la diplomacia brasileña se pusieron en marcha al instante para lograr la liberación de David. A mí no me preocupaba cómo manejaría David el arresto. Una vida inconcebiblemente difícil tras haber crecido huérfano en una de las favelas más pobres de Río de Janeiro lo había vuelto muy fuerte, obstinado y astuto. Yo sabía que él entendería exactamente lo que estaba pasando y por qué, y no tuve duda alguna de que sus interrogadores acabarían tan hartos de él como él de ellos. Sea como fuere, a los abogados del *Guardian* les extrañaba que retuvieran a alguien tanto rato.

Investigando sobre la Ley Antiterrorista, me enteré de que son retenidas solo tres de cada mil personas, y de que la mayoría de los interrogatorios, más del 97%, dura menos de una hora. Solo el 0,06% permanece en manos de la policía más de seis horas. Parecía bastante probable que en cuanto llegara la novena hora David sería arrestado.

Como sugiere el nombre, el propósito declarado de la Ley Antiterrorista es interrogar a la gente sobre vínculos con el terrorismo. La capacidad para detener, afirma el gobierno británico, se utiliza «con el fin de determinar si la persona está o ha estado implicada en la perpetración, la preparación o la instigación de actos de terrorismo». No había justificación alguna, ni remotamente, para retener a David conforme a esa ley a menos que mi labor informativa se equiparase ahora con el terrorismo, lo que parecía ser el caso.

A medida que pasaban las horas, la situación parecía cada vez más sombría. Lo único que sabía yo era que en el aeropuerto había varios diplomáticos brasileños y abogados del *Guardian* intentando localizar a David y tener acceso a él, en vano hasta el momento. Pero a falta de dos minutos para que se cumpliera el período de nueve horas, un e-mail de Janine me dio en una palabra la noticia que yo necesitaba oír: «LIBERADO.»

La escandalosa detención de David fue condenada al instante en todo el mundo como un intento rufianesco de intimidación. Una crónica de Reuters confirmaba que esta había sido de hecho efectivamente la intención del gobierno: «Un agente de seguridad de EE.UU. explicó a Reuters que uno de los principales objetivos de la... retención y el interrogatorio de Miranda era enviar a los destinatarios del material de Snowden, entre ellos el *Guardian*, el mensaje de que el gobierno británico se tomaba muy en serio lo de acabar con las filtraciones.»

Sin embargo, como dije a la multitud de periodistas congregados en el aeropuerto de Río mientras esperábamos el regreso de David, la táctica intimidatoria británica no impediría mis reportajes. Si acaso, ahora me sentía incluso con más ánimo. Las autoridades británicas habían demostrado ser abusivas en extremo; a mi entender, la única respuesta adecuada era ejercer más presión y exigir más transparencia y rendición de cuentas. Es una función primordial del periodismo. Cuando me preguntaron cómo creía yo que se percibiría el episodio, dije que el gobierno británico acabaría lamentando lo que había hecho porque eso le daba ahora una imagen represiva y autoritaria.

Un equipo de Reuters tradujo mal y tergiversó mis comentarios —hechos en portugués— y llegó a decir que, en respuesta a lo que le habían hecho a David, yo ahora publicaría documentos sobre Reino Unido que antes no había tenido intención de revelar. Mediante servicio de cable, esta distorsión se transmitió enseguida al mundo entero.

Durante los dos días siguientes, los medios informaron airados de que yo había jurado llevar a cabo «periodismo de venganza». Se trataba de una tergiversación absurda: mi idea era que, tras el comportamiento abusivo de Reino Unido, yo estaba más decidido que nunca a seguir con mi labor. Sin embargo, como he podido comprobar muchas veces, asegurar que tus comentarios han sido sacados de contexto no sirve para parar la maquinaria mediática.

Basada o no en un error, la reacción ante mis comentarios fue reveladora: Reino Unido y Estados Unidos llevaban años comportándose como matones, respondiendo a cualquier desafío con intimidaciones o cosas peores. Las autoridades británicas acababan de obligar al *Guardian* a destruir sus ordenadores y detener a mi compañero en aplicación de una ley antiterrorista. Había filtradores procesados y periodistas amenazados con la cárcel. No obstante, los partidarios y apologistas del estado recibían indignados la mera percepción de una respuesta enérgica a una agresión así: *¡Dios mío! ¡Habla de venganza!* La sumisión dócil a la coacción de los círculos oficiales se considera obligatoria; los actos de rebeldía son descalificados como insubordinación.

David y yo pudimos hablar en cuanto escapamos por fin de las cámaras. Me dijo que durante las nueve horas se había mostrado desafiante, aunque admitió haber pasado miedo.

Lo buscaban a él, sin duda: a los pasajeros de su vuelo se les dijo que enseñaran los pasaportes a agentes que esperaban fuera del avión. Tras ver el suyo, lo retuvieron en aplicación de la Ley Antiterrorista y lo «amenazaron desde el primer momento hasta el último», explicó David, que iría a la cárcel si no «cooperaba a fondo». Le requisaron todo su equipo electrónico, incluido el móvil con fotografías personales, contactos y chats con amigos, obligándole a darles la contraseña del teléfono so pena de arresto. «Me sentí como si invadieran mi vida entera, como si estuviera desnudo», dijo.

David había estado pensando en lo que EE.UU. y Reino Unido habían hecho durante la última década al amparo de la lucha contra el terrorismo. «Secuestran personas, las encarcelan sin cargos ni asistencia jurídica, las hacen desaparecer, las encierran en Guantánamo, las asesinan», explicaba David. «Lo que más asusta realmente es que estos dos gobiernos te llamen "terrorista"», decía; algo que no les pasaría a la mayoría de los ciudadanos norteamericanos o británicos. «Te das cuenta de que pueden hacerte cualquier cosa.»

La controversia sobre la detención de David duró semanas. En Brasil fue noticia destacada durante días, y prácticamente toda la población brasileña se sintió indignada. Diversos políticos británicos pidieron la reforma de la Ley Antiterrorista. Desde luego resultaba gratificante ver que para mucha gente la ley de Reino Unido era fuente de abusos. Al mismo tiempo, sin embargo, la ley ya llevaba años originando atropellos, aunque, como se había aplicado sobre todo a los musulmanes, poca gente había mostrado interés. Para llamar la atención sobre los abusos, no debería haber hecho falta la detención del compañero de un periodista occidental, blanco y conocido, pero así fue.

Como cabía esperar, se supo que antes de la detención de David el gobierno británico había hablado con Washington. Cuando se le preguntó al respecto en una conferencia de prensa, un portavoz de la Casa Blanca dijo: «Hubo un aviso... una indicación de que probablemente iba a pasar algo.» La Casa Blanca se negó a condenar la retención y admitió no haber tomado ninguna medida para evitarla ni disuadir de la misma.

La mayoría de los periodistas comprendía lo peligroso que era ese paso. «El periodismo no es terrorismo», declaró una indignada Rachel Maddow en su programa de la MSNBC yendo al meollo del asunto. Pero no todo el mundo lo veía igual. En un programa de máxima audiencia, Jeffrey Toobin elogió al gobierno británico equiparando la conducta de David con la del «mula» o narcotraficante. Tobbin añadió que David debería dar gracias por no haber sido arrestado y procesado.

Ese fantasma pareció algo más verosímil cuando el gobierno británico anunció que iniciaba formalmente una investigación criminal sobre los documentos que llevaba consigo David (que también había presentado una demanda contra las autoridades británicas alegando que su retención había sido ilegal al no tener nada que ver con el único fin de la ley que se le había aplicado: investigar los vínculos de una persona con el terrorismo). No es de extrañar que las autoridades estuvieran tan envalentonadas cuando el periodista más prominente compara una cobertura informativa de enorme interés público con la manifiesta ilegalidad de los traficantes de drogas.

Poco antes de morir, en 2005, David Halberstam, el archiconocido corresponsal de guerra en Vietnam, pronunció un discurso ante alumnos de la Escuela de Periodismo de Columbia. El momento de su carrera del que se sentía más orgulloso, les dijo, fue cuando unos generales norteamericanos de Vietnam amenazaron con exigir a sus directores del *New York Times* que lo apartasen de la cobertura del conflicto bélico. Al parecer, Halberstam había «enfurecido a Washington y Saigón al mandar despachos pesimistas sobre la guerra». Los generales le consideraban «enemigo», pues también había interrumpido sus conferencias de prensa para acusarles de mentir.

Para Halberstam, enfurecer al gobierno era motivo de orgullo, la verdadera finalidad de la profesión de periodista. Sabía que ser periodista significaba correr riesgos, enfrentarse a los abusos de poder, no someterse a ellos.

En la actualidad, para muchos de la profesión los elogios del gobierno al periodismo «responsable» —por seguir instrucciones suyas sobre lo que se debe publicar y lo que no— son una divisa de honor. Esta sería la verdadera medida del declive del periodismo de confrontación en Estados Unidos.

EPÍLOGO

En la primera conversación online que tuve con Edward Snowden, me dijo que lo de dar un paso al frente le producía solo un temor: que sus revelaciones fueran recibidas con indiferencia y desinterés, lo que significaría que habría echado a perder su vida y se habría arriesgado a ir a la cárcel por nada. Decir que ese temor no se ajustaba a la realidad equivale a subestimar la dimensión del problema.

De hecho, los efectos de la revelación de sus informaciones han sido más importantes y duraderos y de mayor alcance de lo que habría cabido imaginar. Snowden ha llamado la atención de la gente acerca de los peligros de la generalizada vigilancia del estado y los omnipresentes secretos gubernamentales. Ha desencadenado el primer debate global sobre el valor de la privacidad individual en la era digital y ha contribuido a cuestionar el control hegemónico norteamericano en internet. Ha cambiado la opinión de personas de todo el mundo sobre la fiabilidad de las declaraciones de los funcionarios estadounidenses y ha modificado las relaciones entre países. Ha alterado radicalmente diversas perspectivas acerca del papel adecuado del periodismo en relación con el poder. Y dentro de Estados Unidos ha dado lugar a una coalición transpartidista, ideológicamente diversa, que promueve una reforma a fondo del estado policial.

Un episodio concreto puso de relieve los importantes cambios ocasionados por las revelaciones de Snowden. Apenas unas semanas después de que mi primer artículo para el *Guardian* sacara a la luz el grueso de los metadatos de la NSA, dos miembros del Congreso presentaron conjuntamente un proyecto de ley para dejar de financiar el programa de la NSA. Curiosamente, los dos proponentes del proyecto eran John Conyers, liberal de Detroit en su vigésimo mandato en la Cámara, y Justin Amash, integrante del conservador Tea Party, que cumplía solo su segundo mandato. Cuesta imaginar a dos congresistas más diferentes, y sin embargo ahí estaban, unidos en su oposición al espionaje interno de la NSA. Y su propuesta enseguida consiguió montones de apoyos de todo el espectro ideológico, desde los más liberales a los más conservadores pasando por los grados intermedios: un acontecimiento de lo más extraño en Washington.

Cuando llegó el momento de votar el proyecto, el debate fue televisado en C-SPAN, y lo vi mientras chateaba online con Snowden, que también estaba viéndolo en Moscú en su ordenador. Nos quedamos asombrados los dos. Era, creo yo, la primera vez que él valoraba realmente la magnitud de lo que había conseguido. Un miembros de la Cámara tras otro se levantaron para denunciar con vehemencia el programa de la NSA, burlándose de la idea de que para luchar contra el terrorismo hiciera falta recoger datos de llamadas de todos y cada uno de los norteamericanos. Fue, con mucho, el cuestionamiento más firme de la doctrina de la seguridad nacional que había surgido del Congreso desde los atentados del 11 de Septiembre.

Hasta las revelaciones de Snowden, era inconcebible sin más que cualquier proyecto de ley pensado para destripar un programa de seguridad nacional pudiera recibir apenas un puñado de votos. Sin embargo, la votación final de la propuesta Conyers-Amash conmocionó al Washington oficial; perdió por un margen estrechísimo: 217-205. Por otro lado, el respaldo fue totalmente transversal: ciento once demócratas y noventa y cuatro republicanos. Snowden y yo interpretamos esta inexistencia de las tradicionales divisiones partidistas como un considerable impulso a la idea de poner freno a la NSA. El Washington oficial depende de un tribalismo ciego engendrado por una guerra partidista inflexible. Si es posible erosionar el marco «rojo *versus* azul», y a continuación superarlo, hay muchas más esperanzas para la política basada en los verdaderos intereses de los ciudadanos.

A lo largo de los meses siguientes, a medida que se iban publicando más artículos sobre la NSA en todo el mundo, muchos entendidos pronosticaron que decaería el interés de la gente en el tema. Sin embargo, este interés en la discusión sobre la vigilancia no ha hecho más que aumentar, no solo de puertas para dentro, sino también en el plano internacional. Los episodios de una sola semana de diciembre de 2013 —más de seis meses después de que apareciera mi primer artículo en el *Guardian*— ilustran la medida en que las revelaciones de Snowden siguen resonando y lo insostenible que ha llegado a ser la situación de la NSA.

La semana comenzó con un llamativo dictamen hecho público por el juez federal Richard Leon, según el cual la recogida de datos de la NSA probablemente violaba la Cuarta Enmienda de la Constitución de EE.UU. y era «casi orwelliana» en cuanto a su alcance. Es más, el jurista nombrado por Bush señalaba de manera enfática que «el gobierno no cita un solo caso en el que el análisis masivo de metadatos de la NSA haya impedido de veras un atentado terrorista inminente». Justo dos días después, un comité de asesores creado por el presidente Obama al estallar el escándalo de la NSA redactó un informe de 308 páginas sobre la cuestión. El informe también rechazaba enérgicamente las afirmaciones de la NSA sobre la vital importancia de su labor de espionaje. «Según nuestro análisis, la información aportada a las investigaciones sobre terrorismo mediante el uso del programa de metadatos telefónicos de la sección 215 de la Patriot Act [Ley Patriótica] no fue esencial para impedir atentados», escribió el comité. «No ha habido ningún caso en el que la NSA pueda decir con total seguridad que el resultado habría sido distinto sin el programa de metadatos telefónicos de la sección 215.»

Entretanto, fuera de Estados Unidos, la semana de la NSA no transcurría mejor. La asamblea general de la ONU aprobó por unanimidad una resolución —presentada por Alemania y Brasil— según la cual la privacidad online es un derecho humano fundamental, lo que un experto calificó como «duro mensaje a Estados Unidos de que ha llegado el momento de dar marcha atrás y acabar con la vigilancia generalizada de la NSA». Y el mismo día, Brasil anunció que no suscribiría el largamente esperado contrato de 4.500 millones de dólares para comprar cazas a la Boeing con sede en EE.UU., y en cambio los compraría a la empresa sueca Saab. En Brasil, el escándalo por el espionaje de la NSA a sus líderes políticos, sus empresas y sus ciudadanos había sido sin duda un factor clave en la sorprendente decisión. «El problema de la NSA ha sido la perdición de los norteamericanos», dijo a Reuters una fuente del gobierno brasileño.

Nada de todo esto significa que se haya ganado la batalla. La doctrina de la seguridad nacional es de lo más sólido, seguramente más que nuestros máximos funcionarios electos, y cuenta con un amplio conjunto de influyentes partidarios para defenderla a toda costa. Así, no es de extrañar que también haya cosechado algunas victorias. Dos semanas después del dictamen del juez Leon, otro juez federal, aprovechándose del recuerdo del 11 de Septiembre, declaró constitucional el programa de la NSA en un proceso distinto. Los aliados europeos fueron abandonando sus muestras iniciales de enfado para terminar dócilmente de acuerdo con EE.UU., como suele ser costumbre. El respaldo de la gente en el país también ha sido inconstante: según las encuestas, la mayoría de los norteamericanos, aunque esté en contra de los programas de la NSA sacados a la luz por Snowden, querría que este fuera procesado por las revelaciones. Y algunos altos funcionarios estadounidenses han comenzado a sostener que, aparte de Snowden, también merecen ser procesados y encarcelados algunos periodistas que colaboraron con él, entre ellos yo mismo.

De todas maneras, los partidarios de la NSA se han quedado claramente en fuera de juego, y sus argumentos contra la reforma han sido cada vez más endebles. Por ejemplo, los defensores de la vigilancia masiva a ciudadanos no sospechosos suelen insistir en que siempre hace falta un poco de espionaje. Pero esto es una falacia lógica que se rebate a sí misma: nadie está en contra. La alternativa a la vigilancia generalizada no es la supresión total de la vigilancia, sino la vigilancia seleccionada, dirigida solo a aquellos de quienes se tienen indicios sustanciales de implicación en delitos reales. Esta vigilancia específica tiene más probabilidades de desbaratar planes terroristas que el actual enfoque de «recogerlo todo», que abruma a las agencias de inteligencia con una cantidad ingente de datos que los analistas no son capaces de analizar de forma efectiva. Y a diferencia de la vigilancia masiva indiscriminada, la vigilancia específica concuerda con los valores constitucionales norteamericanos y los preceptos básicos de la justicia occidental.

De hecho, tras los escándalos por abusos de vigilancia descubiertos por el Comité Church en la década de 1970, fue precisamente este principio —que el gobierno debe aportar alguna prueba de probable delito o estatus de agente extranjero antes de poder escuchar en secreto las conversaciones de una persona— el que dio lugar a la creación del tribunal FISA. Por desgracia, este tribunal se ha convertido en un simple sello de visto bueno: no proporciona ningún análisis judicial significativo a las solicitudes gubernamentales de vigilancia. De todos modos, la idea esencial es sensata y muestra el camino a seguir. Una reforma positiva pasaría por transformar el tribunal FISA en una verdadera instancia judicial y eliminar el actual montaje unilateral en el que solo el gobierno puede exponer su caso.

Es improbable que estos cambios legislativos internos basten, por sí solos, para resolver el problema de la vigilancia, pues el estado, en virtud de la doctrina de la seguridad nacional, suele cooptar a las entidades para que procuren supervisión. (Como hemos visto, por ejemplo, a estas alturas los comités de inteligencia del Congreso han sido captados en su totalidad.) No obstante, esta clase de cambios legislativos puede al menos reafirmar el principio de que la vigilancia masiva indiscriminada no tiene razón de ser en una democracia aparentemente regida por garantías constitucionales de privacidad.

Es posible tomar otras medidas para reclamar privacidad online y restringir la vigilancia estatal. Los esfuerzos internacionales —actualmente liderados por Alemania y Brasil— por crear una nueva infraestructura de internet de modo que la mayor parte del tráfico ya no tenga que atravesar Estados Unidos pueden ser muy útiles para reducir el control norteamericano de la red.

Por su parte, cada individuo también puede desempeñar un papel si reivindica su propia privacidad online. No utilizar los servicios de compañías tecnológicas que colaboran con la NSA y sus aliados ejercería en aquellas cierta presión para que pusieran fin a dicha colaboración al tiempo que animaría a la competencia a tomarse en serio la protección de la privacidad. En la actualidad, varias empresas tecnológicas europeas ya están publicitando sus servicios de chat y correo electrónico como alternativa mejor a lo ofrecido por Google y Facebook, proclamando a los cuatro vientos que no suministran —ni suministrarán— datos de usuarios a la NSA.

Además, para evitar que los gobiernos se inmiscuyan en las comunicaciones personales y en internet, los usuarios han de contar con herramientas de encriptación y navegación anónima. Esto es especialmente importante para las personas que trabajan en ámbitos delicados, como los periodistas, los abogados o los activistas de los derechos humanos. Por otro lado, la comunidad tecnológica ha de seguir creando programas de codificación y anonimato fáciles de utilizar y más efectivos.

En todos estos frentes abiertos aún hay mucho trabajo por hacer. No obstante, menos de un año después de que me reuniera por primera vez con Snowden en Hong Kong, no hay duda de que sus revelaciones ya han originado cambios fundamentales e irreversibles en muchos ámbitos y países. Y más allá de los detalles de los cambios en la NSA, las acciones de Snowden también han fortalecido muchísimo la causa de la transparencia gubernamental y de las reformas en general. Ha construido un modelo para inspirar a otros, y los futuros activistas probablemente seguirán sus pasos y perfeccionarán los métodos por él adoptados.

La administración Obama, durante la cual se han producido más procesamientos de filtradores que en todas las presidencias anteriores juntas, ha procurado crear un ambiente de miedo que ahogue cualquier intento de revelación de prácticas irregulares. Sin embargo, Snowden ha destruido este patrón. Ha conseguido permanecer libre, fuera del alcance norteamericano; es más, no ha querido seguir escondido, sino que ha preferido darse orgullosamente a conocer e identificarse. Como consecuencia de ello, su imagen pública no es la de un recluso con mono naranja y grilletes, sino la de un personaje independiente y elocuente capaz de explicar a la perfección lo que ha hecho y por qué. Ya no cuela que el gobierno de EE.UU. pretenda distraer la atención del mensaje demonizando sin más al mensajero. Hay aquí una lección interesante para futuros filtradores: decir la verdad no tiene por qué arruinarte la vida.

Y en cuanto al resto de nosotros, el efecto inspirador no es menos profundo. Snowden nos ha recordado sencillamente a todos la extraordinaria capacidad de cualquier ser humano para cambiar el mundo. Una persona normal en todas sus vertientes —criada por padres sin riqueza ni poder, carente incluso de estudios secundarios, trabajando como gris empleado de una empresa gigantesca— ha alterado literalmente, en virtud de un simple acto de conciencia, el curso de la historia.

Incluso los activistas más comprometidos suelen tener la tentación de sucumbir al derrotismo. Las instituciones dominantes parecen demasiado poderosas para ser cuestionadas; da la impresión de que las ortodoxias están excesivamente afianzadas para poder arrancarlas; siempre hay muchos grupos interesados en mantener el *statu quo*. Sin embargo, somos los seres humanos en conjunto, no unas élites actuando en secreto, quienes podemos decidir el tipo de mundo en el que queremos vivir. Potenciar la capacidad humana para razonar y tomar decisiones: esta es la finalidad de las filtraciones y las denuncias de irregularidades, del activismo, del periodismo político. Y esto es lo que está pasando ahora gracias a las revelaciones de Edward Snowden.

AGRADECIMIENTOS

En los últimos años, una serie de extraordinarias revelaciones de valientes filtradores han frustrado los esfuerzos de los gobiernos occidentales por ocultar a los ciudadanos actividades de vital importancia. Una y otra vez, diversas personas al servicio de agencias gubernamentales o del estamento militar de los Estados Unidos y sus aliados han decidido no seguir calladas después de descubrir transgresiones graves. En vez de ello, han dado un paso al frente y han hecho públicos delitos oficiales, a veces conscientes de estar infringiendo la ley, y siempre pagando un elevado precio personal: arriesgando la carrera, las relaciones o la libertad. Quienes viven en democracia, quienes valoran la transparencia y la asunción de responsabilidades, deben gratitud eterna a estos activistas de las denuncias contra el sistema.

La larga lista de predecesores que inspiraron a Edward Snowden está encabezada por Daniel Ellsberg, el filtrador de los Papeles del Pentágono, uno de mis viejos héroes y ahora amigo y colega, cuyo ejemplo trato de seguir en todo lo que hago. Entre otros filtradores audaces que han sufrido persecución por mostrar al mundo verdades fundamentales se cuentan Chelsea Manning, Jesselyn Radack y Thomas Tamm, así como los ex agentes de la NSA Thomas Drake y Bill Binney. Todos ellos han desempeñado también un papel decisivo en la iniciativa de Snowden.

El abnegado acto de conciencia de Snowden ha consistido en

dar a conocer el generalizado sistema de vigilancia infundada creado en secreto por Estados Unidos y sus aliados. Por otra parte, la imagen de un hombre corriente de veintinueve años arriesgándose a acabar en la cárcel por una cuestión de principios, actuando en defensa de derechos humanos básicos, era de veras inaudita. La intrepidez y la inquebrantable serenidad de Snowden —cimentadas en la convicción de estar haciendo lo correcto— ha impulsado toda la cobertura que he hecho de esta historia y sin duda tendrá una enorme influencia en mí durante el resto de mi vida.

El impacto de este episodio habría sido imposible sin mi valerosísima, brillante compañera periodística y amiga Laura Poitras. Pese al insistente acoso del gobierno norteamericano debido a sus películas, Laura nunca dudó en luchar por esta historia con afán. Su insistencia en la privacidad personal, su aversión a los focos, a veces no han dejado ver lo indispensable de su papel en toda la cobertura que hemos sido capaces de hacer. Sin embargo, su pericia, su talento estratégico, su criterio y su coraje le han dado el sello distintivo a la toda la labor llevada a cabo. Hablábamos casi cada día y tomábamos conjuntamente las decisiones importantes. No me cabe en la cabeza una asociación más perfecta ni una amistad más inspiradora ni estimulante.

Laura y yo sabíamos que el valor de Snowden acabaría siendo contagioso. Numerosos periodistas abordaron la historia con intrepidez, entre ellos los editores del *Guardian* Janine Gibson, Stuart Millar y Alan Rusbridger, amén de diversos reporteros del periódico encabezados por Ewen MacAskill. Snowden fue capaz de conservar su libertad y, por tanto, de participar en el debate que había ayudado a desencadenar gracias al atrevido e indispensable apoyo procurado por WikiLeaks y su representante Sarah Harrison, que le ayudó a salir de Hong Kong y luego se quedó con él en Moscú varios meses arriesgándose a no poder de regresar sin novedad a su país, Reino Unido.

Muchos amigos y colegas me han ofrecido respaldo y sensatos consejos en muchas situaciones difíciles: entre ellos, Ben Wizner y Jameel Jaffer, de la ACLU; mi amigo de toda la vida Norman Fleischer; Jeremy Scahill, uno de los mejores y más valientes periodistas de investigación que existen; la rigurosa y perspicaz reportera brasileña Sonia Bridi, de *Globo*, y Trevor Timm, director ejecutivo de la Fundación para la Libertad de Prensa. También varios miembros de mi familia, que a menudo se mostraban preocupados por lo que estaba pasando (como solo hace la familia): mis padres, mi hermano Mark y mi cuñada Christine.

No ha sido un libro fácil de escribir, sobre todo teniendo en cuenta las circunstancias, razón por la cual estoy realmente agradecido a la gente de Metropolitan Books: Connor Guy, por su eficiente gestión; Grigory Tovbis, por su perspicaz contribución editorial y su competencia técnica, y en especial Riva Hocherman, la mejor editora posible gracias a su profesionalidad e inteligencia. Es el segundo libro consecutivo que he publicado con Sara Bershtel, de quien deseo destacar su juicio y creatividad, y no me imagino escribir otro sin ella. Mi agente literario, Dan Conaway, ha vuelto a ser una voz firme y prudente a lo largo de todo el proceso. Mis más sinceras gracias también a Taylor Barnes por su decisiva ayuda en la composición final del libro; su capacidad investigadora y su vigor intelectual no dejan ninguna duda de que tiene por delante una carrera periodística estelar.

Como siempre, en el centro de todo lo que hago está mi compañero de vida desde hace nueve años, David Miranda, mi alma gemela. El suplicio a que fue sometido debido a nuestra labor informativa fue exasperante y grotesco, pero gracias a aquello el mundo llegó a conocer al extraordinario ser humano que es. En cada tramo del camino me ha inoculado su audacia, ha reforzado mi resolución, ha orientado mis decisiones, ha sugerido ideas para clarificar las cosas y ha estado a mi lado, inquebrantable, con un amor y un apoyo incondicionales. Una sociedad así es valiosísima, pues elimina el miedo, supera los límites y hace que todo sea posible.

ÍNDICE